中国法院2024年度案例

国家法官学院　最高人民法院司法案例研究院／编

金融纠纷

中国法制出版社
CHINA LEGAL PUBLISHING HOUSE

《中国法院2024年度案例》通讯编辑名单

序

党的二十大擘画了全面建成社会主义现代化强国、以中国式现代化全面推进中华民族伟大复兴的宏伟蓝图，强调全面依法治国是国家治理的一场深刻革命，必须更好发挥法治固根本、稳预期、利长远的保障作用，在法治轨道上全面建设社会主义现代化国家。为落实习近平总书记“一个案例胜过一打文件”的重要指示精神，人民法院始终把完善中国特色案例制度，加强司法案例研究作为推进全面依法治国、支撑和服务中国式现代化的重要途径，通过发布具有普遍指导意义的典型案例，统一法律适用、提高审判质效，提升司法公信力，努力让人民群众在每一个司法案件中感受到公平正义。为更好满足社会各界和人民群众多元化司法需求，把习近平法治思想落实到人民法院审判工作全过程各方面，人民法院案例库于2024年2月27日正式上线并向社会开放，这是进一步完善中国特色案例制度的重要举措，是最高人民法院推出的新的“公共法律服务产品”。

“中国法院年度案例系列”丛书以及时记录人民法院司法审判工作新发展、新成就为己任，通过总结提炼典型案例的裁判规则、裁判方法和裁判理念，发挥案例鲜活生动、针对性强的优势，以案释法，以点带面，有针对性地阐释法律条文和立法精神，促进社会公众通过案例更加方便地学习法律，领悟法治精神，发挥司法规范、指导、评价、引领的重要作用，大力弘扬社会主义核心价值观，积极服务人民法院案例库建设，加强案例库案例研究，促进统一法律适用、提升审判质效，丰富实践法学研究，增强全民法治意识和法治素养，展现新时代我国法治建设新成就。

“中国法院年度案例系列”丛书自2012年编辑出版以来，已连续出版13年，受到读者广泛好评。为更加全面地反映我国司法审判执行工作的发展进程，顺应审判执行实践需要，响应读者需求，丛书于2014年度新增金融纠纷、行政纠纷、刑事案例3个分册，2015年度将刑事案例调整为刑法总则案例、刑法分则案例2个分册，2016年度新增知识产权纠纷分册，2017年度新增执行案例分册，2018年度将刑事案例扩充为4个分册，2022年度将土地纠纷（含林地纠纷）分册改为土地纠纷（含环境资源纠纷）分册。自2020年起，丛书由国家法官学院与最高人民法院司法案例研究院共同编辑，每年年初定期出版。在全国各级人民法院的大力支持下，丛书编委会现编辑出版《中国法院2024年度案例系列》丛书，共23册。

"中国法院年度案例系列"丛书以开放务实的态度、简洁明快的风格，在编辑过程中坚持以下方法，努力让案例书籍"好读有用"：一是高度提炼案例内容，控制案例篇幅，每个案例字数基本在3000字左右；二是突出争议焦点，尽可能在有限的篇幅内为读者提供更多有效、有益的信息；三是注重释法说理，大多数案例由法官撰写"法官后语"，高度提炼、总结案例的指导价值，力求引发读者思考，为司法审判提供借鉴，为法学研究提供启迪。

"中国法院年度案例系列"丛书编辑工作坚持以下原则：一是以研究案例库案例为首要任务。自今年起，"中国法院年度案例系列"丛书优先选用人民法院案例库案例作为研究对象，力求对案例库案例裁判要旨的基本内涵、价值导向、法理基础、适用要点等进行深入分析，增强丛书的权威性、参考性。二是广泛选编案例。国家法官学院和最高人民法院司法案例研究院每年通过各高级人民法院从全国各地法院汇集上一年度审结的典型案例近万件，使该丛书有广泛的精选基础，通过优中选优，可提供给读者新近发生的全国各地多种类型的典型性、疑难性案例。三是方便读者检索。丛书坚持以读者为本，做到分卷细化，每卷案例主要根据案由（罪名）分类编排，每个案例用一句话概括裁判规则、裁判思路、裁判理念、裁判方法或焦点问题作为主标题，让读者一目了然，迅速找到目标案例。

中国法制出版社始终全力支持"中国法院年度案例系列"丛书的出版，给了编者们巨大的鼓励。2024年，丛书将继续提供数据库增值服务。购买本书，扫描前勒口二维码，即可在本年度免费查阅往年同类案例数据库。我们在此谨表谢忱，并希望通过共同努力，逐步完善，做得更好，探索出一条充分挖掘好、宣传好人民法院案例库案例和其他典型案例价值的新路，为广大法律工作者和社会公众提供权威、鲜活、精准的办案参考、研究素材，更好地服务司法审判实践、服务法学教育研究、服务法治中国建设。

“中国法院年度案例系列”丛书既是法官、检察官、律师等法律工作者的办案参考和司法人员培训辅助教材，也是社会大众学法用法的经典案例读本，同时也为教学科研机构开展案例研究提供了良好的系列素材。当然，编者们在编写过程中也难以一步到位实现最初的编写愿望，客观上会存在各种不足甚至错误，欢迎读者批评指正。我们诚心听取各方建议，立足提质增效，不断拓宽司法案例研究领域，创新司法案例研究方法，助推实现中国特色司法案例研究事业的高质量发展。

国家法官学院　最高人民法院司法案例研究院

2024 年 5 月

目　录

Contents

一、金融借款合同纠纷

二、储蓄存款合同纠纷

三、银行卡纠纷

四、融资租赁合同纠纷

五、委托理财合同纠纷

六、证券纠纷

七、信托纠纷

八、保险纠纷

九、票据纠纷

十、其他

一、金融借款合同纠纷

1

开发商阶段性连带保证责任的认定

——某银行某分行诉张某、广西甲房地产有限公司金融借款合同案

【案件基本信息】

1. 裁判书字号

广西壮族自治区防城港市中级人民法院（2022）桂06民终1669号民事判决书

2. 案由：金融借款合同纠纷

3. 当事人

原告（被上诉人）：某银行某分行

被告（被上诉人）：张某

被告（上诉人）：广西甲房地产有限公司（以下简称甲公司）

【基本案情】

2014年8月26日，某银行某分行（贷款人）与张某（借款人、抵押人）签订《个人住房（商业用房）借款合同》，约定由某银行某分行向张某提供借款26万元，用于购买某公园×栋×单元×层×号房，借款人以该房产作为抵押财产。双方还约定借款人不按约定按时足额偿还借款本息的，贷款人有权解除与

借款人的借贷关系，贷款人为实现本合同项下债权及担保权利而产生的费用均由借款人承担。2014年9月10日，某银行某分行依法取得的《房屋预告登记证明》，载明某银行某分行为案涉房屋的抵押权人。甲公司与某银行某分行签订《个人住房（商业用房）借款最高额保证合同》为张某的借款提供阶段性保证担保，担保债权包括贷款本金，以及由此产生的利息、违约金、赔偿金、乙方为实现债权与担保权而发生的一切费用等；保证期间至借款合同项下的抵押已生效，抵押人已办妥抵押财产的房地产权证等相关权属证书并将抵押财产的他项权利证书、抵押登记证明文件正本及其他权利证书交付贷款人核对无误、收执之日。后张某未按约还款，截至2021年8月10日，张某尚欠某银行某分行贷款余额111689.81元，已拖欠本金9331.79元、利息1801.57元、罚息148.51元。案涉商品房所在楼栋已取得《不动产权证书》。

某银行某分行向一审法院起诉请求：1判令解除某银行某分行与张某之间签订的《个人住房借款合同》；2. 判令张某向某银行某分行偿还款项122971.68元（其中贷款余额111689.81元，已拖欠本金9331.79元、利息1801.57元，罚息148.51元，利息和罚息暂计至2021年8月10日，之后按合同约定计算至实际清偿完毕之日止）；3. 判令张某支付某银行某分行所支出的律师费6000元；4. 判令某银行某分行对张某提供的抵押房产享有优先受偿权；5. 判令甲公司对上述债务承担连带责任。

【案件焦点】

1. 某银行某分行对涉案房屋是否享有抵押权优先受偿权；2. 甲公司是否应当对张某的本案借款承担连带保证责任。

【法院裁判要旨】①

广西壮族自治区防城港市港口区人民法院经审理认为：某银行某分行办理的是预购商品房预告抵押登记，而非正式的抵押登记手续。根据《中华人民共

① 本书【法院裁判要旨】适用的法律法规等条文均为案件裁判当时有效，下文不再对此进行提示。

和国物权法》第二十条“当事人签订买卖房屋或者其他不动产物权的协议，为保障将来实现物权，按照约定可以向登记机构申请预告登记。预告登记后，未经预告登记的权利人同意，处分该不动产的，不发生物权效力。预告登记后，债权消灭或者自能够进行不动产登记之日起三个月内未申请登记的，预告登记失效”的规定可知，预告登记制度旨在保障将来物权的实现，某银行某分行据此享有当抵押登记条件成就时或约定期限届满时对讼争抵押房屋办理抵押登记的请求权，并可排他性地对抗他人针对抵押房屋的处分，但并非已对该房屋享有抵押权。根据《中华人民共和国物权法》第一百八十七条“以本法第一百八十条第一款第一项至第三项规定的财产或者第五项规定的正在建造的建筑物抵押的，应当办理抵押登记。抵押权自登记时设立”的规定，故预抵押房屋的抵押权并未正式设立，某银行某分行对预抵押房屋主张享有优先受偿权的诉讼请求缺乏法律依据，不予支持。

根据《个人住房（商业用房）借款最高额保证合同》的约定，甲公司为2010年12月10日至2016年12月31日因某银行某分行向购房者发放个人住房（商业用房）贷款而形成的全部债权，该被担保债权包括贷款本金，以及由此产生的利息（含复利和罚息）、违约金、赔偿金、债务人应向某银行某分行支付的其他款项（包括但不限于某银行某分行垫付的有关手续费、杂费等）、某银行某分行为实现债权与担保权而发生的一切费用（包括但不限于诉讼费、仲裁费、财产保全费、差旅费、执行费、评估费、拍卖费、公证费、送达费、公告费、律师费等）。某银行某分行要求甲公司对上述债务承担连带责任，予以支持。广西壮族自治区防城港市港口区人民法院判决：

一、解除某银行某分行与张某签订的《个人住房（商业用房）借款合同》；

二、张某自本判决生效之日起十日内偿还某银行某分行款项122971.68元（其中贷款余额11689.81元，已拖欠本金9331.79元、利息1801.57元、罚息148.51元，利息和罚息暂计至2021年8月10日，之后的利息、罚息按照合同约定的利息计算方法和利率标准计算至债务清偿之日）；

三、张某自本判决生效之日起十日内向某银行某分行支付律师费6000元；

四、甲公司对张某的上述债务承担连带责任；

五、驳回某银行某分行的其他诉讼请求。

甲公司不服一审判决，提起上诉。

广西壮族自治区防城港市中级人民法院经审理认为：《最高人民法院关于适用〈中华人民共和国民法典〉有关担保制度的解释》第五十二条第一款规定确定了抵押权预告登记权利人享有优先受偿权应满足以下三项条件：1. 已经办理建筑物所有权首次登记；2. 预告登记的财产与办理建筑物所有权首次登记时的财产一致；3. 预告登记并未失效。对于前述第一项及第二项条件，甲公司已办理了涉案房屋所在楼栋的商品房所有权首次登记，且预告登记的财产与办理建筑物所有权首次登记时的财产一致。对于前述第三项条件即本案预告登记是否失效问题。办理抵押登记的前提之一系已办理房屋所有权证书，本案中无证据证实已办理房屋所有权证书，故能够进行不动产登记之日起的九十日期限未起算，预告登记未失效。综上，某银行某分行抵押权自预告登记之日起设立，某银行某分行对张某涉案房屋享有抵押优先受偿权。

《个人住房（商业用房）借款最高额保证合同》第四条规定："保证期间按乙方（某银行某分行）对每个债务人发放的单笔贷款分别计算，自乙方（某银行某分行）与债务人签订单笔借款合同之日起至以下第贰项所述之日止……（二）该笔借款合同项下的抵押已生效，抵押人已办妥抵押财产的房地产权证等相关权属证书并将抵押财产的他项权利证书、抵押登记证明文件正本及其他权利证书交贷款人核对无误、收执之日。"可知，保证合同载明的保证期间为合同签订生效之日起至业主所购房屋抵押登记生效、不动产权证及抵押登记文件交由银行收执之日止，该条款应当认定为开发商提供的是阶段性担保，即银行取得房屋抵押权后开发商不再承担保证责任，属于开发商保证责任附条件解除的约定。阶段性担保是指在商品房预售买卖交易中，开发商为了促成交易，解决银行在放款日至取得房屋抵押权证期间无任何增信措施的问题，为购房人的借款向银行提供保证担保，待银行取得抵押权证后，不再承担保证责任，是平衡银行、业主及开发商三方利益的结果，开发商的阶段性担保是在银行抵押权尚未设立时的一种替代性担保措施，而非与抵押担保同时存在的重复担保行为。故本案虽然在保证合同载明的保证期间即合同签订生效之日起至业主所购房屋抵押登记生效、不动产权证及抵押登记文件交由银行收执之日止，一直到本案二审诉讼时某银行某分行仍未取得正式的抵押登记，但本院根据《最高人民法院关于适用〈中华人民共和国民法典〉有关担保制度的解释》第五十二条的规定，认定某银行某分行已取得张某涉案所购房屋的抵押权，保证合同约定的保证责任解除的条件已实现，符合某银行某分行和甲公司签订保证合同的目的和真实意思表示。再结合甲公司在办理商品房首次登记后已对张某尽到合理的通知义务，对某银行某分行办理抵押登记不具有过错，故认定甲公司对张某的本案借款不再承担连带保证责任。一审法院认定错误，予以纠正。广西壮族自治区防城港市中级人民法院判决：

一、维持防城港市港口区人民法院（2021）桂0602民初4417号民事判决第一项、第二项、第三项；

二、撤销防城港市港口区人民法院（2021）桂0602民初4417号民事判决第四项、第五项；

三、被上诉人某银行某分行对被上诉人张某所购的位于某公园×栋×单元×层×号房折价、拍卖或变卖所得价款享有优先受偿权；

四、驳回被上诉人某银行某分行其他诉讼请求。

【法官后语】①

为了减轻贷款风险，在银行提供的个人住房贷款合同中，除约定由购房人用所购房屋向银行提供抵押担保外，还会约定在抵押登记办理成功前，由开发商为购房人的贷款承担连带保证责任，一般将此种约定称为开发商的阶段性连带保证。阶段性连带保证，其本意是让开发商为借款人在贷款合同签署之日起至抵押有效设定，相关权利证明文件交付银行执管之日止向银行履行还款义务

---

① 本书【法官后语】对此类法律问题涉及的法律法规等内容进行了时效性更新，下文不再对此进行提示。

提供保证，亦为银行获得安全的房屋抵押担保的等待过程提供保证。一旦房屋抵押设定成功，该阶段性保证的任务完成，即阶段性保证期间届满之时即银行获得借款人的房屋抵押担保之时。《中华人民共和国民法典》施行前，由于抵押预告登记并不产生优先受偿效力，故通用合同文本均约定开发商阶段性担保的保证期间应至预售房屋产证及抵押权证交付银行收执之日。现《最高人民法院关于适用〈中华人民共和国民法典〉有关担保制度的解释》第五十二条明确规定，抵押预告登记在特定条件下可具备优先受偿效力。当银行已对预告登记的抵押物享有实质抵押权后，开发商是否仍需承担保证责任，这也涉及对阶段性保证合同性质的认定问题。

关于阶段性保证合同性质的认定，可根据保证合同约定的保证期间进行分析认定。《中华人民共和国民法典》第六百九十二条第二款规定："债权人与保证人可以约定保证期间，但是约定的保证期间早于主债务履行期限或者与主债务履行期限同时届满的，视为没有约定；没有约定或者约定不明确的，保证期间为主债务履行期限届满之日起六个月。"关于开发商的阶段性连带合同约定的保证期间一般为"从借款合同项下的抵押已生效，抵押人已办妥抵押财产的房地产权证等相关权属证书并将抵押财产的他项权利证书、抵押登记证明文件正本及其他权利证书交付贷款人核对无误、收执之日（具体合同约定可能存在细节上的差异）"。在司法实践中，对于开发商阶段性保证合同约定的保证期间的具体认定也存在分歧。

第一种观点认为，合同约定的保证期间与法律规定的不一致，属于约定无效，保证期间为主债务履行期届满之日起六个月。

第二种观点认为，只要未正式办理抵押权登记银行未收执抵押权证，保证期间就未过。

第三种观点认为，合同关于阶段性保证的约定并非对保证期间的约定，而是对保证合同解除条件的约定，在条件成就之时，开发商的保证责任即可解除。

本案生效裁判采用第三种观点，并运用合同解释的方法，从阶段性保证责任的目的及性质、商品房预售交易的行业惯例入手：认为阶段性担保是开发商为了促成交易，解决银行在放款日至取得房屋抵押权证期间无任何增信措施的问题，为购房人的借款向银行提供保证担保，待银行取得抵押权证后，不再承担保证责任，是平衡银行、业主及开发商三方利益的结果，开发商的阶段性担保是在银行抵押权尚未设立时的一种替代性担保措施，而非与抵押担保同时存在的重复担保行为。本案某银行某分行虽然未取得正式的抵押登记，但二审法院根据《最高人民法院关于适用〈中华人民共和国民法典〉有关担保制度的解释》第五十二条的规定，认定某银行某分行已取得张某涉案所购房屋的抵押权，保证合同约定的保证责任解除的条件已实现，符合某银行某分行和甲公司签订保证合同的目的和真实意思表示。再结合甲公司在办理商品房首次登记后已对张某尽到合理的通知义务，对某银行某分行办理抵押登记不具有过错。在银行已可实质行使抵押权的情况下，开发商甲公司的阶段性保证责任免除。

上述第一种、第二种观点虽然严格遵循法律规定和合同约定，但不符合目前的社会经济发展要求，以及忽视了《最高人民法院关于适用〈中华人民共和国民法典〉有关担保制度的解释》实施后抵押权预告登记在符合一定条件下可以认定抵押权设立的情形。而在第三种观点中，虽然合同约定的保证期间届满的条件尚未成就，但在抵押权已经实质设立的情况下，阶段性担保的目的也已实现，保证合同解除的条件已达成，此时免除开发商的阶段性保证责任符合当事人签订合同之预期，亦不会实质减损合同各方权益。

在处理新旧法衔接过程中发生的民商事纠纷时，应充分尊重当事人的缔约目的。根据行业惯例，阶段性保证是担保银行在房屋抵押权设立前的债权风险，与房屋抵押并非并存关系，通过分析交易上的合理性，否定银行获得双重担保的可能，符合商业逻辑与交易习惯，实现了司法判断与商业逾期的耦合。在房地产行业呈现下行态势、资产负债率高、资金流动性放缓的背景下，阶段性担保责任作为房地产行业潜在债务的重要组成部分，通过明确开发商阶段性担保责任的解除条件，使其免于负担法外过重的连带赔偿责任，实现了债务负担上的分配正义，一定程度上，也将有助于房地产行业的长远稳定发展。预售商品房交易是我国房地产行业的重要业态，开发商阶段性担保条款在其中具有普遍性，通过该案判决，为预售商品房交易各方梳理正确、合理的规则预期，有利于强化诉源治理，减少交易中潜在的诉讼发生。

编写人：广西壮族自治区防城港市中级人民法院　吴浩东　吴翠兰

2

保证人死亡后，继承人是否应当在继承遗产范围内承担连带责任

——某银行温州分行诉周某甲等金融借款合同案

【案件基本信息】

1. 裁判书字号

浙江省温州市瓯海区人民法院（2022）浙0304民初4464号民事判决书

2. 案由：金融借款合同纠纷

3. 当事人

原告：某银行温州分行

被告：周某甲、陈某某、林某某、周某乙、周某丙、周某丁

【基本案情】

2015年5月19日，某银行温州分行与周某甲签订《个人信用额度贷款合同》，约定贷款利率等内容。2016年11月10日，案外人周某潘出具担保函，为上述《个人信用额度贷款合同》提供担保。2020年2月，某银行温州分行依约向周某甲发放三笔贷款，后周某甲逾期未偿还贷款本息。担保人周某潘于2019年11月15日死亡，其第一顺位法定继承人为其父亲周某丁，母亲陈某某，妻子林某某，儿子周某丙，女儿周某乙。

某银行温州分行提出如下诉讼请求：1. 周某甲偿还相应贷款本金及利息；2. 周某甲、陈某某、林某某、周某乙、周某丙、周某丁在继承保证人周某潘遗产的范围内对上述债务承担连带偿还责任。

【案件焦点】

提供最高额保证的保证人死亡后，其继承人是否在遗产继承范围内承担保证责任。

【法院裁判要旨】

浙江省温州市瓯海区人民法院经审理认为：某银行温州分行与周某甲之间的《个人信用额度贷款合同》系双方真实意思表示，未违反法律、法规强制性规定，应当认定为合法有效，各方应按约履行，故对某银行温州分行主张周某甲偿还相应贷款本金及利息的请求予以支持。

关于案外人周某潘向原告出具的担保函。当事人应当为自己的主张提供证据，现陈某某、林某某、周某乙认为案外人周某潘出具的担保函系某银行温州分行提供的格式合同且其存在多处空白，并非周某潘的真实意思表示，但未能提供相应证据；即使担保函签署时有多处空白，周某潘作为成年人在金融机构提供的多处空白的担保函上签字，也应当承担相应的担保责任。故关于担保无效的抗辩意见，无事实与法律依据，本院不予采纳。

关于保证人死亡后，其继承人是否应当在遗产继承范围内承担保证责任。保证人以自身信用作为担保，其实质是以自身不特定的财产为债务人的债务提供担保，换言之，保证合同之债仍属于债务，原则上是可以继承的，故保证人死亡后，作为保证人的继承人理应在继承保证人遗产范围内承担连带清偿责任。本案借贷虽属于《个人信用额度贷款合同》项下，但每笔借贷均是单独成立的借款合同，某银行温州分行作为金融机构在每笔贷款发放时仍应尽到审慎义务，故保证人的继承人对发生在保证人死亡后的借款不承担保证责任。本案中，未结清的各笔贷款均发生在保证人死亡后，故关于某银行温州分行主张保证人继承人在遗产继承范围内承担连带保证责任依据不足，本院不予支持。综上，浙江省温州市瓯海区人民法院判决：

一、周某甲应于本判决生效之日起十日内偿还某银行温州分行相应借款本金、期内利息及逾期利息；

二、驳回某银行温州分行的其他诉讼请求。

判决后，双方当事人均未上诉，本判决现已生效。

【法官后语】

本案中涉继承人是否要在继承范围内承担连带责任，要分析该问题，应对保证之债的性质作出界定。

对于保证人死亡后继承人在遗产范围内是否应当承担责任，学术界存在四种不同的观点：

第一种观点认为继承人应当继续承担保证担保责任。保证于保证人而言是在其拥有的财产上设定需履行担保义务的负担，其归根结底是一种财产责任，不具有人身专属性，原则上可以继承。因此即使保证人死亡，保证责任也可以通过遗产来实现。

第二种观点认为继承人不应当继续承担保证担保责任。保证担保具有“人保性质论”，是一种基于个人信用而为的担保，故而人死则主体资格灭失，个人信用也无法继承，自然继承人不能承担保证责任。

第三种观点认为关键点在于保证人死亡时保证责任产生与否。如果保证人死亡之前，主债务已到期或债务人已违约，保证合同约定的责任事由产生，则保证人死亡后仍应以其遗产承担保证责任，其继承人应当在继承范围内承担责任。理由是如果保证义务未变成保证责任，人死后主体灭失，自然不用承担任何保证责任，但如果保证人死亡前债权人已经向其要求履行债务，保证人保证义务已经变成保证责任，责任不会因主体消失而消灭。

第四种观点认为关键点在于保证人死亡时保证义务产生与否。保证人在合同生效后即负有为借款承担连带保证责任的保证义务，若义务产生后保证人死亡，其继承人仍需要承担连带清偿责任。

本案中主要采用第四种意见，理由如下：

一、保证义务是本案分析的主线

综观合同法，合同成立、生效、履行的整个过程，都是以合同权利义务为主线，并不涉及保证责任，关于责任的表述，仅仅体现在违约责任方面，人为地突出保证责任不仅不符合立法精神，更与立法内容相违背。事实上，权利义务是合同的核心内容，已经生效的合同受权利义务的约束。保证义务是静态的，保证责任的承担是动态的，这其实是一个问题的两个方面，人为地将义务的履行界定成保证责任，并以此作为是否承担保证责任的标准，打乱了本有的合同义务主线。

二、基于利益衡量的考虑

多数情况下，银行放贷考虑的是保证人的个人信用，多数情况下基于对保证人进行的合理、审慎的审查后评估认可其信用及资产后，债权人才决定贷款。若无保证人，债务人不能获得此贷款，此时债务人应属于得利人，其获得了本不无法获得之利。

在进行法律解释时仍应考虑实际中的利益平衡，不断进行利益衡量。若以保证责任为承担连带保证责任的起算点，合同履行期间保证人生存状况如何不确定性大、意外性强。银行本身放出贷款就面临无法收回的风险，此时其已经处于不利境地。若再以保证责任为承担连带保证责任起算点的标准苛责之，不仅加重了银行的审查义务，也会导致银行因合同履行期间保证人死亡免于承担责任而丧失应取回的贷款，这进一步将其置于不利地位，导致利益严重失衡。

总之，保证的根本目的在于保护债权人利益，保障债权的实现。即使在借款期间内，债权人的利益仍然应在担保关系的保护之下以维护利益之平衡。仅仅是因为担保人在借款期间死亡，债权人的担保利益消灭，是不符合担保法立法价值的。

三、保证义务可以继承

现行法律没有规定保证人死亡后保证责任随之消灭，但也没有规定保证义务随之消灭。保证义务作为一种合同义务，在没有特别约定的情况下，合同主体死亡不是免除义务的法定事由，该义务在主债务履行完毕之前一直存在，不因合同主体死亡而消灭。

本院判决主要采用第四种观点。保证人于2016年签订最高额保证合同，此系双方真实意思表示，应属有效。银行于2020年放出第一笔贷款，此时保证人关于此贷款的保证义务产生。然保证人于2019年死亡，先于第一笔贷款发放，也即先于保证义务产生前，由此其义务尚未产生，遑论债之移转。

编写人：浙江省温州市瓯海区人民法院　蔡新星

3

出口退税账户质押后优先受偿权的认定

——某银行某分行诉江西某贸易公司等金融借款合同案

【案件基本信息】

1. 裁判书字号

江西省南昌市中级人民法院（2022）赣0113民终4246号民事判决书

2. 案由：金融借款合同纠纷

3. 当事人

原告（被上诉人）：某银行某分行

被告（被上诉人）：江西某贸易公司、陈某、陈某海

被告（上诉人）：宁波某贸易公司

【基本案情】

江西某贸易公司向某银行某分行借款6999909.74元，并签订《出口退税账户质押贷款合同》，借款期限自2020年3月30日起至2021年3月2日止，双方约定还款方式、贷款执行利率、罚息计收标准。陈某、陈某海、宁波某贸易

公司作为连带保证人在《保证合同》中签字或盖章。贷款到期，江西某贸易公司未能按时还款。《出口退税账户质押贷款合同》约定质押担保范围，借款人在贷款人处开立的退税专用账户账号，借款人同意贷款人监管该账户，未经贷款人书面同意，借款人不得擅自转移该账户内的款项。双方未就出口退税款划入案涉出口退税专用账户在税务部门进行登记备案。某银行某分行陈述上述出口退税专用账户内当前并无出口退税款进入该账户。某银行某分行为实现本案债权支付了律师费3010元和诉讼保全申请费5000元。

某银行某分行提出如下诉讼请求：1. 要求江西某贸易公司立即向原告清偿尚欠的贷款本金6999909.74元及利息、罚息；2. 要求江西某贸易公司支付律师费3010元；3. 某银行某分行对江西某贸易公司退税账户中的退税款及其利息享有优先受偿权；4. 要求陈某、陈某海、宁波某贸易公司对上述债务承担连带清偿责任。

【案件焦点】

出口退税账户质押优先受偿权的成就条件。

【法院裁判要旨】

江西省南昌市红谷滩区人民法院经审理认为：江西某贸易公司在某银行某分行处设立的出口退税专用账户作为其托管唯一的退税专用账户可设立质押，但出口退税托管账户质押权人只有在出口退税款进入出口退税专用账户并为其实际控制后，质押权人行使质押权的优先受偿权的条件才成就。本案中，某银行某分行无证据证明案涉质押账户已经拥有税务部门确定的退税款，其行使的优先受偿权条件未成就。江西省南昌市红谷滩区人民法院判决如下：

一、江西某贸易公司于本判决生效之日起十日内偿还某银行某分行截至2022年3月7日的欠借款本金6999909.74元及利息、罚息、复利（截至2022年3月7日的利息、罚息521166.61元、复利17764.63元，自2022年3月8日起至实际清偿之日止的利息、罚息、复利按合同约定标准计算）；

二、江西某贸易公司于本判决生效之日起十日内向某银行某分行支付律师费3010元、财产保全申请费5000元；

三、被告陈某、陈某海、宁波某贸易公司对上述第一项、第二项判决确定的债务承担连带清偿责任，被告陈某、陈某海、宁波某贸易公司承担连带清偿责任后，有权向江西某贸易公司追偿；

四、驳回某银行某分行的其他诉讼请求。

宁波某贸易公司不服一审判决，提出上诉。江西省南昌市中级人民法院经审理作出如下判决：

驳回上诉，维持原判。

【法官后语】

最高人民法院于2004年通过了《关于审理出口退税托管账户质押贷款案件有关问题的规定》（现已失效，以下简称《出口退税账户质押司法解释》），明确将出口退税账户托管认定为一种质押方式，并规定质押贷款合同生效时间以及退税款享有优先受偿权等内容。但该司法解释在2008年被最高人民法院明文废止了，且在物权法及民法典未对出口退税账户质押作出特别规定，对于出口退税账户质押的性质、成立要件和优先受偿权的成就条件，是本案争议焦点。

第一，出口退税账户质押性质辨析。对于出口退税账户质押的法律性质，即便是已经废止的《出口退税账户质押司法解释》也未作出定性。目前理论界主要存在“金钱质押说”和“权利质押说”，其对应的是动产质权和权利质权。但可以发现，出口退税账户质押与二者还是有一定差异的。出口退税托管账户质押出质时，用以质押的“标的”并非金钱这种物，而是出口退税专用账户，以及专用账户附属的未来税款退回的财产期待权。出口退税账户质押在签订合同时，账户内并无资金，也无相应的用途限制。其与应收账款质押也不同，从款项的权利来源来看，应收账款质押的应收账款一般来源于平等民事主体之间的合同之债，而出口退税托管账户质押的税款退库应收账款，来源于国家退还企业出口货物在国内已缴纳的增值税和消费税，其实质是一种行政权所带来的财产期待权。从应收账款是否可转让上看，应收账款质押所对应的债权一般都可以对外进行转让，而出口退税质押的税款应收账款一般只针对特定的出口企业，具有唯一性，在应收退税款未到账前，企业无法对外转让该预期财产权。从付款的主体上看，应收账款质押的应收账款付款主体一般为平等的民事主体，其可靠性较弱，而出口退税托管账户质押的应收账款由国家为主体进行退还，只要企业符合出口退税的相关条件，其退税款基本都能得以保障。出口退税账户是财产期待权的“物化体现”，结合现有民法典对质权的分类，出口退税托管账户质押尚不归属于现有的任何一类典型质押，而应当属于一种非典型的新型权利质押。故江西某贸易公司将出口退税账户用作抵押，其本身并不违反法律规定，应当予以允许。

第二，出口退税账户质押成立需要税务机关确认出口退税账户唯一性，根据《关于办理出口退税账户托管贷款业务的通知》规定，出口退税权益在资金融通中只是出口企业偿还贷款可靠的资金来源，税务机关有义务确保出口退税账户的唯一性，保证退税款退入该账户，未经贷款银行同意，不得为出口企业办理出口退税专用账户转移手续。另外还需要签订书面合同，《出口退税账户质押司法解释》规定“以出口退税专用账户质押方式贷款的，应当签订书面质押贷款合同。质押贷款合同自贷款银行实际托管借款人出口退税专用账户时生效”。还需要登记公示，目前出口退税账户质押由哪个部门进行登记尚无统一做法，有的选择公证机关，有的选择人民银行应收账户登记系统，笔者认为以税务机关为登记公示部门为宜，任何人都不会绕开税务机关而选择以其他机关作为贷款人出口退税相关信息的查询部门。本案中，某银行某分行与江西某贸易公司签订的质押合同合法有效，但出口退税账户并未向任何机关登记公示，不具有对抗第三人效力。

第三，出口退税账户质押优先受偿权的实现需要区分出口退税款是否到账。民法典对于出口退税账户质权的实现没有特别规定，但根据民法典第四百四十六条规定：“权利质权除适用本节规定外，适用本章第一节的有关规定。”故权利质权可以适用动产质权即本法第四百三十六条第二款规定。虽然出口退账户或者出口退税税款属于无体物，不能简单套用三种实现方式，但如上所述，出口退税账户质押是一种特殊的权利质押，仅可以期待国家根据企业的请求将出口退税金额存入专门账户，而不能申请法院强制国家履行退税的义务。《出口退税账户质押司法解释》第三条、中国银行股份有限公司《出口退税托管账户质押融资管理办法》第十条都规定仅可对退税款主张优先受偿权而非对出口退税账户，在退税款未进入退税账户前，无法实现优先受偿的目的，故此时优先受偿的条件未成就。退税款到账后属于实账户质押范畴，账户上的资金实际已受控于质权人，符合形式特定化和占有的条件，在符合前述的登记条件下，质权人可就退税款优先受偿。本案中，出口退税款未进入出口退税专用账户，出口退税款并未被某银行某分行实际控制，故优先受偿权的条件未成就。

编写人：江西省南昌市红谷滩区人民法院　罗松瑞　廖如荣

4

抵押登记效力不及于新的第三人之债

——某农商行诉杨某、周某金融借款合同案

【案件基本信息】

1. 裁判书字号

湖南省岳阳市华容县人民法院（2021）湘0623民初1586号民事判决书

2. 案由：金融借款合同纠纷

3. 当事人

原告：某农商行

被告：杨某、周某

【基本案情】

周某系杨某母亲。2017年9月22日，杨某因购房需要向某农商行申请抵押贷款240000元。某农商行审核后，于同日与杨某签订《最高额借款合同》，

约定合同项下最高借款本金额度为 240000 元，上述额度使用期限自 2017 年 9 月 22 日起至 2019 年 9 月 22 日止；贷款利率在中国人民银行公布的同档次贷款基准利率上可适当浮动，约定浮动比率为 106.9%，单笔贷款期限内执行固定利率；合同项下借款自实际借款日起按日计息，按季结息，借款到期，利随本清，放款确认书或相关债权凭证的约定利率与合同不一致的，以放款确认书或相关债权凭证为准；贷款人按照合同规定收回或提前收回贷款本金、利息、罚息、逾期利息、复利或其他应付费用时，贷款人均可直接从借款人任何账户中划收；合同项下借款由抵押人周某提供名下的房产作抵押担保。同日，某农商行与周某签订《最高额抵押合同》，约定担保的债务为杨某自 2017 年 9 月 22 日起至 2019 年 9 月 22 日止在某农商行办理各项约定各类业务形成的债务；担保的范围包括债务本金、利息、逾期利息、实现债权的费用等；担保责任的最高本金限额为 240000 元；抵押物为周某名下某房产及土地使用权。

2017 年 9 月 22 日，某农商行向杨某发放贷款 230000 元，杨某于 2018 年 3 月 28 日还清该笔贷款。2018 年 3 月 28 日，被告杨某又通过手机操作借款 240000 元，某农商行向被告杨某再次发放了贷款 240000 元。贷款发放后，杨某于 2018 年 12 月 21 日还利息 6.49 元，于 2020 年 10 月 20 日还本 500 元，于 2020 年 12 月 9 日还本 500 元。

另查明，被告周某提供的抵押房产，因被告周某本人在原告某农商行处的借款，于 2015 年 4 月 23 日已办理抵押登记。

【案件焦点】

周某于 2015 年 4 月 23 日办理的抵押登记是否对案涉借款产生抵押担保的效果。

【法院裁判要旨】

湖南省岳阳市华容县人民法院经审理认为：以不动产抵押的，抵押权自登记时设立。某农商行与周某虽签订了《最高额抵押合同》，抵押物办理了抵押登记，但该抵押登记是为周某本人在原告处形成的债务提供抵押担保办理的登记手续，该抵押登记的效力不能及于本次杨某的债务，故本案的抵押权并未设立。

湖南省岳阳市华容县人民法院依照《中华人民共和国物权法》第一百八十七条，《最高人民法院关于适用〈中华人民共和国民法典〉时间效力的若干规定》第一条之规定，作出如下判决：

驳回某农商行的对抵押财产享有优先受偿权的请求。

判决后，双方当事人均未上诉，本判决现已生效。

【法官后语】

本案是典型的金融借款合同纠纷。在金融借款合同纠纷案件中，以不动产作为债务的抵押担保是通常的商业惯例，但现实中因抵押权人对于抵押权相关法律知识了解较少，故往往会出现抵押权未能成功设立的情况。本案处理重点主要在于周某之前办理的抵押登记的效力是否对案涉杨某的债务产生抵押担保的法律效果。本案中，原告某农商行产生了一个认识误区：认为在杨某的债务中，周某同意为杨某的债务提供抵押担保，也签订了抵押合同，又因为周某本人在原告某农商行处的借款，于2015年4月23日已以案涉房屋为抵押物办理抵押登记，且该抵押登记证明仍未涂销，故可以认为周某为杨某的债务提供抵押物已办理抵押登记，抵押权已经设立，某农商行可以享有优先受偿权。而本院经审理后认为某农商行与周某办理的抵押登记中，其担保的债务为周某本人之前在某农商行的借款，案涉贷款的债务人虽为周某儿子杨某，但也为两个独立个体，不属于借新贷还旧贷的续担保，故抵押登记上抵押权人与抵押人虽然一致，但担保的债务不一致，故其效力不能覆盖到本案新的第三人债务。

抵押作为担保的一种方式，在市场经济活跃发展的当今社会，由于具有诸多的优点而被广泛采用，成为目前我国最普遍、最活跃的一种融资方式。如上所述，在不动产抵押担保中，抵押权人为实现要求债务人或者第三人提供抵押担保的目的，还需了解不动产抵押担保的相关法律知识。首先，如何认定不动产抵押权设立。根据《中华人民共和国民法典》第四百零二条的规定，以不动产抵押的，应当办理抵押登记，抵押权自登记时设立。由此可见，抵押权设立登记是抵押权产生效力的必要条件，未经登记的抵押权不发生效力。其次，抵押权的从属性。根据《中华人民共和国民法典》担保物权编的相关规定，在抵押法律关系中，抵押权具有从属性，其从属性体现在以下三个方面，一是成立上的从属性，即抵押权的成立以债权有效存在为前提，主债权债务合同无效的，担保合同无效；二是移转上的从属性，抵押权须附随于其所担保的债权，抵押权不得与债权分离而单独转让或者作为其他债权的担保；三是消灭上的从属性，即抵押权所担保的债权，如因清偿、提存、免除、混同等原因而全部消灭时，抵押权也随之消灭。

编写人：湖南省岳阳市华容县人民法院　龚娟

5

抵押权推定设立时，开发商的阶段性担保责任应予免除

——某银行江阴支行诉李某、某某置业公司金融借款合同案

【案件基本信息】

1. 裁判书字号

江苏省无锡市中级人民法院（2022）苏02民终7515号民事判决书

2. 案由：金融借款合同纠纷

3. 当事人

原告（上诉人）：某银行江阴支行

被告（被上诉人）：某某置业公司

被告：李某

【基本案情】

李某与某银行江阴支行签订《个人购房担保借款合同》，贷款86万元用于购房。某某置业公司作为保证人在合同上盖章，自愿为该笔借款提供阶段性连

带责任保证担保。保证期间自 2018 年 10 月 10 日起至债务履行期届满之日后两年止。合同约定："如借款人已办妥现房抵押登记手续且贷款人已收到其为第一顺序抵押权人的现房抵押权利证明正本的，保证人的保证责任自收到该抵押权利证明正本之日解除；但对于在该解除日之前已到期的借款人债务，以及该日之前发生的保证人或/及借款人的违约而引起的本合同项下责任，保证人仍应承担保证责任和违约责任。"

合同签订后，某银行江阴支行于 2018 年 10 月 15 日发放贷款。某某置业公司于 2018 年 10 月 16 日为涉案房屋办理了预售商品房买卖预告登记，权利人为李某，义务人为某某置业公司。同日，李某以该不动产向某银行江阴支行为上述债务提供抵押担保，并办理了抵押预告登记。2019 年 4 月 26 日，涉案房屋占用的土地办理了土地使用权分割证，土地使用权人是某某置业公司。涉案房屋于 2019 年 5 月 6 日办理了房屋初始登记证，房屋所有权人为某某置业公司。

因李某未按约归还借款本金和利息，某银行江阴支行决定提前收回全部贷款本息，并诉至法院，请求李某归还尚未清偿的借款本息及逾期利息，请求某某置业公司为李某承担连带清偿责任，并有权对案涉房屋实现抵押权。

【案件焦点】

1. 涉案房屋抵押权是否设立；2. 某某置业公司的保证责任能否免除。

【法院裁判要旨】

江苏省江阴市人民法院经审理认为：

根据《最高人民法院关于适用〈中华人民共和国民法典〉时间效力的若干规定》第一条第三款规定，本案法律事实发生于民法典施行前但持续至民法典施行后，该法律事实引起的民事纠纷案件，应适用民法典的规定。

一、关于涉案房屋抵押权是否设立的问题。第一，根据《中华人民共和国民法典》第二百二十一条规定，预告登记的权利人对预告登记的不动产享有排他权，对债权人的利益有一定的保障作用。某某置业公司已经办理了涉案房屋初始登记证，是借款人李某自身的行为导致未将涉案房屋所有权转移至其名下，继而造成涉案房屋不具备办理抵押登记条件的后果，故贷款人某银行江阴支行抵押预告登记至今有效。第二，《最高人民法院关于适用〈中华人民共和国民法典〉有关担保制度的解释》第五十二条第一款规定，办理抵押预告登记后，预告登记权利人请求就抵押财产优先受偿，经审查已经办理建筑物所有权首次登记，且不存在预告登记失效等情形的，人民法院应予支持，并应当认定抵押权自预告登记之日起设立。涉案房屋具备了所有权首次登记和预告登记未失效两个条件，抵押权自预告登记之日即2018年10月16日起设立。

二、关于某某置业公司的保证责任能否免除的问题。在按揭房屋买卖关系中，开发商提供的一般是阶段性保证，房屋抵押权设立之前，银行需要开发商向其提供保证，以保障银行出借资金安全，在房屋抵押权设立之后，银行出借资金有了保障，开发商则退出保证。如上所述，虽然合同约定，保证人的保证责任自贷款人收到抵押权利证明正本之日解除，但因涉案房屋抵押权已于2018年10月16日起设立，某银行江阴支行的债权已有充分保障，要求某某置业公司继续承担保证责任既无必要，也违反合同本意，而且有违公平原则，从而应当认定涉案房屋抵押权设立之日即为某某置业公司保证期间届满保证责任免除之时。故某银行江阴支行关于某某置业公司承担连带责任保证的主张与法相悖，不予支持。

江苏省江阴市人民法院依照《最高人民法院关于适用〈中华人民共和国民法典〉时间效力的若干规定》第一条第三款，《中华人民共和国民法典》第二百二十一条、第四百一十条、第五百七十七条、第六百七十五条、第六百七十六条，《最高人民法院关于适用〈中华人民共和国民法典〉有关担保制度的解释》第五十二条第一款规定，判决如下：

一、李某于本判决发生法律效力之日起10日内归还某银行江阴支行借款本息；

二、某银行江阴支行有权就涉案房屋以折价，或以拍卖、变卖的价款在李某的借款本息及本案诉讼费用范围内优先受偿；

三、驳回某银行江阴支行的其他诉讼请求。

某银行江阴支行不服一审判决，提起上诉。

江苏省无锡市中级人民法院经审理认为：开发商的连带担保责任是阶段性的，与银行对房屋的抵押权形成时间上的有效衔接，其本质是附解除条件的合同。虽然案涉合同约定了保证人的保证责任自贷款人收到抵押权利证明正本之日解除，但办理正式的抵押登记手续和收到抵押权利证明均是形式条件，其实质目的是取得抵押权，实现优先受偿权。在已认定某银行江阴支行对案涉房屋享有优先受偿权的情况下，某某置业公司的阶段性保证责任解除条件已成就，故某某置业公司可免除担保责任。依照《中华人民共和国民事诉讼法》第一百七十七条第一款第一项的规定，判决如下：

驳回上诉，维持原判。

【法官后语】

商品房预售制度现为房地产行业的重要业态，由此衍生出开发商阶段性担保的方式，激励购房人按揭贷款买房、促进商品房销售。在开发商已积极履行义务的情况下，判令其承担责任有违制度设立的初衷。此类案件的核心在于：若开发商已办理建筑物所有权的首次登记，涉案房屋因权利人自身原因怠于办理所有权转移登记，抵押权是否设立；抵押权设立时，开发商的阶段性担保责任是否应予免除。民法典及其配套司法解释出台后，能够对于实践中面临的上述问题，进行更深入的研究探讨。

规则的衔接适用，增强了法律生命力。抵押权预告登记是当事人在暂时无法办理抵押登记时，为确保将来取得抵押权、获得更加优先的顺位而办理的一种登记。仅办理了抵押权预告登记是否产生抵押权设立的效果，民法典颁布之前，没有对此的明确规定。此前一般认为，抵押权预告登记不导致物权的设立或变动，仅发生限制物权处分的效力，银行并不能凭抵押权预告登记取得对抵押物的优先受偿权利，因此，法院大多判决开发商承担阶段性担保责任。民法典及其配套司法解释明确了抵押权预告登记的效力，即在一定条件下抵押权预告登记也能产生抵押权本登记的效力。《最高人民法院关于适用〈中华人民共和国民法典〉有关担保制度的解释》第五十二条第一款规定，当事人办理抵押权预告登记后，预告登记权利人请求就抵押财产优先受偿，经审查已经办理建筑物所有权首次登记，且不存在预告登记失效等情形的，人民法院应予支持，并应当认定抵押权自预告登记之日起设立。这意味着，抵押权预告登记的权利人享有排他权，债权人的利益有了保障作用。作为适用新规认定开发商阶段性担保责任应予免除的判例，本案对于处理新旧法衔接过程中的类似纠纷有一定的参考意义。

权责的明确界定，保障了各方权益。其一，抵押权登记的申请主体为抵押权预告登记权利人，如开发商已经办理了建筑物所有权的首次登记，权利人因自身原因怠于办理所有权转移登记，开发商对此不存在过错。若此时仍判决开发商承担连带担保责任，有违公平原则。其二，新司法解释重新规范了抵押权预告登记与抵押权登记之间的衔接关系，若推定涉案房屋的抵押权自抵押权预告登记之日起设立，银行已具备办理抵押登记条件，实质取得了抵押权。从阶段性担保责任的制度目的出发，其与抵押权应属承继关系，而非并存关系。在银行已取得抵押权的情况下，继续让开发商承担阶段性担保责任，将使银行获得双重担保的可能，超出了一般的商业预期。其三，开发商的连带保证责任本质是附解除条件的，虽然《个人购房担保合同》中约定了阶段性担保责任在银行收到抵押权利证明正本之日解除，但通过探究当事人的真实意思表示，不能仅拘泥于合同的字面意思，而是应基于取得抵押权、实现优先受偿的目的，认为阶段性担保责任解除条件已成就。

判决的正确导向有助于优化营商环境。当前，借款人断贷而产生的类似纠纷层出不穷，阶段性担保责任成为房地产行业一笔巨大的潜在债务。一方面，通过新司法解释适用明确阶段性担保责任的免除情形，不仅能更好地划分各方权责，也能助力行业长远稳定发展。不过分加重一方当事人的义务负担，对于健全预售商品房交易市场的商业习惯也有一定的积极作用。例如，对《个人购房担保合同》中有关开发商阶段性担保责任解除时间的条款，可以作出相应更新，避免产生争议。另一方面，能够树立正确的价值导向，促使银行积极行使自身权利。

编写人：江苏省江阴市人民法院　浦峥　蔡晓波　胡敏

6

抵押权预告登记效力的认定

——某银行闽侯支行诉林某某、某房地产公司金融借款合同案

【案件基本信息】

1. 裁判书字号

福建省闽侯县人民法院(2022)闽0121民初1645号民事判决书

2. 案由：金融借款合同纠纷

3. 当事人

原告：某银行闽侯支行

被告：林某某、某房地产公司

【基本案情】

2016年4月12日，某银行闽侯支行与林某某、某房地产公司签订《个人住房借款合同》，约定：林某某向某银行闽侯支行借款550000元用于购置某处房产，并以该房产作为该笔借款的抵押担保。某房地产公司为该合同项下贷款提供阶段性保证担保，保证期间为本合同保证条款生效之日起至抵押登记已办妥且抵押财产的他项权利证书、抵押登记证明文件正本及其他权利证书交由贷款人核对无误、收执之日止。若林某某未按合同约定按时足额偿还借款本息及其他应付款项，某银行闽侯支行有权宣布贷款提前到期，要求林某某立即清偿借款本息及罚息、复利，并有权依法处分上述抵押物以清偿债务。合同签订后，上述抵押房产办理了抵押权预告登记手续。某银行闽侯支行依约向林某某发放了贷款，林某某还款至2020年12月31日，之后再未还款。

另查明，上述抵押房产于2017年8月23日办理了房屋所有权的首次登记手续。

【案件焦点】

抵押房产办理了抵押权预告登记，抵押权人能否就抵押房产优先受偿。

【法院裁判要旨】

福建省闽侯县人民法院经审理认为：某银行闽侯支行与林某某、某房地产公司订立的《个人住房借款合同》系各方的真实意思表示，内容不违反法律法规强制性规定，为有效合同，各方应按合同约定履行义务。某银行闽侯支行依约向林某某发放了贷款，林某某未依约履行还款义务，按照双方合同的约定，某银行闽侯支行有权提前收回全部借款并主张林某某承担相应的违约责任，故对某银行闽侯支行主张林某某偿还拖欠的借款本息及相关律师费、财产保全费的诉讼请求予以支持。林某某提供其名下房产为诉争债务提供担保，并办理了抵押权预告登记手续及房屋产权初始登记，且未发现其他不具备办理抵押登记条件的情形，该房产的抵押权自抵押预告登记之日起就已设立，某银行闽侯支行已对该房产享有抵押权，故某银行闽侯支行主张以该房产折价或者拍卖、变卖所得价款优先受偿，符合合同约定及法律规定，应予支持。各方虽在《个人住房借款合同》中约定，某房地产公司的阶段性保证责任截至抵押登记已办妥且抵押财产的他项权利证书、抵押登记证明文件正本及其他权利证书交由贷款人核对无误、收执之日止，该约定的目的即在于某银行闽侯支行在享有诉争房产的抵押权，可以通过诉争房产实现其债权时，某房地产公司的保证责任得以免除。现某银行闽侯支行已享有诉争房产的抵押权，其可以通过诉争房产折价或拍卖、变卖的价款优先受偿，从而实现合同目的，故某房地产公司的保证责任应予免除，对某银行闽侯支行主张某房地产公司对诉争债务承担连带偿还责任的诉讼请求不予支持。

判决如下：

一、林某某应于本判决生效之日起十日内偿还某银行闽侯支行贷款本金

504317.95元及利息；

二、林某某应于本判决生效之日起十日内偿还某银行闽侯支行支出的律师代理费3372.4元；

三、林某某应于本判决生效之日起十日内偿还某银行闽侯支行支出的保全申请费3135元；

四、林某某若未能履行判决第一项、第二项债务，某银行闽侯支行有权抵押房产折价或者拍卖、变卖所得价款优先受偿；

五、驳回某银行闽侯支行的其他诉讼请求。

判决后，双方当事人均未上诉，本判决现已生效。

【法官后语】

购房人购买商品房时，与开发商、银行签订的购房借款合同中往往约定开发商作为保证人，其保证责任期间至借款人办理完毕房产的正式抵押登记手续之日。若房产最终只办理了抵押权预告登记，而未办理正式的抵押登记手续，在此种情况下，保证人是否仍要为诉争债务承担连带偿还责任，这就涉及抵押权预告登记是否具备与抵押权正式登记的同等效力。而抵押权预告登记能否产生和正式登记同等的优先受偿效力，仍依托于将来抵押权正式登记条件的成就。

一、办理抵押权正式登记的条件审查

因抵押房产在将来能否办理抵押权正式登记关系到预告登记权利人优先权的实现，针对预告登记权利人主张对已办理抵押权预告登记的房产折价、拍卖或者变卖所得价款优先受偿的诉求，在审理案件过程中，应当对抵押房产办理抵押权正式登记的条件能否成就进行审查。根据《最高人民法院关于适用〈中华人民共和国民法典〉有关担保制度的解释》第五十二条第一款的规定，应对抵押房产是否存在尚未办理建筑物所有权首次登记、预告登记的财产与办理建筑物所有权首次登记时的财产是否一致、抵押预告登记是否失效等情形，若不存在这些情形，应当认定抵押权自预告登记之日起设立，应当要求主张权利的一方提供抵押房产已办理建筑物所有权首次登记的相关证据，并结合预告登记证明上记载的相关情况，综合认定是否存在将来无法办理抵押权正式登记的情形，若不存在，则应支持预告登记权利人关于优先权的诉请。

二、保证人保证责任的免除

若经审查，案涉房屋不存在将来无法办理抵押权正式登记的情形，根据《最高人民法院关于适用〈中华人民共和国民法典〉有关担保制度的解释》第五十二条第一款的规定，抵押权从预告登记之日起设立，则预告登记权利人能够通过该抵押物折价、拍卖或者变卖所得价款优先受偿，从而保证债权的实现，也使合同目的得以实现。此种情况下，若严格依照合同约定，仍要求保证人承担保证责任至抵押物办理抵押权正式登记止，对保证人来说，显失公平，且在实质上也不符合双方合同约定，故保证人的责任应予免除。

三、关于保证人保证责任免除的时间节点

根据《最高人民法院关于适用〈中华人民共和国民法典〉有关担保制度的解释》第五十二条第一款规定，抵押权自预告登记之日起设立，同时根据合同约定，保证人的保证期间至抵押权登记办妥之日止，故保证人保证责任应于抵押权预告登记之日起免除。但在司法实践中存在金融机构出于自身资金安全考虑，在向贷款人发放贷款前，先行办理抵押权预告登记手续的情况，故有可能出现在贷款发放前，开发商的保证责任就已免除的情形，这亦违背了公平原则及合同本意。故为了维护金融机构的合法权益，也为了督促开发商尽快办理商品房所有权的首次登记，在抵押权预告登记时间早于贷款发放时间的情况下，应认定开发商的保证期间至商品房所有权首次登记办妥之日，开发商的保证责任至商品房所有权首次登记办妥之日起免除。

编写人：福建省福州市闽侯县人民法院　季琳

7

法院有权依据违约损害赔偿规则对律师费损失的合理性进行审查

——某银行松江支行诉朱某、应某金融借款合同案

【案件基本信息】

1. 裁判书字号

上海金融法院（2022）沪 74 民终 1117 号民事判决书

2. 案由：金融借款合同纠纷

3. 当事人

原告（上诉人）：某银行松江支行

被告（被上诉人）：朱某、应某

【基本案情】

2011 年 3 月 28 日，某银行松江支行与朱某、应某签订了《个人担保借款合同》，某银行松江支行为贷款人及抵押权人，朱某为借款人及抵押人，应某为共同抵押人。该合同约定，朱某、应某以自有房产一套作为抵押，为朱某向原告申请贷款 800 万元，贷款期限为 2011 年 3 月 30 日至 2026 年 3 月 29 日，还款方式为按月等额本息，还款期数共计 180 期，每月 29 日为还款日，贷款利率以央行公布的同期同档次贷款利率为基准利率上浮 20% 确定，如遇基准利率调整，则自每次基准利率调整之日的次年 1 月 1 日开始，按该次调整后的基准利率以及上述浮动比例确定并执行新的贷款利率。

2011 年 4 月 25 日，双方以补充协议的形式将贷款期限变更为 2011 年 4 月 26 日至 2026 年 3 月 25 日，并将还款期数变更为 179 期、每月还款日变更为 25

日后，某银行松江支行于次日向朱某发放了全部贷款。

但在合同履行过程中，朱某未能按约还款，构成违约。某银行松江支行因此向朱某发出《提前到期通知书》宣布贷款提前到期，并随后诉至法院，主张依据合同约定，贷款已经全部提前到期应付，并主张就逾期贷款本息按日计收逾期利息（逾期罚息利率为贷款利率上浮50%），且债权人在实现债权过程中支出的律师费等实现债权的费用应由债务人承担。

另查明，某银行松江支行为本案纠纷与律师事务所签订《委托代理协议》并支出律师费207704.30元。

朱某、应某共同辩称，对于贷款本息的偿还及要求实现抵押权的诉请没有异议，但对于律师费诉请的金额不予认可。首先，本案事实并不复杂，被告方对本案纠纷亦无重大争议，此时仅依据诉讼标的额计收超过20万元的律师费，显然不合理。其次，本案中被告方提供的抵押担保足以保障债务的履行，银行方面即使需要委托律师实现债权，其所委托的律师在本案中的工作量和工作内容也明显达不到超过20万元的标准。最后，被告方并非恶意违约，只是因为受到疫情影响，经营的公司发生了困难，才导致违约，故请求法院综合考虑被告方过错程度和企业实际困难，合理调整律师费损失的金额。

【案件焦点】

合同中就将来可能产生的律师费事先作出的分担约定能否排除限制违约损害赔偿范围的强制性规范以及法院对律师费损失合理性的审查。

【法院裁判要旨】

上海市黄浦区人民法院经审理认为：本案中是否能够支持原告的律师费请求应从律师费分担约定以及律师费损失的性质出发进行考量。

一方面，律师费分担约定是当事人在缔约时基于对将来可能发生之违约损失的预期而对可能产生的律师费所作的事先安排，其并非确定律师费损失的依据。律师费产生于守约方与律所间的委托代理协议，其本身无须在本案中受到审查。但若守约方欲依据事先的律师费分担约定将其所支出的高额律师费转嫁于违约方，则必须受到法律的规制。

另一方面，律师费损失属于守约方在违约发生后为维护自身合法权益所支出的费用性损失，而依据法律规定，违约损害赔偿的范围应当受到可预见性规则的检视。并且，在违约发生后，守约方负有采取适当措施防止损失扩大的减损义务，若守约方违反减损义务，则不得就扩大的损失请求赔偿。因此，守约方能够依据事先约定要求违约方负担的律师费损失仅限于必要、合理的范畴。

综上，上海市黄浦区人民法院依照《中华人民共和国民法典》第三百九十五条、第四百零二条、第四百一十条、第四百一十三条、第五百零九条第一款、第五百七十七条、第六百七十四条、第六百七十五条、第六百七十六条之规定，判决如下：

一、朱某应偿还某银行松江支行借款本金 3556019. 88 元；

二、朱某应偿付某银行松江支行算至 2021 年 9 月 23 日的期内利息 68160. 50 元、逾期利息 27997. 17 元及自 2021 年 9 月 24 日起至实际清偿之日止的逾期利息（以借款本息之和为基数，按合同约定的利率上浮 50%计算）；

三、朱某、应某应赔偿某银行松江支行律师费损失 50000 元；

四、如朱某届时未履行上述还款义务，某银行松江支行有权就抵押房产的处置价款优先受偿；

五、驳回某银行松江支行的其余诉讼请求。

某银行松江支行不服一审判决，提起上诉。上海金融法院经审理认为：一审判决认定事实清楚，适用法律正确，可予维持。据此，上海金融法院依据《中华人民共和国民事诉讼法》第一百七十七条第一款第一项之规定，判决如下：

驳回上诉，维持原判。

【法官后语】

一、事先的律师费分担约定并非守约方全额转嫁律师费的依据

“律师费”和“律师费损失”在日常语义上虽然具有相似性，但两者在法律上的含义大相径庭。“律师费”产生于守约方与律所之间的委托代理协议，其系职业律师为当事人提供法律服务后所收取的对价报酬。而“律师费损失”则是守约方在违约方违约时为维护自身合法权益而支出的必要合理费用，属于

违约损失中的费用性损失。两者并非源自同一合同，其关联性仅在于守约方为维护自身合法权益所支出的律师费在多大程度上可以被认定为违约损失（律师费损失）而要求违约方予以赔偿。

但需注意的是，违约损害赔偿并非没有任何限制的赔偿责任，其受到以可预见性规则为着眼点的一系列强制性规范的限定。而遵照前述强制性规范的目的，事先的律师费分担约定应当定性为当事人在合同订立时对将来可能产生之律师费的分担所作的预先安排，而非确定律师费损失的依据，其作用在于明确律师费损失属于违约损害赔偿的必要构成项。

因此，法院有权且应当审查律师费损失的合理性，这一方面是为了公平合理地界定违约方损害赔偿责任的范围，避免守约方以突破合同相对性的方式随意转嫁高额律师费支出，另一方面则是因为事先的律师费分担约定并不涉及具体损失如何确定的内容，而仅仅是约定了损失范围的构成项目。

二、以可预见性规则及减损规则作为审查律师费损失合理性的着眼点

（一）预见性规则中律师费损失审查的合理性指向

可预见性规则系违约损害赔偿范围的基本限定规则，属于强制性规范。其强制效力的基础在于，合同是当事人对将来可能发生的情事基于当前的客观状况所作出的事先安排，而预先的设想自然不可能超出行为人当前的认知，法律不会也不可能苛求行为人对其无法预见的后果承担责任。只是出于衡平起见，将预见的标准定为抽象理性人标准，而合理性的审查则包含于抽象理性人标准之中，其运作逻辑系借助抽象理性人标准将特定损失是否应当归属于违约方的价值判断融入司法裁判之中。

（二）减损规则中律师费损失审查的合理性指向

减损规则的规范核心在于守约方减损义务的课予，此等义务并非源自当事人的意思自治，而是基于诚信原则所产生的法定义务，其规范逻辑在于，即使违约损失已经发生，一个诚实、理性的合同当事人也不应放任损失的无限扩大，更不得将扩大的损害后果肆意加诸违约方。

当然，出于衡平考量，立法者同样将这一法定义务限于合理程度，即守约

方仅须“采取适当的措施防止损失的扩大”即可。并且，由于是课予无过错守约方的义务，其合理性要求更低，采用的是具体理性人标准，即仅需判断守约方在行为当时是否已经尽心尽力，而不以结果来衡量行为人当时行为的合理性，只要守约方的行为符合法律对其的合理期待，那么即使客观上没有达成减损的结果，违约方也要对扩大的损失承担责任。

三、总结：律师费损失合理性审查的实质是社会主义核心价值观与司法裁判的联通

之所以将可预见性规则、减损规则等违约损害赔偿范围限定规则定性为不可撼动的强制性规范，是因为这些规则均不约而同地蕴含了合理性指向，而合理性审查的实质是立法为司法所预留的自由裁量空间。但立法从来不会无条件地赋予司法自由裁量的空间，更遑论合理性这一如此具有弹性的概念。看似自由的背后实质上是更为严苛的要求，即司法对于律师费损失合理性所作出的任何一个价值判断都必须展现出价值取舍的心证过程，并且要与社会普遍认可的核心价值观念相契合，否则即为裁量不当。也正是此种严苛性的反向作用决定了上述规则的强制性地位，因为法律不允许未经其价值评价的事实对私主体产生拘束力，此即当事人不得依据事先的律师费分担约定排除法院合理性审查的根本原因。

编写人：上海市黄浦区人民法院　施浩　周晔

8

房屋买卖合同解除后购房人已偿还贷款本息的返还主体认定

——张某诉某银行、某房地产公司金融借款合同案

【案件基本信息】

1. 裁判书字号

山东省威海市中级人民法院（2022）鲁10民终2398号民事判决书

2. 案由：金融借款合同纠纷

3. 当事人

原告（上诉人）：张某

被告（上诉人）：某银行

被告（被上诉人）：某房地产公司

【基本案情】

2018年1月11日，张某与某房地产公司签订房屋买卖合同，约定张某购买某房地产公司开发的商品房一套，房屋总价款35万元。后张某按照合同约定向某房地产公司交纳首付款15万元，余款20万元贷款支付。某银行作为贷款人、张某作为借款人、某房地产公司作为保证人签订了《个人一手住房贷款合同》，约定张某向某银行借款20万元用于购买案涉商品房，张某同意并授权某银行将全部贷款直接划至某房地产公司专用账户，某房地产公司对上述借款提供阶段性担保。同年2月26日，某银行依照合同约定向张某发放贷款20万元，并发放至合同约定的某房地产公司账户。后张某每月向某银行偿还贷款，案涉房屋并未办理抵押。

2019年7月10日，张某与某房地产公司签订《协议书》，约定解除双方房屋买卖合同，张某已付首付款15万元由某房地产公司分期返还，贷款部分应由某房地产公司一个月内通过银行办理提前还款以解除某银行与张某的贷款协议，若某房地产公司未能在一个月内将贷款还清，由其负责偿还贷款。张某自银行放贷至今已还的月供部分，应由某房地产公司根据银行提供的具体数额在2019年10月31日前退款给张某。上述协议签订后，某房地产公司向张某共支付7万元；其中1万元系某房地产公司代张某偿还的贷款本息。

2020年6月18日，法院裁定受理某单位对某房地产公司破产清算申请。9月15日，张某向某房地产公司管理人申报债权，主张解除房屋买卖合同并申报购房款本金、违约金及其他损失共计60余万元。管理人认为2019年7月10日张某与某房地产公司签订的《协议书》对解除房屋买卖合同并退还房款已达成合意，对双方均有约束力，合计确认张某的债权金额36万元，债权性质为普通债权。张某未对该审查结果提出异议，亦未提起破产债权确认诉讼。截至2022年8月3日，以张某名义已偿还某银行52期借款本金7万元、利息4万元，共计11万元；剩余贷款本金为13万元。后张某将某银行、某房地产公司诉至法院，要求解除《个人一手住房贷款合同》，某银行、某房地产公司返还其已偿还贷款本息11万元，剩余贷款本息由某房地产公司偿还。

【案件焦点】

张某要求某银行、某房地产公司返还其已偿还贷款本息的诉讼请求能否支持。

【法院裁判要旨】

山东省乳山市人民法院经审理认为：张某与某房地产公司之间就退房退款事宜达成《协议书》，且管理人认可双方房屋买卖合同予以解除，根据《最高人民法院关于审理商品房买卖合同纠纷案件适用法律若干问题的解释》第二十条规定，案涉《个人一手住房贷款合同》依法应当予以解除。

关于某银行、某房地产公司是否应当返还张某已偿还的银行贷款本息。《中华人民共和国民法典》第五百六十六条第一款规定，合同解除后，尚未履行的，终止履行；已经履行的，根据履行情况和合同性质，当事人可以请求恢复原状或者采取其他补救措施，并有权请求赔偿损失。《最高人民法院关于审理商品房买卖合同纠纷案件适用法律若干问题的解释》第二十一条第二款规定，商品房买卖合同被确认无效或者被撤销、解除后，商品房担保贷款合同也被解除的，出卖人应当将收受的购房贷款和购房款的本金及利息分别返还担保权人和买受人。现案涉房屋买卖合同与贷款合同均已解除，按照上述法律规定，张某有权要求某银行返还已偿还的贷款本息；一审张某与某房地产公司均认可该公司替张某偿还5个月的贷款本息1万元，上述数额应予以扣除。虽法律规定某房地产公司应依法将收受的购房贷款本金返还银行，但根据《中华人民共和国企业破产法》的规定，破产企业不得对外债权进行个别清偿，某银行应当按照破产债权申报程序向某房地产公司主张权利。综上所述，山东省乳山市人民法院依照《中华人民共和国民法典》第三条、第五百零二条、第五零九条、第五百六十二条、第百六十三条、第五百六十六条，《中华人民共和国企业破产法》第十六条、第十八条、第四十四条，《最高人民法院关于审理商品房买卖合同纠纷案件适用法律若干问题的解释》第二十条、第二十一条，《中华人民共和国民事诉讼法》第六十七条之规定，判决如下：

一、解除张某与某银行、某房地产公司签订的《个人一手住房贷款合同》；

二、某银行于判决生效之日起十日内返还张某已偿还的贷款本息10万元；

三、驳回张某的其他诉讼请求。

张某、某银行均不服一审判决，提起上诉。

山东省威海市中级人民法院经审理认为：关于张某要求某银行、某房地产公司返还其已偿还贷款本息的诉讼请求应否支持的问题。首先，《中华人民共和国民法典》第五百六十六条第一款规定，合同解除后，尚未履行的，终止履行；已经履行的，根据履行情况和合同性质，当事人可以请求恢复原状或者采取其他补救措施，并有权请求赔偿损失。依据该条款规定，因案涉贷款合同解除后即对双方当事人不再有法律约束力，故原则上应当恢复原状，即张某应当向某银行返还其所贷全部款项，某银行应当返还张某已偿还的贷款本息，而案涉贷款总额明显大于已偿还贷款金额，即张某无权要求某银行返还款项。张某主张某银行存在企业信用调查不充分，贷后管理不到位等问题，但该事实尚未达到危害金融安全等违反公序良俗的严重程度，不影响案涉贷款合同的效力。其次，鉴于本案系商品房按揭贷款法律关系，同时存在商品房买卖合同关系与商品房担保贷款合同关系，涉及开发商、购房人及贷款银行三个主体，如机械地适用合同相对性，将导致三方权利义务失衡。故基于衡平各方当事人利益考量及诉讼经济原则，《最高人民法院关于审理商品房买卖合同纠纷案件适用法律若干问题的解释》第二十一条第二款对商品房买卖合同与商品房担保贷款合同均解除后购房款和贷款应如何处理作出了规定，从该条文的立法原意看，将商品房买卖合同与商品房担保贷款合同合并审理，目的为在一个诉讼过程中尽量解决更多的纠纷，以避免当事人的诉累，并在此基础上保护各方当事人的权利。故购房人已偿还部分贷款应视为其所支付的购房款，在本案中一并予以处理。某房地产公司亦同意由其承担案涉款项的返还义务。依据上述条款，应由贷款的实际收取方即某房地产公司将张某应偿还的贷款及购房款分别偿还给某银行与张某。退一步讲，除存在某房地产公司已将其收取的全部贷款返还给某银行的情况外，张某无权直接转移其自身的合同风险，要求某银行向其返还已偿还贷款。综上，无论依据《中华人民共和国民法典》第五百六十六条第一款，还是依据《最高人民法院关于审理商品房买卖合同纠纷案件适用法律若干问题的解释》第二十一条第二款规定，张某主张其已偿还贷款本息的返还主体为某银行均不能成立。一审判决由某银行承担返还责任不当，应予纠正。鉴于某房地产公司已进入破产清算程序，张某已就案涉款项向某房地产公司管理人申报债权，故其对某房地产公司的诉讼请求应在破产程序中继续处理。

山东省威海市中级人民法院依照《最高人民法院关于审理商品房买卖合同纠纷案件适用法律若干问题的解释》第二十一条第二款，《中华人民共和国民事诉讼法》第一百七十七条第一款第二项之规定，判决如下：

一、维持山东省乳山市人民法院（2021）鲁 1083 民初 899 号民事判决第一项；

二、撤销山东省乳山市人民法院（2021）鲁 1083 民初 899 号民事判决第二项、第三项；

三、驳回张某的其他诉讼请求。

【法官后语】

近年来，由于房地产市场行情波动、房地产企业盲目投资、同质化项目过多等因素的影响，一些地区房地产市场呈现供应过剩局面，部分房地产企业资金链断裂、难以为继，甚至进入破产程序，出现“烂尾楼”或房产贬值等现象，以致购房人、贷款银行纷纷诉至法院，要求解除房屋买卖合同及借款合同，抑或要求购房人继续履行还款义务。此类案件与依据合同相对性原理裁判的普通合同纠纷不同，因涉及房屋买卖、借款、担保等多个法律关系，关系购房人、银行、开发商多个主体，更应严格谨慎处理。本案中，对于房屋买卖合同和贷款合同解除后购房人已偿还贷款本息的返还主体系开发商还是贷款银行，一、二审存在不同的理解，笔者认为应从以下两个方面分析认定。

1. 从合同解除的一般法律后果分析，《最高人民法院关于审理商品房买卖合同纠纷案件适用法律若干问题的解释》第二十条规定房屋买卖合同被确认无效或被撤销、解除的，贷款担保合同应予解除，但此时购房人往往已经偿还了部分贷款本息。对于购房人已偿还的贷款本息，该司法解释并未明确，此时需结合合同解除的一般法律规定进行分析。《中华人民共和国合同法》第九十七条和《中华人民共和国民法典》第五百六十六条第一款对于合同解除的法律后果作出了相同规定，即合同解除后，尚未履行的，终止履行；已经履行的，根据履行情况和合同性质，当事人可以请求恢复原状或者采取其他补救措施，并有权请求赔偿损失。根据该规定，贷款担保合同解除后，对于已履行部分，原则上应当恢复原状。虽购房贷款业经购房人授权直接汇入开发商账户，但购房人仍为贷款合同约定的借款人，负有还款义务。按照这一思路，就本案而言，贷款合同解除的直接法律后果似乎应为张某向某银行返还20万元贷款，某银行返还张某已偿还的贷款本息，而案涉贷款总额明显大于已偿还贷款金额，故对于已偿还贷款本息某银行不负有返还义务。

2. 但从商品房按揭贷款的特殊性分析，贷款担保合同的解除一般情况下系因开发商违约所致，如机械地适用合同相对性原理处理房屋买卖合同及贷款合同解除后的法律后果，则将导致开发商未如期交付房屋却占有使用首付款和按揭贷款，购房人未实际取得房屋反而支付首付款并需偿还按揭贷款，各方权利义务明显失衡。故《最高人民法院关于审理商品房买卖合同纠纷案件适用法律若干问题的解释》第二十一条作出了突破合同相对性原则的规定，在房屋买卖合同纠纷与贷款合同纠纷合并审理时，由出卖人将收受的购房贷款和购房款的本金及利息分别返还担保权人和买受人。该司法解释的立法原意为在一个诉讼过程中尽量解决更多的纠纷，以避免当事人的诉累，并在此基础上保护各方当事人的权利，故对于购房人已偿还的贷款本息，应视为购房人的购房款，由开发商一并返还。如将已偿还贷款本息理解为上述司法解释中的购房贷款，则应由开发商先行将全部购房贷款返还银行，银行再将其中已偿还的本息部分返还购房人，该处理方式既无合同依据，又增加了当事人诉累，非《最高人民法院关于审理商品房买卖合同纠纷案件适用法律若干问题的解释》第二十一条规定的应有之义。因此，基于商品房按揭贷款的特殊性，本案贷款合同的解除应是向嗣后产生效力，未履行部分由某房地产公司向某银行承担还款责任，已偿还贷款本息亦应由某房地产公司返还，某银行不承担还款责任。

综上，审理此类案件时，须充分考虑商品房按揭贷款商业模式下各合同之间的密切联系和各方权利义务关系的平衡问题，避免因强调单个合同的相对性而造成三方权利义务的失衡。

编写人：山东省威海市中级人民法院　陈曦

9

借款人死亡后的借款利息、罚息的司法认定

——某银行涟水支行诉郁某某、徐某甲金融借款合同案

【案件基本信息】

1. 裁判书字号

江苏省淮安市中级人民法院（2022）苏08民终2757号民事判决书

2. 案由：金融借款合同纠纷

3. 当事人

原告（上诉人）：某银行涟水支行

被告（被上诉人）：郁某某、徐某甲

【基本案情】

郁某某与徐某甲系母子关系，郁某某与徐某乙（已故）系夫妻关系，徐某乙与徐某甲系父子关系。2018年5月17日，徐某乙通过手机银行电子渠道向某银行涟水支行申请贷款150000元，该笔贷款为信用贷款。某银行涟水支行于2018年5月17日当日将上述贷款发放给徐某乙，到期日为2019年5月17日，固定利率6.09%，贷款期数12月，还款方式为每月还息到期还本。双方签订的《中国银行股份有限公司个人网络循环贷款合同》第三条贷款利率与计结息中第二款约定，按借款人向贷款人申请提款时约定的计息方式计算利息。计息天数为每笔贷款的实际放款日至该笔贷款结清为止。第四款罚息载明：（1）若借款人未按约定期限还款，就逾期部分，从逾期之日起按照逾期贷款罚息利率按日计收利息，直至清偿本息为止。逾期贷款罚息利率为本合同约定的贷款利率水平上加收50%。（4）按罚息利率计收利息的，计息公示为：利息=（本金+应付未付利息）×实际天数×日罚息利率。第八条违约事件及其处理中第一款载明，下列事件之一即构成或是为借款人在本合同项下违约：……（11）借款人在贷款期间发生死亡、宣告死亡、失踪、宣告失踪、丧失民事行为能力的；第二款载明，出现前款规定的违约事件时，贷款人有权分别或同时采取下列措施：（1）要求借款人限期纠正其违约行为；（2）宣布本合同项下贷款本息全部或部分提前到期……（5）终止或解除本合同，全部、部分终止或解除借款人与贷款人之间的其他合同……

根据《存款历史交易明细清单》载明，徐某乙收到上述贷款当日，就将其中的50000元通过手机银行转给了蔡建友，剩余100000元在银行柜台以现金方式取走。

2018年5月29日，徐某乙因意外去世，截至去世时已还利息8.79元。2018年6月25日，郁某某、徐某甲在涟水县公证处办理位于涟水县涟城镇中山路双桥街12号（建筑面积162.8平方米，宗地面积128.88平方米）房屋继承公证时，徐某甲以书面方式明确表示放弃继承上述房产，故该套房屋经涟水县公证处遗产继承公证后已过户至郁某某名下。

2022 年 4 月 18 日，某银行涟水支行向涟水县法院起诉请求：判令郁某某、徐某甲偿还其贷款本息 198560.38 元以及从 2022 年 1 月 4 日起至实际还款日止，按照合同约定所应支付的利息和罚息。在案件审理过程中，某银行涟水支行经法院释明无法提供徐某乙死亡前案涉贷款产生的利息金额。

【案件焦点】

借款人徐某乙死亡后，涉案贷款本金、利息、罚息如何确定。

【法院裁判要旨】

江苏省淮安市清江浦区人民法院经审理认为：借款合同是借款人向贷款人借款，到期返还借款并支付利息的合同。本案中，被继承人徐某乙生前通过手机银行电子渠道向某银行涟水支行申请贷款 150000 元，某银行涟水支行依据其申请将以上贷款发放至徐某乙账户，因徐某乙意外死亡，郁某某、徐某甲应在继承徐某乙的遗产范围内归还某银行涟水支行借款本金 150000 元。关于某银行涟水支行主张的利息、罚息，某银行涟水支行未能提供贷款发放后至徐某乙死亡前产生的利息金额，故对某银行涟水支行要求郁某某、徐某甲给付徐某乙死亡后依据贷款合同产生的利息、罚息的诉讼请求，不予支持。徐某乙的第一顺序继承人尚有郁某某、徐某甲，但徐某甲以书面方式明确表示放弃继承，故徐某甲依法对某银行涟水支行的借款不承担还款责任，郁某某应在继承徐某乙的遗产范围内对某银行涟水支行的借款承担还款责任。

江苏省淮安市清江浦区人民法院依照《最高人民法院关于适用〈中华人民共和国民法典〉时间效力的若干规定》第一条，《中华人民共和国合同法》第一百九十六条、第二百零六条，《中华人民共和国继承法》第二十五条、第二十六条、第三十三条，《最高人民法院关于贯彻执行〈中华人民共和国继承法〉若干问题的意见》第四十七条，《最高人民法院关于审理涉及夫妻债务纠纷案件适用法律有关问题的解释》第三条及《中华人民共和国民事诉讼法》第一百四十七条之规定，作出如下判决：

郁某某于判决生效后三十日内在继承被继承人徐某乙遗产范围内偿还某银

行涟水支行贷款本金 150000 元。

某银行涟水支行不服一审判决，提出上诉。江苏省淮安市中级人民法院经审理认为：郁某某应在继承徐某乙遗产范围内偿还上诉人贷款本金 15 万元及从 2018 年 5 月 17 日起至实际清偿之日止的利息。理由如下：第一，虽然依据《中华人民共和国民法总则》第十三条规定，自然人到死亡时止即不具备民事权利能力，无法继续履行合同。但民事权利能力丧失并不代表本案合同权利义务的终止，更不能导致本案债权债务的消灭，尤其是本案中，上诉人已履行全部放贷义务，徐某乙应承担偿还本息的合同义务，只是因其身故而无法由其实际履行。第二，虽然自然人去世后不能再成为民事主体参与民事活动但若其留有遗产，其生前的负债完全可以由其遗产作为责任财产予以偿还，为此，我国《中华人民共和国继承法》第三十三条规定，继承遗产应当清偿被继承人依法应当缴纳的税款和债务，缴纳税款和清偿债务以他的遗产实际价值为限。超过遗产实际价值部分，继承人自愿偿还的不在此限。本案中，因徐某乙未偿还本息即去世，但其遗有财产，郁某某亦继承了徐某乙的遗产，相应地，郁某某应在其继承徐某乙遗产的实际价值范围内承继其案涉合同义务，即向上诉人偿还本金 15 万元及相应利息。第三，对于利息，双方在合同中约定的贷款系一年期，适用固定利率，但徐某乙系意外身故导致无法按期清偿，而非故意违约，为公平起见，对于 2019 年 5 月 18 日后的利息，本院认定，以 15 万元为本金，按照中国人民银行同期贷款基准利率计算至 2019 年 8 月 19 日，从 2019 年 8 月 20 日起至实际清偿之日止按照中国人民银行授权全国银行间同业拆借中心发布的一年期贷款市场报价利率计算。至于徐某甲因其明确表示放弃继承徐某乙的遗产，故上诉人要求徐某甲承担责任无法律依据，本院予以驳回。

对于上诉人主张的罚息。虽然上诉人提供的案外人同类合同中约定，如贷款人去世，视为违约，银行可提前宣布贷款本息全部或部分提前到期……终止或解除本合同。但本案中，上诉人并未行使解除权利。而贷款人徐某乙是因取得贷款不久后意外去世，其客观上无法继续履行还贷义务，并非故意违约。该事由属于双方在签订合同时无法预见、无法避免、无法克服的事项，根据《中华人民共和国合同法》第一百一十七条规定，“因不可抗力不能履行合同的，根据不可抗力的影响，部分或者全部免除责任，但法律另有规定的除外”，应予免责，故对上诉人主张逾期罚息的诉请不予支持。

江苏省淮安市中级人民法院依照《中华人民共和国合同法》第六十条、第一百一十七条、第一百九十六条，《中华人民共和国继承法》第三十三条，《中华人民共和国民事诉讼法》第一百七十条第一款第二项之规定，作出如下判决：

郁某某于判决生效后三十日内在继承被继承人徐某乙遗产范围内偿还某银行涟水支行贷款本金150000元及利息（以15万元为本金按照年息6.09%从2018年5月17日计算至2019年5月17日，扣减已付利息8.79元；以15万元为本金，从2019年5月18日按照中国人民银行同期贷款基准利率计算至2019年8月19日，从2019年8月20日起至实际清偿之日止按照中国人民银行授权全国银行间同业拆借中心发布的一年期贷款市场报价利率计算）。

【法官后语】

借款人死亡并不能引起其债权债务的消灭。金融借款合同中由于约定的还款时间较长，期间容易受到借款主体客观情况影响，且银行在贷款后疏于核实借款主体的现状，导致在借款人死亡后，利息、罚息的不断增长。根据《中华人民共和国民法典》继承编的规定，自然人死亡后有财产的，他的债务由他的继承人承担；无财产的或者继承人放弃继承的，继承人不承担被继承人的债务。因此在借款人存在遗产的情况下，如何确定继承人的还款责任是本案需要处理的争议焦点。

一、自然人死亡后金融借款合同权利义务继受主体的法律规定

我国遗产继承时应当遵循概括继承的原则。概括继承，是指继承人继承遗产过程中，既要继承被继承人遗留的积极财产，与此同时，也应该继承被继承人遗留的消极财产，即在遗产价值内清偿遗产债务。出于对债权人和继承人之间利益的平衡，法律规定继承人只需在继承遗产的范围内清偿保证人遗留的合法债务，如果遗产的债务超过财产的实际价值，继承人可以选择用自己的财产来偿还，也可以不清偿。遗产概括继承原则不仅保护债权人的利益，确保在遗

产价值范围内实现偿还，同时，继承人也不必用自己的财产来偿还债务。另外，我国并没有禁止继承人自愿偿还债务即用个人财产对超出遗产实际价值部分的遗产债务清偿。这种自愿偿还的形式是基于道德上的考虑，而不是法律要求。根据民法典第一千一百二十三条、第一千一百二十七条、第一千一百三十三条及第一千一百六十一条规定，继承开始后，按照法定继承办理；有遗嘱的，按照遗嘱继承或者遗赠办理；有遗赠扶养协议的，按照协议办理；法定继承第一顺序的继承人为配偶、子女、父母，第二顺序继承人是兄弟姐妹、祖父母、外祖父母。继承人以所得遗产实际价值为限清偿被继承人依法应当缴纳的税款和债务。继承人放弃继承的，对被继承人依法应当缴纳的税款和债务可以不负清偿责任。本案中，徐某乙意外死亡后，其儿子徐某甲根据民法典第一千一百六十一条第二款的规定明确表示放弃继承遗产，其就无须偿还被继承人徐某乙的债务。妻子郁某某在继承了其丈夫徐某乙遗留的房产后，其有义务在继承的遗产范围内承担还款责任。

二、自然人死亡后金融借款合同利息、罚息的确定

借款人死亡后借款合同终止，债权人在借款人死亡前因履行合同而形成的债权的履行义务人，依照相关规定，自此转换为借款人的继承其财产的继承人，出借人与借款人之间的债权债务关系，转换为出借人与继承借款人财产的继承人之间的就借款人死亡之前依照合同与债权人所形成的债权债务关系。对于该还款责任，出借人可要求财产继承人随时清偿。关于借款合同终止后的利息应否计算的问题。利息系借款本金的孳息，虽然借款合同已经终止，但因借款本金尚未偿还，故应计算利息。关于借款罚息，有观点认为继承人应当偿还本金、利息、罚息、复利等合同约定全部款项，因为在借款合同中往往约定借款人去世后，相关的从债务也随主债务一同转移，由继承人作为新债务人在继承借款人的遗产范围内予以清偿。笔者认为，借款人死亡后金融借款合同已经终止，而继承人也非金融借款合同的当事人，鉴于逾期利息已经高于正常期内借款利息，其本质是一种违约责任的承担方式，已经带有违约惩罚性质，而意外死亡并非当事人所得预见，让其继承人承担罚息亦有违公平原则。本案中，徐某乙

意外死亡后，继承人对其案涉债务并不知情，且某银行涟水支行也没有及时向继承人主张权利，故对其死亡之日后的利息应当按照法定孳息，参照同期银行贷款基准利率（后变更为一年期贷款市场报价利率）计算贷款本金的利息，对于罚息部分应当不予支持。

编写人：江苏省淮安市中级人民法院　宋诚　张登

10

金融借款案件“借新还旧”中对“保证人知道或应当知道”的认定

——湖北甲银行诉鲁某等金融借款合同案

【案件基本信息】

1. 裁判书字号

湖北省钟祥市人民法院（2022）鄂0881民初245号民事判决书

2. 案由：金融借款合同纠纷

3. 当事人

原告：湖北甲银行

被告：鲁某、张某、荆门乙公司、杨某、向某、唐某、惠水县丙公司、沈某

【基本案情】

被告鲁某与被告张某于1995年12月27日登记结婚。

2015年12月14日，被告鲁某作为申请人向湖北甲银行递交了《借款申请书》，向湖北甲银行申请抵押借款900万元，借期为24个月。被告鲁某在该《借款申请书》中借款人签章处签名、盖章、按手印。被告张某在申请人配偶签章处签名、按手印。

同日，被告鲁某、张某填写了《借款人家庭主要成员还款承诺书》。该《借款人家庭主要成员还款承诺书》的内容为“湖北甲银行：借款人鲁某于2015年12月13日在湖北甲银行申请房地产抵押贷款900万元，到期日为2019年2月，借款人及家庭成员鲁某、张某2人承诺按借款用途使用信贷资金，并按月付息、到期还本”。被告鲁某在该《借款人家庭主要成员还款承诺书》中的借款人家庭主要成员签字处签名、盖章，被告张某在该《借款人家庭主要成员还款承诺书》中的借款人家庭主要成员签字处签名。但《借款人家庭主要成员还款承诺书》中到期日存在明显涂改痕迹。

2016年3月24日，被告鲁某与原告湖北甲银行签订《流动资金借款合同》（编号为SP〈抵押〉××号），鲁某作为借款人向贷款人湖北甲银行借款850万元。《流动资金借款合同》约定，借期为36个月，自实际放款日起算，实际放款日以借款凭证为准；借款利率为年利率9.025%，借期内利率保持不变；借款人未按约定期限归还借款的（含提前到期借款），在上述约定利率基础上加收50%罚息；还款方式为分期还款，按月结息，结息日为每月或每季末的21日；借款用途系借新还旧，用于归还《流动资金借款合同》中所借款项。

2016年3月24日，被告荆门乙公司与原告湖北甲银行签订了《最高额抵押合同》（合同编号为SP〈抵押〉××号）。《最高额抵押合同》约定：“本合同所担保的主债权为自2016年3月至2019年3月，在人民币850万元的最高余额内，湖北甲银行依据与鲁某签订的借款合同而享有的对主债务人的债权，不论该债权在上述期间届满时是否已经到期”“荆门乙公司抵押担保的范围包括：主合同项下全部债务本金、利息、罚息、复利、违约金、赔偿金、实现债权和抵押权的其他应付费用（包括但不限于律师费、诉讼费及评估费等）”“荆门乙公司同意以荆门乙公司所有的某房地产作为抵押物（详见抵押物清单），该抵押物清单为本合同组成部分”。

2016年3月28日，荆门乙公司、湖北甲银行就荆门乙公司所有的某国有土地使用权办理了不动产抵押登记手续，抵押期限为三年，自2016年3月24日至2019年3月24日。

2016年3月29日，荆门乙公司、湖北甲银行就荆门乙公司所有的某房屋办理了不动产抵押登记手续。抵押权编号为荆门市房他证东宝区字第××号。

2016年3月30日，原告湖北甲银行通过转账方式向被告鲁某放款850万元并出具借款凭证。发放日期为2016年3月30日，到期日为2019年3月30日。该借款凭证上借款人处有鲁某的签名以及鲁某和张某的签章。银行审核意见为同意借新还旧850万元。

2019年3月7日，被告鲁某以借款人的身份在《借款展期协议》中借款人处签名、按手印。2019年3月20日，被告荆门乙公司以担保人的身份在该《借款展期协议》中担保人处盖章，被告荆门乙公司的法定代表人杨某以担保人的身份在担保人处签字、按手印，被告向某以担保人的身份在担保人处签字、按手印，被告唐某以担保人的身份在担保人处签字。该《借款展期协议》约定，“本协议是编号为SP〈抵押〉××号借款合同的调整和补充”“借款合同原借款金额为850万元，现在借款余额为850万元”“原约定借款到期日和金额为2019年3月30日，金额850万元；展期后到期日为2020年9月30日”“展期借款利率为年利率7.35%，自展期之日起按新的利率计息”“担保人自愿继续为借款人承担担保责任”。

2019年3月26日惠水县丙公司的《股东会决议》中载明，“惠水县丙公司于2019年3月20日在公司会议室召开股东会议，会议就同意惠水县丙公司为鲁某向湖北甲银行850万元贷款展期承担无限连带责任担保，期限18个月，一事进行了讨论。最后经股东会研究决定，同意用惠水县丙公司名义为鲁某向湖北甲银行850万元贷款展期承担无限连带责任担保，期限18个月”。沈某在《面谈记录》中股东签名处签字、按手印，其他股东未在《面谈记录》中签字。惠水县丙公司在《面谈记录》中落款处盖章。

2019年3月29日，原告湖北甲银行围绕沈某的职业、工作岗位、住房、婚姻、担保意愿等对被告惠水县丙公司的法定代表人沈某进行了询问和记载。《面谈记录》中记载，“沈某和惠水县丙公司自愿为鲁某在湖北甲银行办理850万元贷款展期提供无限连带责任担保责任，具体以借款合同及担保合同为准”，“惠水县丙公司于2013年9月2日成立，沈某担任法定代表人及执行董事，沈某出资占比70%，另外两名股东出资各15%，共计30%。沈某的股份超过三分之二以上，根据公司章程，沈某行使的表决权具备法律效力，惠水县丙公司为鲁某提供担保合法有效”。

2020年9月26日，被告鲁某以借款人的身份在《延期还本协议》中借款人处签字、按手印。被告荆门乙公司、杨某、唐某、向某以担保人的身份在《延期还本协议》中担保人处盖章、签字、按手印。该《延期还本协议》约定，“本协议是于2016年3月24日签订的编号为SP〈抵押〉××号的借款合同和编号为SP〈抵押〉××号的《最高额抵押合同》的补充”“原约定借款到期日和金额为2020年9月30日，850万元；延期后到期日和金额为2021年9月30日、850万元”“延期后的借款利率为年利率6.9%，自延期之日起执行并计息”“担保人自愿继续为借款人承担担保责任”。

2020年9月26日，被告荆门乙公司与原告湖北甲银行签订了《抵押合同》。该《抵押合同》约定“荆门乙公司所担保的主合同为湖北甲银行依据其与鲁某于2016年3月24日签订的合同（编号为SP〈抵押〉××号）”“本合同所担保的主债权金额和期限依主合同之约定”“荆门乙公司抵押担保的范围包括：主合同项下全部债务本金、利息、罚息、复利、违约金、赔偿金、实现债权和抵押权的其他应付费用（包括但不限于律师费、诉讼费及评估费）”“荆门乙公司同意以房地产作为抵押物（详见抵押物清单），该抵押物清单为本合同的组成部分”。

2020年9月26日，被告荆门乙公司、向某、杨某、唐某向湖北甲银行出具《同意继续抵押承诺书》。该承诺书载明“借款人鲁某于2016年3月30日在湖北甲银行借款850万元，定于2020年9月30日到期，担保人为荆门乙公司。现因受疫情影响无法偿还850万元到期贷款本金，现向贵行申请850万元贷款本金延期还本，借款人及抵押财产所有权人同意继续用房地产作抵押担保（以抵押登记的他项权证或公证书为准）。在抵押期间和贷款未还清期间，本人及抵押担保人未经农商行同意不变卖、不另作其他抵押，贷款到期后若不能按期偿还贷款本金及利息，由湖北甲银行无底价公开拍卖房屋所有权，拍卖所得价款优先偿还湖北甲银行贷款本息，我们愿承担一切经济及法律责任，抵押财产所有权人不持异议”。被告荆门乙公司、向某、杨某、唐某在该《同意继续抵押承诺书》上签字或盖章。被告向某、杨某、唐某系被告荆门乙公司的股东，分别占股 9%、10%、54%，合计占股 73%。

2020 年 9 月 26 日，被告向某、杨某、唐某分别与原告湖北甲银行签订了《保证合同》。该《保证合同》约定“向某、杨某、唐某所担保的主合同为湖北甲银行依据其与鲁某于 2016 年 3 月 24 日签订的合同（合同编号为 SP〈抵押〉××）”“本合同所担保的主债权金额和期限依主合同之约定”“保证范围包括：主合同项下全部债务本金、利息、罚息、复利、违约金、赔偿金、实现债权和抵押权的其他应付费用（包括但不限于律师费、诉讼费）”“保证方式为连带责任保证”“若主合同为借款合同，则本合同项下的保证期间为自主合同项下的借款期限届满之次日起三年，湖北甲银行根据主合同之约定宣布借款提前到期的，则保证期间为湖北甲银行向借款人通知的还款之次日起三年”。

2020 年 9 月 28 日，被告惠水县丙公司、沈某分别与原告湖北甲银行签订了《保证合同》。该《保证合同》约定“惠水县丙公司、沈某所担保的主合同为湖北甲银行依据其与鲁某于 2016 年 3 月 24 日签订的合同（合同编号为 SP〈抵押〉××）”“本合同所担保的主债权金额和期限依主合同之约定”“保证范围包括：主合同项下全部债务本金、利息、罚息、复利、违约金、赔偿金、实现债权和抵押权的其他应付费用（包括但不限于律师费、诉讼费）”“保证方式为连带责任保证”“若主合同为借款合同，则本合同项下的保证期间为自主合同项下的借款期限届满之次日起三年，湖北甲银行根据主合同之约定宣布借款提前到期的，则保证期间为湖北甲银行向借款人通知的还款之次日起三年”。

截至 2022 年 1 月 4 日，原告湖北甲银行的借款本金尚有 8441579.28 元及利息 29447.04 元未得到清偿。

另查明，被告惠水县丙公司的公司章程第五十二条规定“执行董事、监事、经理或者其他高级职员必须按公司赋予的权力行使职权，不得利用在公司地位和权力为自己谋取私利，不得侵占公司财产。执行董事、经理不得挪用公司资金或将公司资金借贷给予他人，不得将公司资产以其个人名义或其他个人名义开立账户存储，不得以公司资产为公司的股东或其他个人债务提供担保”，第五十三条规定“公司研究决定有关职工工资、福利、安全生产、劳动保护以及劳动保险等涉及职工切身利益的问题，应当事先听取公司工会和职工的意见，并邀请工会或职工代表列席有关会议。公司研究生产经营的重大问题，制定重要的规章制度，应当听取公司工会和职工的意见和建议”。被告惠水县丙公司有执行董事两名，分别为沈某和张某。被告惠水县丙公司的股东有三名，分别是持股比例为70%的沈某、持股比例为15%的张某以及持股比例为15%的张某某。

湖北甲银行提出如下诉讼请求：一、请人民法院依法判令被告鲁某、张某立即偿还原告借款本金8441579.28元及截至2022年1月4日的利息29447.04元，自2022年1月5日至实际清偿日的利息，按年利率10.35%计息；二、判决折价、拍卖或变卖荆门乙公司位于荆门市××路××号抵押物。其价款优先偿还借款本息；三、判决被告惠水县丙公司、沈某、杨某、向某、唐某承担连带清偿责任；四、本案诉讼费、保全费由被告承担。

被告惠水县丙公司辩称其担保的2016年3月鲁某的借款系一笔借新还旧的借款，该笔借新还旧的借款经过多次展期，在2020年已经有抵押物担保和多个保证人担保。被告惠水县丙公司既不知借款担保事实又不知新贷还旧贷的性质，被告惠水县丙公司不应承担担保责任。

【案件焦点】

被告惠水县丙公司与本案其他保证担保人是否能因所担保的主债权系“借新还旧”而免除担保责任。

【法院裁判要旨】

湖北省钟祥市人民法院经审理认为：根据《最高人民法院关于适用〈中华人民共和国担保法〉若干问题的解释》第三十九条规定“主合同当事人双方协议以新贷偿还旧贷，除保证人知道或者应当知道的外，保证人不承担民事责任。新贷与旧贷系同一保证人的，不适用前款的规定”，若保证人知道或应当知道其所担保的主债权当事人双方借新还旧的，担保人不能免除担保责任。

本案中，被告鲁某与原告湖北甲银行于 2016 年 3 月 24 日签订的《流动资金借款合同》中明确写明“借款用途系借新还旧”。而被告惠水县丙公司、沈某分别与原告湖北甲银行于 2020 年 9 月 28 日签订的《保证合同》中明确写明“惠水县丙公司、沈某所担保的主合同为湖北甲银行依据其与鲁某于 2016 年 3 月 24 日签订的合同（合同编号为 SP〈抵押〉××）”“本合同所担保的主债权金额和期限依主合同之约定”。2020 年 9 月 26 日，被告向某、杨某、唐某分别与原告湖北甲银行签订的《保证合同》亦同样写明“向某、杨某、唐某所担保的主合同为湖北甲银行依据其与鲁某于 2016 年 3 月 24 日签订的合同（合同编号为 SP〈抵押〉××）”“本合同所担保的主债权金额和期限依主合同之约定”。

从上述事实可以看出，原告湖北甲银行系将“借新还旧用途”明确写明在本案各保证担保人所担保的主债权合同中以便担保人知悉的，而没有将“借新还旧用途”刻意隐瞒或者用其他用途欺骗担保人骗取担保人提供担保。被告惠水县丙公司及本案其他保证担保人对其所担保的主合同即《流动资金借款合同》中“借款用途系借新还旧”系知道或应当知道的。被告惠水县丙公司及向某、杨某、唐某、沈某不能因其所担保的主债权系“借新还旧”而免除担保责任。被告惠水县丙公司、向某、杨某、唐某、沈某应当对被告鲁某 2016 年 3 月 24 日的“新贷”债务承担担保责任。

湖北省钟祥市人民法院判决如下：

一、被告鲁某于本判决生效之日起十日内支付原告湖北甲银行借款本金人民币 8441579. 28 元、截至 2022 年 1 月 4 日的利息 29447. 04 元以及 2022 年 1 月 5 日至实际清偿之日的利息。2022 年 1 月 5 日至实际清偿之日的利息，以尚未偿还的借款本金 8441579. 28 元为基数，按照年利率 10. 35%计算；

二、被告荆门乙公司、杨某、向某、唐某、惠水县丙公司、沈某共同对判决第一项确定的债权承担连带担保责任；

三、原告湖北甲银行有权以抵押物登记证登记的抵押物折价或拍卖、变卖所得价款在判决第一项确定的债权范围内优先受偿；

四、驳回原告湖北甲银行的其他诉讼请求。

判决后，双方当事人均未上诉，本判决现已生效。

【法官后语】

一、“借新还旧”的认定

所谓“借新还旧”是指债权人与债务人达成新的借款协议以偿还旧的借款协议项下的欠款，在新的借款协议中具有担保人的情况下，担保人对“借新还旧”是否知情将决定担保人对此是否承担担保责任。实践中，“借新还旧”可以多种形式存在，主要的认定标准应满足以下两个条件：首先，客观上存在“借新还旧”的事实，法院一般从资金款项的流向出发进行实质判断，即只要借款合同项下的资金没有用于约定的经营活动，不管其中经历多少次流转，都存在以新贷款偿还旧贷款的事实，如借用过桥资金偿还旧贷后，又用新贷偿还过桥资金，本质上仍然属于“借新还旧”。其次，对于“借新还旧”的事实，债权人应当明知，否则借贷合同可能因为存在欺诈情形而可撤销，或者债权人可以要求担保人承担担保责任，担保人的不知情免责抗辩不能成立。实践中，可以综合借贷合同背景、资金流向等综合判断债权人对债务人“借新还旧”是否知情，如债务人借用过桥资金还后再贷款，用新贷偿还过桥资金时，有证据证明银行参与过桥资金的寻求，则可以推定银行对借“借新还旧”的事实知情，在此情形下，债权人自愿选择了对自己的债权实现有风险的贷款方式，应当承担相应的后果。

二、“借新还旧”中保证人责任制度沿革

2000年，《最高人民法院关于适用〈中华人民共和国担保法〉若干问题的解释》(现已失效，以下简称《担保法解释》)第三十九条对新担保人的责任承担问题首次作出明确规定：“主合同当事人双方协议以新贷偿还旧贷，除保证人知道或者应当知道的外，保证人不承担民事责任。新贷与旧贷系同一保证人的，不适用前款的规定。”该司法解释首次明确了新债保证人的不知情免责抗辩权。

2019 年 11 月 8 日，最高人民法院正式印发《全国法院民商事审判工作会议纪要》（以下简称《九民纪要》），该纪要第五十七条规定："贷款到期后，借款人与贷款人订立新的借款合同，将新贷用于归还旧贷，旧贷因清偿而消灭，为旧贷设立的担保物权也随之消灭。贷款人以旧贷上的担保物权尚未进行涂销登记为由，主张对新贷行使担保物权的，人民法院不予支持，但当事人约定继续为新贷提供担保的除外。"

2021 年 1 月 1 日，《最高人民法院关于适用〈中华人民共和国民法典〉有关担保制度的解释》正式颁布施行，该解释第十六条第一款规定："主合同当事人协议以新贷偿还旧贷，债权人请求旧贷的担保人承担担保责任的，人民法院不予支持；债权人请求新贷的担保人承担担保责任的，按照下列情形处理：（一）新贷与旧贷的担保人相同的，人民法院应予支持；（二）新贷与旧贷的担保人不同，或者旧贷无担保新贷有担保的，人民法院不予支持，但是债权人有证据证明新贷的担保人提供担保时对以新贷偿还旧贷的事实知道或者应当知道的除外。"该规定相比于《担保法解释》，明确了旧担保人和新担保人对新贷的责任，在重申新担保人不知情的免责抗辩基础上，明确了债权人的举证责任，即若保证人主张其对"借新还旧"事实不知情，不由保证人承担举证责任，而由认为保证人知情的债权人承担证明保证人知情的责任。

三、"借新还旧"中新保证人不知情免责的法理基础

"借新还旧"行为本质上是新债形成，旧债消灭，属于债的更新。之所以在借新还旧情形中对新贷保证人给予免责抗辩的特殊保护，是因为新贷保证人相比于一般的借贷关系中的保证人承担更大的风险。具体而言，在旧贷关系及一般的借贷关系中，借款人因经营管理需要向贷款人贷款，贷款人实际向借款人发放了资金，担保人在此情景下承担的是"借后还款"的风险。而在新贷关系中，尽管贷款人与借款人间签订了贷款合同，但合同标的事实上并非具体的资金，而是贷款人对借款人享有的到期债权，且贷款人愿意提供新贷大多因为借款人无力在约定期限内偿还贷款，故担保人在此情形下所负担的是"纯粹还款"的风险。显然，担保人在此之下所负担的担保风险大幅高于旧贷以及其他一般借贷关系中的

风险。如果保证人对该事实并不知情，其本质是对新担保人隐瞒借贷关系事实骗取担保。因此，法律赋予新贷保证人以不知情作为免责抗辩事由的权利。

四、法院如何认定新保证人对“借新还旧”明知

从举证责任的分配来看，新保证人对“借新还旧”明知这一事实的举证责任由债权人承担，如果不能证明保证人知情，保证人对新贷不承担保证责任。

在大多数案件中，抗辩事由、免责事由的举证责任一般系由抗辩人提出，但在金融借款案件中由于事实担保人很难就其不知情进行举证，若将举证责任分配由担保人承担，显然违背了“法律不强人所难”的基本原则。另外，将举证责任分配由金融机构承担可以倒逼金融机构在借新还旧贷款业务中保障新担保人的知情权，减少坏账几率，降低金融风险。

从就“知情”的认定方式来看。若在新贷中，金融机构已经将借新还旧的借款用途明确予以写明，只要金融机构与新担保人的担保合同中出现了新的担保人担保的主合同系新贷合同等类似的内容，应当推定新的担保人对新贷的借款用途“借新还旧”系知道或应当知道的。

编写人：湖北省钟祥市人民法院　冯道功　余亚龙

11

民法典视域下抵押权预告登记效力之司法认定及开发商阶段性担保责任的承担

——某银行虹口支行诉范某某等金融借款合同案

【案件基本信息】

1. 裁判书字号

上海市虹口区人民法院（2021）沪0109民初6641号民事判决书

2. 案由：金融借款合同纠纷

3. 当事人

原告：某银行虹口支行

被告：范某某、寇某、某发展公司

【基本案情】

2019 年 3 月 27 日，原告与被告范某某签订《个人一手住房贷款合同》，约定：范某某为借款人，原告为贷款人，范某某向原告贷款 113 万元，贷款期限为 360 个月；贷款用途为购买涉案房屋（期房）；范某某、寇某以所购房产进行抵押担保，所购房屋为期房，且可以办理抵押权预告登记的，借款人应在合同签署后 30 日内与贷款人到有关登记部门办理预告登记，在该期房竣工且符合当地房屋管理部门要求的房屋所有权证书办理条件后 30 日内与贷款人到有关登记部门办理正式抵押登记；所购期房的开发商某发展公司提供阶段性担保，开发商提供保证的应按照本合同约定承担连带保证责任，保证人提供阶段性连带责任保证的，自借款人办妥本合同项下贷款所购房屋抵押登记手续并且贷款人收到他项权证之日起，保证人在本合同项下不再承担新的保证义务和责任，但对于在该日之前已经到期的本合同项下债务，以及该日之前发生保证人或借款人违约而引起的本合同项下债务，保证人应承担相应的违约责任或保证责任；借款人未按期归还贷款本息或应支付的其他费用的视为违约，贷款人有权宣布本合同项下贷款本息全部或部分提前到期，要求借款人赔偿因其违约而给贷款人造成的损失等。被告寇某与范某某系夫妻关系，寇某为该借款向原告出具共同还款承诺书，承诺共同参与还款。

合同签订后，原告按约发放贷款。2020 年 6 月起，范某某、寇某未按约还款。2019 年 4 月 11 日，被告范某某、寇某以涉案房屋办理了权利人为原告的抵押权登记（预购商品房）。2019 年 8 月 20 日，某发展公司经房地产登记部门核准，就新建商品房取得产权登记。2020 年 4 月，某发展公司将办理产权登记转移所需的房屋交接书、预告登记证等材料交给范某某。此后，范某某未就涉案房屋办理产权登记转移。至庭审日，涉案房屋仍登记在某发展公司名下，原告仍为涉案房屋抵押权预告登记的权利人。

【案件焦点】

1. 某发展公司已取得产权登记，但被告范某某未办理转移登记手续导致涉案房屋仍处于抵押预告登记状态下，原告能否就涉案房屋实现抵押权；2. 被告某发展公司的阶段性保证义务能否免除；3. 两种担保责任能否并存。

【法院裁判要旨】

上海市虹口区人民法院经审理认为：

第一，原告能否实现抵押权。本案《个人一手住房贷款合同》的借款期限自 2019 年 3 月 27 日起至 2049 年 3 月 27 日止，被告范某某 2020 年、2021 年均有逾期还款的事实，原告于 2021 年 4 月提起诉讼，并主张全部借款于庭审日提前到期。故本案的法律事实持续至 2021 年 1 月 1 日民法典及《最高人民法院关于适用〈中华人民共和国民法典〉有关担保制度的解释》（以下简称《担保制度解释》）施行以后，本案纠纷应当适用民法典及担保制度解释的规定。其次，根据《担保制度解释》第五十二条第一款的规定，本案抵押权预告登记后，某发展公司已于 2019 年 8 月办理了涉案房产在内的商品房所有权首次登记，取得了房产证，且该抵押预告登记目前仍为有效，故涉案房屋实际已经具备办理抵押登记的条件，符合上述司法解释的规定，可以认定涉案房屋的抵押权已于 2019 年 4 月 11 日设立，原告作为权利人有权主张实现抵押权。

第二，某发展公司的阶段性保证义务能否免除。首先，阶段性保证系期房销售中，贷款人基于期房的性质无法即时取得抵押权，而由开发商承担的抵押权设立前的保证担保责任，是为借款人获得贷款以达成购房目的的增信措施，也是期房销售中贷款人、借款人、开发商三方利益的平衡。因此，开发商承担的保证责任应与抵押担保责任相衔接。其次，《个人一手住房贷款合同》约定某发展公司的阶段性保证责任至自借款人办妥本合同项下贷款所购房屋抵押登记手续并且贷款人收到他项权证之日。其中办妥抵押登记手续取得他项权证的实质是贷款人取得抵押权。故某发展公司的保证为附解除条件的保证，即以抵押权设立，贷款人取得抵押权为解除条件。因此，阶段性保证责任与抵押担保责任并非同时存在，抵押权设立后开发商即不再承担阶段性保证责任。基于前述认定，本案抵押权已经设立，某发展公司的阶段性保证责任应当予以免除。

上海市虹口区人民法院经审理判决：

一、被告范某某、寇某偿还原告某银行虹口支行贷款本金1095596.78元并支付相应的利息、逾期利息；

二、若被告范某某、寇某不履行上述还款义务，原告可就抵押房屋实现抵押权；

三、驳回原告其余诉讼请求。

判决后，双方当事人均未上诉，本判决现已生效。

【法官后语】

抵押权预告登记是一种针对将来设定抵押权的保全行为。在民法典及《担保制度解释》出台前，抵押权预告登记并不能使抵押权预告登记权利人享有抵押权，若房屋已经建成并具备办理他项权证的条件下，因购房人的过错导致无法办理本登记，预告登记权利人将无法通过实现抵押权来获得优先受偿，开发商也将继续承担担保责任。民法典及《担保制度解释》出台以后，明确了开发商办理建筑物所有权首次登记后，若不存在法定无效情形，贷款人的抵押权溯及至预告登记之日设立，开发商的阶段性担保责任同时解除，合理有效地保障了预告登记权利人及开发商等无过错方的合法权益。

一、民法典出台以前，预告登记权利人与开发商的权利无法得到有效保障

（一）预告登记权利人所面临的困境

实务中的商品房预售领域通常采用“抵押权预告登记+开发商阶段性连带保证”方式，对贷款债务提供担保。但这种模式在民法典出台以前，对抵押权预告登记权利人是否有权就抵押财产享有优先受偿权未有明文规定，因此在司法实务中，法院往往倾向于认定预售商品房抵押贷款中的抵押权预告登记并未使银行获得现实的抵押权。因此若房屋建成后的产权未登记至购房人名下，则抵押权设立登记无法完成，在购房人不偿还贷款时，银行即无法通过实现抵押的优先受偿权来确保自己的利益。

（二）开发商所面临的困境

实践中，经常存在开发商按期竣工，按期向购房人交付商品房，并按期办理产权证，但由于购房人的原因未及时办理他项权证的情况，若这个期间购房人出现逾期归还贷款，银行在无法通过实现抵押权得到清偿的情况下，就会优先考虑要求开发商承担担保责任。但实际上，若开发商在合同履行过程中没有违约行为，亦在办理首次产权登记后及时通知了贷款银行及购房人办理他项权证，此时让开发商承担该期间的担保责任，无疑加重了开发商的担保责任，并会将开发商置于追偿权无法实现的风险之中。

二、民法典时代，抵押权预告登记效力的认定更好地保障了预告登记权利人的合法权益，亦使开发商的阶段性担保责任处于合理期限和范围内

（一）抵押权预告登记的效力及抵押权设立时间的认定

民法典及《担保制度解释》出台后，对预告登记的效力进行了突破性的规定。从《担保制度解释》第五十二条可以看出，如当事人在办理抵押预告登记后，开发商已办理建筑物所有权首次登记，且不存在登记不一致、预告登记失效等情形，应当认定抵押权自预告登记之日起设立。此时，即使出现购房人“断供”、怠于办理抵押本登记、案涉房屋被查封等情形，银行亦可主张抵押权已自预告登记之日起设立从而要求实现优先受偿权。

（二）开发商阶段性担保的期限认定

“开发商阶段性担保”的设立初衷在于确保预售期房能依约办理产权登记，化解银行因预售而带来的债权清偿风险。银行基于期房的性质无法即时取得抵押权，而由开发商承担的抵押权设立前的保证担保责任，是为购房人获得贷款以达成购房目的的增信措施。因此，开发商阶段性担保的本质为附解除条件的保证合同，这里的解除条件即为抵押权设立，贷款人取得抵押权。结合《担保制度解释》第五十二条第一款之规定，开发商办理建筑物所有权首次登记后，若不存在法定无效情形，贷款人的抵押权溯及至预告登记之日设立，开发商的阶段性担保责任同时解除。从这个角度也可以看出，开发商阶段性担保与抵押权是互不兼容的。

三、本案对涉案房屋抵押权的认定既保障了预告登记权利人的合法权益，也体现了对开发商等无过错方承担责任的公平衡量

本案主审法官通过对法律事实的审查，认定原告的抵押权已于 2019 年 4 月 11 日设立，其作为权利人有权主张实现抵押权。由于开发商某发展公司的保证为附解除条件的保证，与抵押权并不兼容，基于涉案房产的抵押权已经设立，某发展公司的保证即同时解除，故法院判决其不再承担阶段性保证责任。

编写人：上海市虹口区人民法院　许雅芳　徐贇

12

商品房担保贷款合同解除后购房人请求银行返还其已偿还贷款的应不予支持

——张某诉某银行乳山支行、某建设公司乳山分公司金融借款合同案

【案件基本信息】

1. 裁判书字号

山东省威海市中级人民法院（2022）鲁 10 民终 2398 号民事判决书

2. 案由：金融借款合同纠纷

3. 当事人

原告（上诉人）：张某

被告（上诉人）：某银行乳山支行

被告（被上诉人）：某建设公司乳山分公司

【基本案情】

2018 年 1 月 11 日，某建设公司乳山分公司与张某签订《商品房买卖合同》，约定张某购买某建设公司乳山分公司开发的一套商品房，张某按合同约

定向某建设公司乳山分公司交纳首付款 152334 元。其后，某银行乳山支行（贷款人）与张某（借款人）、某建设公司乳山分公司（保证人）签订了住房贷款合同。合同约定，张某向某银行乳山支行借款 200000 元，保证人（开发商）提供阶段性担保。2018 年 2 月 26 日，某银行乳山支行依照合同约定向张某发放贷款，并发放至合同约定的开发商账户。

2019 年 7 月 10 日，张某与某建设公司乳山分公司签订《协议书》。某建设公司乳山分公司分期向张某退款 152334 元，张某贷款部分由某建设公司乳山分公司通过银行办理提前还款以解除银行与张某间的贷款协议。张某自银行放贷至今已还的月供部分，应由某建设公司乳山分公司根据银行提供的具体数额退款给乙方。协议签订后，某建设公司乳山分公司向张某共支付 71041.90 元；其中 11041.90 元系某建设公司乳山分公司代张某偿还的贷款本息。

2020 年 6 月 18 日，法院受理国家税务总局乳山市税务局对某建设公司破产清算申请。

2020 年 9 月 15 日，张某向某建设公司管理人申报债权，主张解除合同并申报购房款本金 284000.65 元、违约金 351891.54 元、其他损失 62933.75 元；张某对管理人确认债权提出异议。管理人经债权复核，确认债务人应退还张某房款本息 347280.79 元、违约金 14219.44 元，合计确认债权金额 361500.23 元，债权性质为普通债权。

截至 2022 年 8 月 3 日，以张某名义已偿还某银行乳山支行 52 期借款本金 72125.80 元、利息 42667.58 元，共计 114793.38 元；贷款本金余额为 127874.20 元。

【案件焦点】

1. 商品房担保贷款合同解除后，购房人可否请求银行返还其已偿还贷款；2. 商品房买卖合同解除后，购房人可否据此请求解除商品房担保贷款合同。

【法院裁判要旨】

山东省乳山市人民法院经审理认为：一、本案中，张某与某建设公司乳山分公司之间就退房退款事宜达成《协议书》，且管理人认可张某与某建设公司乳山分公司之间签订的《新建商品房买卖合同（预售）》予以解除；按照《最高人民法院关于审理商品房买卖合同纠纷案件适用法律若干问题的解释》第二十条规定，案涉《个人一手住房贷款合同》依法应当予以解除。二、现案涉《新建商品房买卖合同（预售）》《个人一手住房贷款合同》已解除，按照《中华人民共和国民法典》第五百六十六条第一款规定，《最高人民法院关于审理商品房买卖合同纠纷案件适用法律若干问题的解释》第二十一条第二款规定，张某有权要求某银行乳山支行返还已偿还的贷款本息；在庭审过程中，张某与某建设公司乳山分公司均认可某建设公司乳山分公司替张某向某银行乳山支行偿还 5 个月的贷款本息 11041.90 元，上述数额应予以扣除。另外，虽然按照上述法律规定，某建设公司乳山分公司应依法将收受的购房贷款本金返还某银行乳山支行，但威海市中级人民法院受理某建设公司的破产清算案，依据《中华人民共和国企业破产法》第十六条之规定，破产企业不得对外债权进行个别清偿，某银行乳山支行应当按照破产债权申报程序向某建设公司主张权利。综上所述，判决：

一、解除张某与某银行乳山支行、某建设公司乳山分公司之间签订的《个人一手住房贷款合同》；

二、某银行乳山支行于判决生效之日起十日内返还张某已偿还的贷款本息 103751.48 元；

三、驳回张某的其他诉讼请求。

张某、某银行乳山支行不服一审判决，提起上诉。

山东省威海市中级人民法院经审理认为：关于案涉贷款合同应否解除的问题。一审判决解除张某与某银行乳山支行、某建设公司乳山分公司之间签订的《个人一手住房贷款合同》并无不当。

关于张某要求某银行乳山支行、某建设公司乳山分公司返还其已偿还贷款本息的诉讼请求应否支持的问题。首先，依据《中华人民共和国民法典》第五百六十六条第一款规定，因案涉贷款合同解除后即对双方当事人不再有法律约束力，故原则上应当恢复原状，即张某应当向某银行乳山支行返还其所贷全部款项，某银行乳山支行应当返还张某已偿还的贷款本息，而案涉贷款总额明显大于已偿还贷款金额，即张某无权要求某银行乳山支行返还款项。张某主张某银行乳山支行存在企业信用调查不充分，贷后管理不到位等问题，但该事实尚未达到危害金融安全等违反公序良俗的严重程度，不影响案涉贷款合同的效力。其次，《最高人民法院关于审理商品房买卖合同纠纷案件适用法律若干问题的解释》第二十一条第二款对商品房买卖合同与商品房担保贷款合同均解除后购房款和贷款应如何处理作出了规定，购房人已偿还部分贷款应视为其所支付的购房款，在本案中一并予以处理。某建设公司乳山分公司亦同意由其承担案涉款项的返还义务。依据上述条款，应由贷款的实际收取方即某建设公司乳山分公司将张某应偿还的贷款及购房款分别偿还给某银行乳山支行与张某。退一步讲，除存在某建设公司乳山分公司已将其收取的全部贷款返还给某银行乳山支行的情况外，张某无权直接转移其自身的合同风险，要求某银行乳山支行向其返还已偿还贷款。综上，无论依据《中华人民共和国民法典》第五百六十六条第一款，还是依据《最高人民法院关于审理商品房买卖合同纠纷案件适用法律若干问题的解释》第二十一条第二款规定，张某主张其已偿还贷款本息的返还主体为某银行乳山支行均不能成立。鉴于某建设公司乳山分公司已进入破产清算程序，张某已就案涉款项向某建设公司乳山分公司管理人申报债权，故其对某建设公司乳山分公司的诉讼请求应在破产程序中继续处理。综上，一审判决适用法律错误，本院予以纠正。判决如下：

一、维持山东省乳山市人民法院（2021）鲁1083民初899号民事判决第一项；

二、撤销山东省乳山市人民法院（2021）鲁1083民初899号民事判决第二项、第三项。

【法官后语】

本案涉及购房合同解除后，购房人可否据此请求解除商品房担保贷款合同及商品房担保贷款合同，以及可否请求银行返还其已偿还贷款的问题。

在商品房按揭贷款商业模式中，涉及开发商、购房人、银行三方主体，形成两种法律关系，购房者与开发商形成房屋买卖合同关系，购房者与银行形成商品房担保贷款合同关系。商品房担保贷款合同解除后，若按合同约定的权利义务关系处理，在银行已足额发放贷款且无过错的情况下，要求其返还借款人已偿还的贷款本息，不合理地增加了银行负担，致使各方权利义务失衡，有违公平原则。人民法院审理该类案件时，必须充分考虑各合同之间的密切联系和各方权利义务关系的平衡问题，避免因强调单个合同的相对性而造成三方权利义务的失衡。要解决此类问题，应从以下三个方面进行把握：

一、商品房买卖合同解除后，购房人可否据此请求解除商品房担保贷款合同

商品房买卖合同与商品房担保贷款合同是两个独立的合同，并不具有从属关系，商品房买卖合同解除并不当然导致商品房担保贷款合同的解除。《最高人民法院关于审理商品房买卖合同纠纷案件适用法律若干问题的解释》第二十条规定“因商品房买卖合同被确认无效或者被撤销、解除，致使商品房担保贷款合同的目的无法实现，当事人请求解除商品房担保贷款合同的，应予支持”赋予当事人法定解除权，对该条文应作如下理解，买受人签订商品房贷款合同的目的是购买商品房，当商品房买卖合同已被解除时，担保贷款合同失去意义，银行也面临没有任何担保的情况下贷款的风险，故允许当事人请求解除担保贷款合同。本案中，张某以商品房买卖合同被解除致使商品房担保贷款合同的目的无法实现为由，请求解除商品房担保贷款合同的，应予支持。

二、商品房买卖合同解除后，购房人是否有权向银行主张返还已还房贷本息

《中华人民共和国民法典》第五百六十六条第一款规定，合同解除后，尚未履行的，终止履行；已经履行的，根据履行情况和合同性质，当事人可以请求恢复原状或者采取其他补救措施，并有权请求赔偿损失。合同解除后即对双方当事人不再有法律约束力，故原则上应当恢复原状，即购房人应当返还所贷全部款项；银行应将其所收取的购房按揭贷款返还购房人。但因贷款已经全部支付给开发商，购房人并未实际取得银行贷款，如要求购房人返还贷款，无疑增加了购房人的负担；要求银行将其已取得的贷款本息返还购房人，也一定程度增加了银行收回贷款的风险，结果可能对银行权益造成实质性损害，不利于

金融秩序稳定。《最高人民法院关于审理商品房买卖合同纠纷案件适用法律若干问题的解释》第二十一条第二款对此作变通规定，确定还款人为出卖人，即由作为实际收款人的开发商将购房贷款及购房款本息分别返还银行和购房人。该条款本意是充分发挥诉讼资源解决纠纷的功能，避免当事人的诉累，并在此基础上保护各方当事人的权利。故购房人已偿还部分贷款应视为其所支付的购房款，由开发商返还。本案中，不论按照张某与某建设公司乳山分公司签订的退款协议中“乙方自银行放贷至今已还的月供部分，应由甲方根据银行提供的具体数额在2019年10月31日前退款给乙方”的约定，还是按照法律规定，均应由实际收款人某建设公司乳山分公司向张某返还已还贷款本息，张某请求银行返还已还贷款的主张不能成立，人民法院不予支持。

三、商品房担保贷款合同解除后，银行剩余贷款本息的还款义务人是购房人还是开发商

按照合同相对性原理，购房人作为借款人在商品房担保贷款合同被解除后，仍是归还贷款的责任人，虽然《最高人民法院关于审理商品房买卖合同纠纷案件适用法律若干问题的解释》第二十一条第二款确定的还款人为出卖人，其中隐藏的法律关系是，购房人委托开发商向银行归还贷款本息，开发商所还款项就是购房人的还款，故购房人作为商品房担保贷款合同主债务人，合同解除后的还款责任并未免除。基于偿付风险的考量，在银行与购房人未约定贷款合同解除后购房人承担还款义务的情况下，法院可依据上述规定判决由开发商承担返还剩余按揭贷款本息的责任。故本案中，某银行乳山支行可向某建设公司乳山分公司主张偿还剩余贷款本息。

综上，商品房担保贷款合同与商品房买卖合同是紧密联系但又相互独立的合同关系，二者不具有效力上的从属性，在商品房买卖合同解除后，商品房担保贷款合同能否继续存在取决于合同双方的意思。区别于其他借款合同，商品房担保贷款合同具有主体多元化特征，三方主体权利义务关系紧密。商品房担保贷款合同解除后，对还款义务人的确定各方存在争议，承办法官在审理此类案件时，应秉持诉讼经济原则和公平原则，基于衡平各方当事人利益考量，合

理确定各方主体权利义务，根据《最高人民法院关于审理商品房买卖合同纠纷案件适用法律若干问题的解释》相关规定，明确还款义务人，最终作出裁判。本案根据上述法律适用原则，一定程度突破合同相对性，判决驳回张某要求某银行乳山支行返还已偿还部分贷款的诉讼请求，有助于维护三方权利义务平衡，体现了“公正优先、兼顾效率”的诉讼理念。

编写人：山东省乳山市人民法院　刘玉洁

13

一人有限公司股东逃避债务之连带责任认定

——某农商行诉某公司等金融借款合同案

【案件基本信息】

1. 裁判书字号

陕西省咸阳市中级人民法院（2023）陕04民终19号民事判决书

2. 案由：金融借款合同纠纷

3. 当事人

原告（上诉人）：某农商行

被告（被上诉人）：某公司、赵某甲、赵某乙

【基本案情】

2018年4月1日，某公司时任法定代表人赵某甲委托赵某乙前往某农商行办理借款980万元的全部手续。2018年4月25日，某农商行和某公司签订《流动资金借款合同》，约定某公司向某农商行借款980万元，月利率7‰，结息方式为按季结息，借款期限自2018年4月25日至2021年4月24日，并约定了逾期利息计算方式。同日，双方就案涉贷款签署了《抵押担保合同》，抵押

财产为房产，合同中注明用某公司名下办公楼、生态餐厅、快乐驿站抵押贷款，未办理抵押登记。2018年4月25日，某农商行向某公司发放了贷款980万元。之后，某公司仅于2018年6月21日偿还了借款期限内利息189.62元。

在签订《流动资金借款合同》时，赵某乙根据某公司及公司法定代表人赵某甲出具的《授权委托书》，还签订了《法人承诺书》和《连带责任承诺书》。

其中《法人承诺书》内容为："某农商行：我叫赵某甲，性别女，民族汉……对于某公司在贵社2018年4月25日签约借款合同……我本人对借款合同内容完全知悉并理解，并表示同意和支持。我向贵行承诺一旦不能按期归还上述贷款本息及罚息，我同意某农商行处置我名下全部资产归还上述借款，直至上述借款本息及罚息全部还清，此外，我本人对上述承诺书承担连带法律责任"。

《连带责任承诺书》的内容为："某农商行：我叫赵某甲，性别女……我本人为某公司股东……赵某甲作为某公司股东对抵押担保合同内容完全知悉并支持，并向贵支行承诺，自愿承担该笔贷款连带还款责任，一旦某公司不按期归还上述贷款本息及罚息，我将无条件同意某农商行处置某公司名下的全部财产归还上述借款，直至上述借款本息及罚息全部还清"。

另，某公司成立于2011年6月21日，为自然人投资或控股的有限责任公司，2015年5月21日变更为自然人独资的一人有限责任公司（股东为赵某甲），2021年4月9日又变更为自然人投资或控股的有限责任公司（股东为赵某丙、王某）至今。

【案件焦点】

赵某甲是否应该对某公司案涉债务承担连带清偿责任？

【法院裁判要旨】

陕西省咸阳市渭城区人民法院经审理认为：某农商行依据《法人承诺书》《连带责任承诺书》，认为赵某甲个人授权赵某乙进行签署承诺，主张赵某甲承担连带责任，证据不足，不予支持；某公司现为自然人投资或控股的有限责任公司，某农商行认为某公司借款时为一人公司，赵某甲作为当时的唯一股东，不能证明其财产独立于公司财产，主张赵某甲承担连带责任，于法无据，不予支持。因赵某乙系案涉借款代理人，在无赵某乙以其本人名义签署的担保合同等证据佐证下，某农商行以《客户谈话备忘录》保证人处有赵某乙签名为由，主张由赵某乙承担保证责任不能成立。《抵押担保合同》以房产为抵押，未办理抵押登记，合同未生效，故该部分诉请不能成立。据此，陕西省咸阳市渭城区人民法院判决：

一、某公司于判决生效之日起十日内支付某农商行借款本金 980 万元并支付利息及逾期利息；

二、某公司于判决生效之日起十日内支付某农商行偿律师费 25000 元、保全费 5000 元、保全保险费 12746 元；

三、驳回某农商行对赵某甲、赵某乙的诉讼请求；

四、驳回某农商行的其他诉讼请求。

某农商行不服一审判决，提起上诉。

陕西省咸阳市中级人民法院经审理认为：关于赵某甲应否承担连带保证责任问题。一是合同签订时，某公司为一人有限责任公司，赵某甲作为公司法定代表人且唯一股东，涉案该借款也是偿还公司之前在某农商行处的欠款，赵某甲未提交任何证据证明自身财产独立于公司财产；虽某公司现在股东为赵某丙、王某两人，但是赵某甲是在该笔借款即将到期时将股权转让，赵某甲也未提交对方支付股权对价的证据。二是赵某甲和赵某乙本身就存在亲属关系，赵某甲委托赵某乙办理该笔借款，并承诺对赵某乙的签字承担全部责任。《连带责任承诺书》也说明了赵某甲本人对于该笔借款承担连带还款责任。三是《法人承诺书》也载明：“我叫赵某甲……我本人对上述承诺书承担连带法律责任”，该承诺书落款处除有自然人签名外，还加盖企业公章。从承诺书的内容及字面语义看，“我”指的是赵某甲本人，而非公司。据此，赵某甲也构成债务加入，应该承担连带还款责任。二审其余同意一审意见。咸阳市中级人民法院依照《中华人民共和国民事诉讼法》第一百七十条第一款第二项规定，判决如下：

一、维持一审民事判决第一项、第二项“一、某公司于判决生效之日起十日内支付某农商行借款本金980万元并支付利息及逾期利息；二、某公司于判决生效之日起十日内支付某农商行律师费25000元、保全费5000元、保全保险费12746元”。

二、撤销一审民事判决第三项、第四项。

三、赵某甲对于一审判决第一项的还款义务承担连带还款责任。

四、驳回某农商行的其他诉讼请求。

【法官后语】

由于一人有限责任公司（以下简称一人公司）只有一个自然人股东或者一个法人股东的有限责任公司，股东意志与公司意志高度重合，一人公司的股东更容易利用公司身份从金融机构获取金融贷款，债务到期后以股东的有限责任逃避公司债务，进而损害债权人利益。实践中，股东滥用公司独立人格和有限责任原则的情形时有发生，使得债权人的利益和社会信用体系受到极大损害。故债权人面对一人公司逃避债务的情况，往往会直接追加一人公司股东为被告或被执行人，主张由股东对公司的债务承担连带责任。

《中华人民共和国公司法》第六十三条规定“一人有限责任公司的股东不能证明公司财产独立于股东自己的财产的，应当对公司债务承担连带责任。”[①]通过举证责任倒置制度来加重股东义务，加强对一人公司的法律规制，在举证不能的情况下，推定股东应当对公司债务承担连带责任的后果。若债务发生在一人公司的股东持股期间，随后在债务尚未偿还之前，一人股东转让股权，且将公司由一人公司变更为普通有限公司，原一人公司的股东及一人公司关于《中华人民共和国公司法》第六十三条的责任是否也随之豁免，即一人公司股东能否通过此举规避应属于自身的债务承担？

① 这一条款被新修订的《中华人民共和国公司法》（将于2024年7月1日实施）第二十三条所吸收，以下不再另外提示。

此种情形下，笔者认为：

1. 法律要求股东财产与一人有限责任公司财产相分离，且产权清晰，其目的是使股东与公司之间权责明确，以保障公司债权人的利益，防止公司股东逃避债务，并导致公司偿债能力降低。若一人公司原股东不能证明公司债务发生时股东财产独立于公司财产，即使执行时一人股东不再持有公司股权或已变更公司类型，仍然需要就债务承担连带责任。

2. 在一人公司人格否定的情况下，公司股东所承担的连带责任是其自身应承担的债务清偿责任，而非基于公司股东身份代替公司清偿债务，因而该种连带责任不因股权的转让而消灭。从债权人的角度而言，其正是基于对一人公司登记股东的信赖而与公司发生交易，债权人该信赖利益也不因该登记股东将其股权转让而受影响。

3. 一人公司原股东以转让股权逃避债务，如在债务到期尚未清偿的情况下，将股权转让给新股东，且转让对价明显低于市场平均水平，存在恶意转让股权之嫌，依据《中华人民共和国民法典》第一百四十六条第一款“行为人与相对人以虚假的意思表示实施的民事法律行为无效”的规定，行为人通谋作出股权转让的虚假意思表示，其股权转让行为无效，不能排除一人公司股东应当承担的连带清偿责任。此种情形下，银行债权人亦可考虑对债务加速到期，以防止股权转让成为一人公司逃避金融债务的工具。

本案中，赵某甲作为某公司系一人公司期间的唯一股东，在其持股期间，不能证明个人财产与公司财产独立，即应当对其持股期间发生的案涉债务承担连带清偿责任。同时，赵某甲在某公司债务到期尚未清偿的情况下，又将股权转让给新股东（赵某丙、王某），虽已变更登记，但至今仍未支付相应的对价，即可认定该行为系恶意逃债的股权转让行为，法院可判由原股东赵某甲对某公司该笔债务承担连带还款责任。

编写人：陕西省咸阳市中级人民法院　王葆　赵鹏涛

14

显著轻微违约情形下应限制合同约定解除权之行使

——某银行诉安某金融借款合同案

【案件基本信息】

1. 裁判书字号

北京金融法院（2022）京74民终238号民事判决书

2. 案由：金融借款合同纠纷

3. 当事人

原告（被上诉人）：某银行

被告（上诉人）：安某

【基本案情】

2015年4月，某银行与安某签订《个人贷款借款合同》，约定某银行向安某提供148万元贷款，贷款期限为360个月。……未按本合同约定按时足额还本或付息构成违约事件，一旦发生任何一种违约事件时，贷款人有权宣布本合同提前到期，并可提前收回已发放贷款的本息并要求支付相关费用。2015年5月，某银行向安某发放贷款148万元。在合同履行过程中，安某在2018年7月、2019年5月、2020年2月至8月，2020年11月至2021年11月均存在逾期还款的情况。截至2021年12月1日，上述逾期的欠款安某均已偿还。2021年8月，某银行向安某发送宣布贷款提前到期通知书。截至2021年12月，安某尚欠贷款本金1301098.59元。

某银行起诉请求：判令安某立即偿还某银行借款本金及利息、罚息、复息。

【案件焦点】

安某与某银行签订的《个人贷款借款合同》应否解除。

【法院裁判要旨】

北京市西城区人民法院经审理认为：依法成立的合同，对当事人具有法律约束力，各方均应按照约定全面履行自己的义务，否则，应当承担相应的违约责任。根据合同约定，借款人未依约还款的，某银行有权宣布贷款提前到期，并有权要求其支付罚息和利息以及实现债权而发生的费用。某银行向安某发放贷款后，安某存在多期逾期还款的行为，其虽主张已偿还完毕所拖欠款项，但不影响违约事实的认定，安某的逾期还款行为违反了合同的约定，应当承担相应违约责任。某银行宣布贷款加速到期并要求安某立即偿还剩余贷款本金、利息、罚息、复息等，于法有据。

北京市西城区人民法院判决：

安某于判决生效后十日内偿还某银行截至2021年12月1日的贷款本金、利息等。

安某不服一审判决，提出上诉。北京金融法院经审理认为：安某与某银行签订的《个人贷款借款合同》系双方当事人的真实意思表示，且未违反我国现行法律、行政法规的强制性规定，应认定合法有效。双方当事人应严格履行各自义务。某银行向安某发放贷款后，安某存在多次逾期还款行为，构成违约。但直至本案宣判前，安某仍坚持偿还借款本息，且将逾期还款产生的罚息、复利全部还清，这与一些借款人完全停止还款的违约行为有本质区别，应当认为安某的违约行为轻微，且未给某银行带来实际损失，更未使某银行的合同目的不能实现，因此不构成根本违约。根据查明事实，安某逾期还款情况主要发生在特殊时期，多家银行出台借款人在此期间可申请延期还贷，不影响个人征信记录的政策，某银行亦应响应国家号召，不盲目抽贷，与借款人共克时艰。安某提供的收入证明及其近期实际还款情况能够证明其具备还款的主观意愿和能力。综合以上情况，本院认为某银行与安某应当继续履行双方签订的《个人贷款借款合同》。

北京金融法院依照《中华人民共和国民事诉讼法》第一百七十条第一款第二项之规定，作出如下判决：

一、撤销北京市西城区人民法院（2021）京0102民初33381号民事判决；

二、驳回某银行的全部诉讼请求。

【法官后语】

一、显著轻微违约情形下限制合同约定解除权的法理基础

依法成立的合同，对当事人具有法律约束力，当事人应当按照约定履行自己的义务，不得擅自变更或者解除合同，在不按照合同的约定履行义务时要承担相应的违约责任。

但在司法实践中，合同一方当事人以对方轻微违约行为达到合同约定的解除条件为由要求解除合同的情形屡见不鲜，对此存在两种观点。第一种观点认为，基于意思自治原则，只要合同约定的解除条件成立，无论违约方的违约程度如何，非违约方均可行使合同约定解除权。第二种观点认为，应当综合考量违约过错程度、损害后果、是否影响合同目的实现、合同是否具备继续履行条件等因素，限制合同约定解除权的行使。

在上述情况下，能够限制合同的解除，合同法以及民法典均未作出明确规定。《全国法院民商事审判工作会议纪要》第四十七条规定违约程度显著轻微，不影响合同目的的，守约方以合同约定的解除条件成就为由主张解除合同的，不予支持。我们认为《全国法院民商事审判工作会议纪要》的规定有充分的法理基础。

（一）合同解除权应受诚实信用原则约束。诚实信用原则要求民事主体进行民事活动时应尊重对方利益，保护正当的信赖，维护法律关系中各方当事人的利益平衡。诚实信用原则作为民法的基本原则，对合同的缔结、履行、解除等具有普遍的指导意义。合同解除权制度的构建应以诚实信用原则为基础，以维护交易的安全。实践中，当违约情形发生时，不宜完全根据合同文本机械地确定合同是否应当解除，而应根据诚实信用原则，注重探究违约程度是否显著轻微，如确属显著轻微违约，且不影响合同目的实现，则应对约定解除权予以

适当限制，以维护双方权利义务的平衡。

（二）从利益的衡平来看，违约方违约行为显著轻微时，任由守约方依据合同约定解除合同，会造成利益严重失衡的不公平结果。由于当事人缔约地位和能力的差异，并非所有合同条款都能准确反映缔约者的真实意思，很多情形下解约条款过于严苛。一旦解除，违约方不仅承担过重的违约责任，而且为履约所作的所有努力往往全部付之东流。若不从利益评估与衡量角度对违约行为进行判断，并限制合同约定解除权，将大大增加合同解除的概率，极易产生变相鼓励解除权人滥用合同解除权，借机牟取不当利益或造成违约方过高损失的投机行为，诱发合同履行的道德风险。

尽管民法典并未规定显著轻微违约下非违约方行使合同约定解除权应予限制，但当适用约定解除规则对违约方明显不公时，《全国法院民商事审判工作会议纪要》第四十七条之精神仍有指导意义，法院应依诚实信用原则对约定解除权予以解释并加以限制，防止约定解除权被滥用进而危及交易的安全性和可预期性。

二、显著轻微违约的判断标准

违约程度显著轻微仅是学理概念，并没有明确法律规定，司法实践中可从违约方的过错程度、违约行为形态、违约行为后果、合同履行四个方面分析，并结合合同的履行情况等因素予以综合认定。具体而言，在违约方的过错程度方面，显著轻微违约下违约方一般存在履约的客观障碍，主观上不存在违约的故意或重大过失，过错程度仅为轻微过失；在违约行为形态方面，违反的多是从合同义务，或对主合同义务的履行出现微小瑕疵，不影响合同的继续履行；在违约行为后果方面，违约行为造成的损害后果较小，在不解除合同情况下仍完全能够弥补损失，并未给守约方合同利益造成实质性损害；在合同履行方面，违约方仍以实际行动积极履行合同，具有继续履行的意愿。

在认定构成显著轻微违约时，合同目的是否能达成是一个关键因素。合同目的系双方签订合同所欲追求的结果。不同的合同类型具有不同的交易目的，但从合同法发展历程看，合同目的本质上就是订立合同时所期望的经济利益，是合同存在的根本和成立的基础。如此，在个案中，延迟履行造成合同目的不能实现后果应包括如下情形：履行期限构成合同的必要因素，超过期限履行将严重影响订立合同所期望的经济利益；继续履行不能得到合同利益。

三、裁判追求法律效果与社会效果之统一

裁判过程中，不仅要遵循法律条文规定，还要注重法律价值的实现。法律价值指的是法律存在的伦理正当性与真正的根据，是支撑和确证法律具有一般而普遍的合法性与合理性的终极性原因，也是法律之有“意义”的充分根据。[①]正确把握和平衡法律制度背后的价值，是在司法实践中制度适用的前提，也是及时化解纠纷的基础。

对于显著轻微违约行为的裁判思路，目前法律虽无明文规定，但办案过程中，应依据诚实信用原则，贯穿《全国法院民商事审判工作会议纪要》第四十七条的相关精神。据此，若违约行为已经修正或消弭，应对对方当事人行使合同解除权持审慎态度，判定该违约行为是否对合同目的产生根本影响，不应贸然允许解除合同而破坏交易秩序稳定。以迟延履行为例，如违约方虽有短期延期付款的违约行为，且符合合同约定的合同解除条件，但在守约方主张解除合同时，违约方已将拖欠款项全部支付完毕，在不影响合同目的情况下，不应支持守约方的解约主张。

本案中，借款人安某因受疫情影响，出现多次逾期还贷行为，形成违约事实，已满足了合同约定解除的条件。但二审法院经过详细调查，了解到安某贷款的用途是购房，房屋系用来自住，其在受疫情影响收入缩减情形下，每月凑钱坚持还房贷，虽有逾期行为，但其一直坚持还款，并依约缴纳罚息复利。某银行的合同目的是收取贷款本金和利息，安某的行为并未给某银行带来实际损失，不存在某银行合同目的落空的情形。而且，若支持某银行主张的合同解除诉求，很可能导致安某由于无法提前还款造成房屋被拍卖的后果。二审法院结合民生因素，综合考虑安某属于显著轻微违约行为，安某继续还款的事实以及继续还款的能力和意愿，认定安某的行为构成显著轻微违约，从而限制了某

---

① 姚建宗：《法理学：一般法律科学》，中国政法大学出版社2006年版，第230页。

银行的合同约定解除权，判令合同继续履行。这也充分体现了司法对民生的关注，有利于维护人民群众合法权益，促进了社会稳定，实现了法律效果和社会效果的统一。

编写人：北京金融法院　赵佳　张琳琳

15

针对债务加入人的债权请求权之诉讼时效期间起算点

——某金融公司诉黄某金融借款合同案

【案件基本信息】

1. 裁判书字号

北京金融法院（2022）京74民终440号民事判决书

2. 案由：金融借款合同纠纷

3. 当事人

原告（被上诉人）：某金融公司

被告（上诉人）：黄某

【基本案情】

2014年，贺某与某金融公司签订贷款合同，约定贺某向某金融公司贷款20万元，借期1年。某金融公司按照约定向贺某发放贷款20万元。2015年，贷款到期后，贺某未按照约定还本付息，此时黄某向某金融公司出具《不可撤销的承诺书》，承诺自愿对贷款合同项下的全部债务承担连带偿还责任，就债务人在贷款合同下的还款义务，债权人有权直接向黄某索偿。2022年，某金融公司将黄某起诉至法院，要求黄某支付贷款本息。黄某提出了诉讼时效抗辩。一审法院认为黄某向某金融公司出具承诺书系债务加入行为，双方未约定承担连带清偿责任的履行期限，视为没有约定还款期限，某金融公司有权随时向黄某主张偿还，诉讼时效期间自某金融公司主张偿债时起算，某金融公司于2022年起诉要求黄某偿债是首次主张偿债，未超过诉讼时效期间，黄某的诉讼时效抗辩不成立，判令黄某向某金融公司承担还款付息责任。二审认为根据债的同一性原理，黄某的债务履行期同贺某一致，黄某加入债务时履行期已经届满，某金融公司对黄某的诉讼时效期间应自债务加入时起算，至起诉时诉讼时效期间已经经过，故改判驳回某金融公司的诉讼请求。

【案件焦点】

某金融公司的诉讼请求是否超过诉讼时效。

【法院裁判要旨】

北京市海淀区人民法院经审理认为：某金融公司与贺某签署的个人消费贷款合约书及黄某向某金融公司出具的不可撤销的承诺书，应属合法有效，具有法律约束力。贺某收到借款后未能完全履行偿还借款本金等义务，除应偿还所欠借款本金外，仍应支付逾期罚息等费用。黄某出具不可撤销的承诺书，系债务加入的行为，应连带承担贺某所欠债务。某金融公司与黄某未约定承担连带清偿责任的履行期限，视为未约定还款期限，某金融公司有权随时向黄某主张偿还，诉讼时效期间自某金融公司首次主张偿债后起算，某金融公司于2021年起诉要求黄某偿债是首次主张偿债，未超过诉讼时效期间，黄某的诉讼时效抗辩不成立。

北京市海淀区人民法院判决如下：

黄某于本判决生效后十日内偿还某金融公司借款本金199990.42元及逾期罚息。

黄某不服一审判决，提出上诉。北京金融法院经审理认为：债务加入是指第三人加入原债务关系中，与债务人共同承担债务。第三人加入原债务关系中后，其承担的依然是原债务，除债务人变更为原债务人和第三人外，原债务内容不因第三人的加入而有所改变。因此，作为原债务关系中基本要素的债务履行期限，当然对加入债务的第三人有约束力。本案中，基于上述理由，黄某加入贺某对某金融公司的债务后，其债务履行期同贺某的债务履行期。一审法院关于黄某与某金融公司未约定承担连带清偿责任的履行期限，视为没有约定还款期限的认定，有所不妥，二审法院予以纠正。

贺某履行期至 2015 年 11 月 28 日届满，此时诉讼时效起算。某金融公司提供还款记录表证明其对贺某还款账户最后一次扣款日期为 2016 年 9 月 21 日，如其主张属实，则某金融公司对贺某主张债权的诉讼时效自 2016 年 9 月 21 日中断。因黄某与贺某系共同债务人，对某金融公司承担连带责任，故对贺某发生诉讼时效中断的事由对黄某同样发生诉讼时效中断的效力。因此，某金融公司对黄某主张债权的诉讼时效自 2016 年 9 月 21 日中断。根据某金融公司提交的证据，仅能认定其此后直至 2021 年 2 月 4 日试图向贺某和黄某主张还本付息。然而此时，诉讼时效期间已经过，其主张清偿的行为不发生诉讼时效中断的效力。某金融公司在向一审法院起诉时已过诉讼时效，且黄某在一审提出诉讼时效抗辩，故某金融公司的诉讼请求不应得到支持。

北京金融法院依照《中华人民共和国民事诉讼法》第一百七十条第一款第二项之规定，作出如下判决：

一、撤销北京市海淀区人民法院（2021）京 0108 民初 37826 号民事判决；

二、驳回某金融公司的全部诉讼请求。

【法官后语】

《中华人民共和国民法典》第五百五十二条首次以法律的形式确认了我国的债务加入制度，明确了债务加入的构成和责任承担方式。但就债权人对债务加入人的债权请求权之诉讼时效期间从何时起算的问题，目前法律和司法解释并无明文规定，司法实践中亦未形成统一的裁判共识，“同案不同判”并不鲜见。本案通过对民法基础理论的研究，基于债的同一性原理及诉讼时效制度价值，明确了债权人向债务加入人主张履行债务的期间，界定了债权人对债务加入请求权的诉讼时效期间，兼顾了债权人、债务人和债务加入人合法权益的均等保护。

本案重在强调，债务加入人加入原债务关系中后，其承担的依然是原债务，除债务人变更为原债务人和债务加入人外，原债务内容不因债务加入人的加入而有所改变。因此，作为原债务关系中基本要素的债务履行期限，当然对加入债务的债务加入人有约束力。故如当事人无特别约定，债务加入人的债务履行期同原债务人一致，债权人对其行使债权请求权的诉讼时效期间自债务履行期届满时起算。债务加入发生在债务履行期届满后的，债权人对其行使债权请求权的诉讼时效期间自债务加入时起算。

从法理基础上，可从以下三个方面解释：

(一) 债务加入应遵循债的同一性原理

根据传统民法理论，债的转移是指在债的内容与客体保持不变的情形下，债的主体发生变更，具体可以分为债权让与、债务承担和债权债务的概括承受三种类型。其中，债务承担是指第三方介入债权债务关系，为原债务人承担债务的法律行为。以原债务人是否继续承担债务为标准，债务承担分为免责式债务承担和并存式债务承担，免责式债务承担又称为债务转移，并存式债务承担又称债务加入。债的转移不改变债的客体和内容，应保持债的同一性。债务加入属于债的转移，也应当保持债的同一性。

本案中，一审和二审观点分歧的根本原因在于对债务加入人债务履行期间的不同理解，进而导致对债务加入人诉讼时效期间的认识不一致。最高人民法院在审理中国工商银行内蒙古自治区通辽分行与通辽市科尔沁区工商农村信用合作社借款合同纠纷案时，形成如下裁判要旨：由于债务承担系第三人承担原债务人的债务，而非设定新债务，债的同一性并不丧失，故原债务人的抗辩权自然移转于债务承担人，债务承担人可以主张原债务人的诉讼时效抗辩权。可见，最高人民法院对债务加入应当保持债的同一性是持肯定态度的。

根据债的同一性原理，债务加入前后，债务加入人与原债务人对债权人所负担的债务内容是同一的，而履行期限作为债的要素，应当保持同一性。债权人对债务加入人行使债权请求权的诉讼时效期间自债务履行期届满时起算。债务加入发生在债务履行期届满后，则加入行为中断了原债务已经开始计算的诉讼时效期间，导致诉讼时效期间重新起算，故债权人对债务加入人行使债权请求权的诉讼时效期间自债务加入时起算。

（二）债权人与债务加入人的利益平衡

对比民法典关于债务加入与保证的条文可以发现，在保证中，保证人履行债务的前提是主债务人“不履行到期债务或发生当事人约定的情形”，是对将来可能发生的债务人不履行债务时的或有债务承担清偿责任。前提满足，保证债务方被激活。而债务加入则不以此为限，履行期届至，债权人即可直接要求债务加入人履行债务。此外，保证人还受到保证期间的保护，而债务加入人须履行债务清偿责任直至债权消灭。

可见，债务加入人的责任比保证人的责任明显更重。所以根据现行法律规定，就债务加入而言，须债务加入人作出明确的债务加入的意思表示，若未能探查到第三人明确的债务加入的意思表示，则应按照存疑推定为保证的原则进行定性。同理，从平衡债权人与债务加入人之间利益的角度考虑，不宜削减债务加入人的履行期限利益，债务加入人应受原债务履行期限的保护。

（三）诉讼时效制度价值的体现

按照一审的裁判逻辑，债务加入人与债权人就履行期限没有约定，则债权人可以随时要求履行，诉讼时效期间自首次主张履行时起算。这会使原本有确定履行期限继而有诉讼时效保护的原债务，由于债务加入，派生出债权人永不主张权利，则诉讼时效期间永不起算的，导致实际上无诉讼时效保护的债务加入人的债务。这实际上背离了诉讼时效制度督促权利人及时行使权利的制度价值。确认债务加入人的债务履行期同原债务人一致，可以使债务加入人负担的债务有确定履行期限，进而明确诉讼时效期间，能够督促债权人及时行使权利，有利于发挥诉讼时效的制度价值。

编写人：北京金融法院　赵佳　张琳琳

16

票据贴现申请人与票据上其他前手存在不真正连带关系，贴现行以金融借款合同关系起诉贴现申请人，以票据关系起诉票据其他前手不构成重复起诉

——某银行股份有限公司苏州分行诉某建筑装饰有限公司、王某金融借款合同案

【案件基本信息】

1. 裁判书字号

江苏省苏州工业园区人民法院（2021）苏0591民初11143号民事判决书

2. 案由：金融借款合同纠纷

3. 当事人

原告：某银行股份有限公司苏州分行（以下简称某银行）

被告：某建筑装饰有限公司、王某

【基本案情】

某建筑装饰有限公司与某银行签订《贴现协议》，约定贴现额度、有效期限、年贴现利率、违约责任等。王某自愿为《贴现协议》项下债务提供保证担保。后某建筑装饰有限公司向某银行申请贴现商业汇票，票据到期后，某银行向承兑人提示付款遭拒付，故诉至本院要求某建筑装饰有限公司支付垫付票款本金并承担利息，保证人王某承担连带保证责任。审理中，某银行另向他院以票据上其余主体为被告起诉追索票据权利。

【案件焦点】

某银行能否就同一给付针对不同主体同时向不同法院提起诉讼，两诉讼在程序上、实体上如何处理。

【法院裁判要旨】

江苏省苏州工业园区人民法院经审理认为：原、被告签订的贴现协议、保证协议均系各方真实意思表示，依法成立生效，对各方均有约束力。原告依被告某建筑装饰有限公司申请办理了票据贴现业务，双方以票据贴现形式实现的金融借款合同关系合法成立有效，贴现后原告于票据到期日遭承兑人拒付而发生垫款，有权依照贴现协议约定要求被告某建筑装饰有限公司支付垫付票款本金及利息。

与此同时，原告作为案涉商业汇票持票人亦有权依照《中华人民共和国票据法》行使相应票据权利，原告依照不同法律关系，对不同主体享有数个请求权，均以同一给付为目的，债务人之间构成不真正连带关系。原告同时向不同主体主张权利并未构成重复起诉。但因给付目的具有同一性，为免双重受偿，在一债务人已履行债务的范围内，其他债务人应免除相应责任。

现原告要求被告某建筑装饰有限公司偿还垫付票款本息，符合合同约定亦未违反法律规定，法院予以支持。被告王某作为连带保证人，应按约对被告某建筑装饰有限公司的前述债务承担连带清偿责任。其在承担保证责任后，有权向债务人某建筑装饰有限公司追偿。

在本案被告清偿债务时，如原告债权已在另案中得到部分清偿，则本案被告承担的数额应扣除原告在另案中得到清偿的债权数额；因被告某建筑装饰有限公司亦为案涉商业汇票被背书人，被告某建筑装饰有限公司清偿后与其余不真正连带债务人之间的关系，可基于相应基础法律关系另案解决；就原告通过本案和另案获得清偿的总额中超出本案债权的部分，本案被告可另行解决。

江苏省苏州工业园区人民法院判决如下：

一、被告某建筑装饰有限公司于判决生效之日起十日内偿还原告某银行票款本金 2755202.72 元，及至 2022 年 1 月 4 日的利息 220416.2 元，以及自 2022 年 1

月5日起至被告实际还款之日止以未还本金为基数按日万分之五计算的利息；

二、被告某建筑装饰有限公司于判决生效之日起十日内偿付原告某银行律师费66000元；

三、被告王某对被告某建筑装饰有限公司的上述第一项、第二项付款义务承担连带清偿责任。被告王某承担保证责任后，有权向债务人某建筑装饰有限公司追偿。

判决后，双方当事人均未上诉，本判决现已生效。

【法官后语】

本案系由票据贴现业务而引发的多数人纠纷。碍于权利义务性质不同、管辖法院有别等因素，贴现行未在同一案件中向贴现申请人及担保人、票据上的其他前手一并主张权利，而是针对不同主体同时提起了两个诉讼。如何处理贴现申请人就同一给付针对不同主体同时提起的多个诉讼，是此类案件审理的难点。对此，如下几方面值得关注。

其一，票据贴现申请人与票据上其他主体间存在不真正连带关系。票据贴现系指贷款人以购买借款人未到期商业票据的方式发放的贷款，属于贷款的一种类型，亦即票据贴现实际上存在资金融通和票据买卖双重法律关系，因此贴现行与贴现申请人之间存在着金融借款合同关系与票据买卖关系之竞合。案涉情形中，碍于保证人仅为金融借款合同关系提供担保，并未在所贴现的票据上作保证，贴现行选择以金融借款合同关系为请求权基础起诉贴现申请人，贴现申请人基于金融借款合同法律关系而对原告负有给付义务，而另案被告则基于与各自前手之间的不同基础法律关系而负有票据法上的票据责任，又基于票据责任直接对原告负有给付义务。二者债务发生原因不同，但给付内容同一，各被告因合同约定或法律规定均对原告独立负全部履行义务，任一债务人履行全部付款义务，则债务消灭。两案被告间构成不真正连带关系，贴现行享有不真正连带债权。

其二，案涉情形中并行的两诉不符合合并、中止审理条件。案涉情形中，贴现行虽在不同法院同时提起了两个诉讼，但当事人并不相同，并未构成《最高人民法院关于适用〈中华人民共和国民事诉讼法〉的解释》第二百四十七条所规定之重复起诉，但亦不符合合并、中止条件。首先，依据民事诉讼法及司法解释的相关规定，可以合并审理的诉主要包括基于同一事实提起的诉、诉讼标的同一或同类的共同诉讼、本诉反诉这三种情形。贴现行提起的两个诉讼，事实上虽具有牵连性，但管辖法院并不相同，亦并未在同一法院起诉，且两案所依据的权利义务关系并不相同也非同类，并不符合诉的合并条件。其次，不真正连带债权人丧失对某债务人的请求权的条件系其利益已得到全部填补，两案中一案的审理结果即便贴现行胜诉亦不意味着其利益已经得到了全部填补，其中一案的审理结果无法作为另案必须参考的依据，且若可中止，则会生发孰案中止之争议。因此，两诉可独立审理，但应在裁判中依照不真正连带之债的内外部效力，对贴现行双重受偿加以限制。

编写人：江苏省苏州工业园区人民法院　杨盼

二、储蓄存款合同纠纷

17

反洗钱视角下银行对储户账户采取管控措施的合理性判断

——某科技公司诉某银行清华园支行储蓄存款合同案

【案件基本信息】

1. 裁判书字号

北京金融法院（2021）京74民终489号民事判决书

2. 案由：储蓄存款合同纠纷

3. 当事人

原告（上诉人）：某科技公司

被告（被上诉人）：某银行清华园支行

【基本案情】

某科技公司诉称：1. 判令某银行清华园支行恢复案涉账户的正常使用状态；2. 判令该行向其书面道歉；3. 判令该行赔偿其因资金冻结无法正常使用的损失；4. 判令该行向其支付借款利息。

北京市海淀区人民法院经审理查明：2018年3月，某科技公司（甲方）在某银行清华园支行（乙方）开立案涉账户。案涉合同约定：如甲方账户交易异常或涉嫌洗钱、恐怖融资，涉及联合国、中国等国际组织或国家发布的监控名单或制裁事项……乙方有权单方暂停提供一项或多项金融服务，并可要求甲方配合尽职调查、补充证明文件或者在指定期限内办理销户及相关手续；甲方逾期未办理则视为自愿销户，乙方可以停止金融服务并关户，由此造成的责任和损失由甲方承担。

某银行清华园支行认可自 2019 年 5 月对案涉账户采取了临时止付措施，具体方式是限制网银的直接交易，所有交易需在柜台逐笔进行审核。该行表示其采取临时止付措施的原因是，某科技公司法定代表人陆某在 2013 年曾有高风险交易行为，作为法定代表人，陆某对公司具有控制力和影响力，无法排除陆某利用案涉账户实施涉敏交易风险。

某银行清华园支行表示未发现案涉账户存在问题。该行系根据相关文件的原则性规定，自行理解认定案涉账户存在风险。该行曾向相关主管部门进行汇报，未得到书面批复。

北京金融法院补充查明：

一、某银行清华园支行自认，在某科技公司申请开立案涉账户时，并未审核公司法定代表人陆某是否存在涉及高风险交易，对于法定代表人的审核并不属于开户审核的必要步骤。公司从未有敏感交易行为，亦未发现公司与其法定代表人陆某之间存在账户混同的情形。

二、某银行清华园支行称，系接到上级单位关于某科技公司法定代表人涉及相关敏感交易后的提示邮件后，于次日电话通知该公司对账户采取管控措施，但未提交电话通知的相关证据，该公司对于次日通知不予认可。该行称，首次联系时要求公司进行销户处理，后经公司申请，改为要求公司更换法定代表人。该行在通知公司对其账户采取管控措施时，并未明确触发管控所涉及的具体原因，仅要求公司更换法定代表人，亦未明确解除管控的具体标准、条件及期限。

【案件焦点】

1. 银行是否可因履行反洗钱义务而对储户的账户采取管控措施；2. 其采取管控措施的合理性标准为何。

【法院裁判要旨】

北京市海淀区人民法院经审理认为：首先，某银行清华园支行表示其系根据相关法律法规的原则性规定，根据其理解认定案涉账户存在风险，并无直接的法律法规依据；其次，该行曾向相关主管部门报告，但无法提供该部门的书面回复，无法证明相关部门已认定其采取的措施适当；最后，该行认可，未发现案涉账户存在高风险交易行为或可能性。结合上述情况，一审法院认为在现有证据情况下无法证明继续对案涉账户采取临时止付措施具有必要性和合理性。

综上，一审法院判决：

一、某银行清华园支行解除对某科技公司银行账户采取的临时止付措施；

二、驳回某科技公司的其他诉讼请求。

某科技公司不服一审判决，提出上诉。北京金融法院经审理认为：本案争议焦点是某银行清华园支行对案涉账户采取的管控措施是否适当，论述如下：

第一，某银行清华园支行可以基于履行反洗钱义务对风险账户实行管控。根据《中华人民共和国反洗钱法》第三条，该行作为银行业金融机构，对于洗钱风险较高的客户采取强化尽职调查、实施合理限制等措施，既是金融机构履行反洗钱义务的应有之义，又是金融机构内控风险的必要举措。

第二，某银行清华园支行采取管控措施应符合法律规定或与客户达成事先约定。本案中，双方依法自愿设立储蓄合同关系，为平等民事主体。尽管该行须承担反洗钱义务，但其履行法定义务的具体方式、可能对交易对方造成的具体影响，或应由法律规定、或应在合同条款中明示，才可以此确保交易对方明确、合理的预期并保持审慎、持续的注意，并以此确保双方在民事活动中权利义务的相对公平。本案中，双方签订的《管理协议》中规定，仅将甲方账户的异常交易、甲方违反可适用法律的相关情形作为触发管控措施的条件，并未列明甲方的法定代表人个人不当行为等情形，某科技公司对于法定代表人此前的个人行为可能导致公司账户受到限制无法明确、合理预见。同时，反洗钱客户识别应遵循持续性原则，即遵循同一标准、连续不断进行，根据庭审中该行自认，开户时无须对法定代表人进行风险审核，在 2018 年某科技公司在该行开设账户后，该行于 2019 年以公司法定代表人于 2013 年存在高风险交易为由要求该公司更换法定代表人，属于公司即便尽到审慎、持续注意亦难于避免的情形，有失公允。

第三，某银行清华园支行采取管控措施的种类、强度应当符合比例原则。该行均称对某科技公司采取的是“临时止付”措施，即仅暂停网上交易，线下需要逐笔核实交易背景资料，如无违规之处即可放行，但未就其具体内容及告知过程提举证据。公司对此不予认可。结合双方微信截图、电话录音等可见，在管控期间，公司所进行的仅为工资、公积金支付，比照此前公司账户流水情况，该流水与公司以往正常经营不符。同时，该行员工也明确提及“冻结”“除工资之外其他支出不予审批”等表述。综上，可以认定该行采取的管控措施种类为“限制支付”而非“限制网上支付”，二审法院对于某科技公司关于管控措施种类的上诉主张予以支持。

二审认为，银行在开展金融服务的同时，亦承担一定监管的职责，具有社会属性，尤其在履行反洗钱义务时，银行有权依法对储户的账户采取适当的管控措施，银行与储户实质上并非处于完全平等地位。故此，在判断管控措施的合理性时，可以比照行政行为审查的比例原则，就行为的妥当性、必要性和均衡性予以考量。就本案而言，上述某银行清华园支行限制支付的管控措施强度较高，应与较高的风险性相匹配。二审中，该行认可，其认定案涉账户存在风险的原因是某科技公司的法定代表人陆某曾经有过高风险交易，其认为陆某作为公司的法定代表人、经理兼董事，全面主持公司的各项经营管理活动，对公司具有较高的控制权和支配权，可能会使用案涉账户进行高风险交易。同时，该行亦认可，公司与其法定代表人陆某的账户并不存在账户混同使用的情形。因此，本案中，虽然该行应当将为实现金融安全、确保风险可控而采取一定管控措施，具有必要性，但未将对公民私权造成的不利影响限制在尽可能小的范围和限度，现有证据不足以认定其管控措施的妥当性和均衡性。

第四，某银行清华园支行采取具有强制性质的管控措施应当保持在合理期间。本案中，未发现案涉账户存在高风险交易行为，某科技公司的业务及行业并不具备典型高风险属性。综上，二审法院认为，在没有证据证明案涉账户存在高风险交易或可能时，对案涉账户采取管控措施的持续时间不应超出合理限度；对于超过合理期限的管控措施，如当事人作出合理解释，应予解除，当事人拒绝配合的，可以停止金融服务。

第五，某银行清华园支行采取管控措施应当具备规范流程。同上，因银行采取管控措施时具有监管属性，除应遵循比例原则外，也应具备正当程序。该行在通知某科技公司对其账户采取管控措施时，并未明确触发管控所涉及的具体原因，仅要求公司销户或更换法定代表人，亦未明确解除管控措施的具体标准、相关条件及期限，欠缺程序的稳定性和规范性，既无法明确指引合同相对方合理维护民事权利，也不利于引导合同相对方适当、完全地履行反洗钱义务。

第六，某银行清华园支行应当赔偿某科技公司合理范围内的损失。根据前述，该行采取管控措施不尽妥当、应属违约。

综上所述，某科技公司的上诉请求部分成立，一审判决认定部分事实错误，适用法律部分错误，应当应予改判。二审判决如下：

一、维持一审判决第一项；

二、撤销一审判决第二项；

三、某银行清华园支行向某科技公司赔偿借款利息；

四、驳回某科技公司的其他诉讼请求。

【法官后语】

国家对于洗钱的监管、打击力度将持续增强。在此背景下，金融机构等具有反洗钱义务的主体与合同相对方设立的民事法律关系，在义务主体、合同内容及责任形式等诸多方面需要承载监管要求，民事裁判无法也不应忽略这些实质影响权利义务的配置细节。

在履行反洗钱义务时，银行有权对储户账户采取不同形式的管控措施，银行与储户实质上并非处于完全平等地位。但是，银行与储户之间的权利义务仍需在民事关系视野下进行分配。对于可能采取的管控措施，要符合法律规定或事先约定，确保交易对方明确、合理的预期并保持审慎、持续的注意义务。判断银行管控措施的合理性时，可以比照行政行为审查的比例原则，就管控种类、强度的妥当性、必要性和均衡性予以考量。同时，不得以反洗钱相关信息属于敏感信息为由侵犯储户合理范围内的知情权，应保证管控程序的公开、规范并将管控措施限制在合理期限，以便明确指引储户合理维护民事权利，适当、完全地履行反洗钱义务。

具体到本案，某银行清华园支行对于洗钱风险较高的客户采取强化尽职调查、实施合理限制等措施，这既是该行履行反洗钱义务的应有之义，又是银行内控风险的必要举措。但是，在管控期间，某科技公司所进行的仅为工资、公积金支付，比照此前该账户流水情况，该流水与公司以往正常经营不符。同时，该行员工也明确提及"冻结""除工资之外其他支出不予审批"等表述。上述情况可以认定，该行采取的管控措施种类为"限制支付"而非"限制网上支付"。"限制支付"的管控措施强度较高，应与较高的风险性相匹配。二审中，该行认可，其认定案涉账户存在风险的原因是公司的法定代表人陆某曾经有过高风险交易，其认为陆某作为公司的法定代表人、经理兼董事，全面主持公司的各项经营管理活动，对公司具有较高的控制权和支配权，可能会使用案涉账户进行高风险交易。同时，该行亦认可，公司与其法定代表人陆某的账户并不存在账户混同使用的情形。该行虽然应当为实现金融安全、确保风险可控而采取一定管控措施，具有必要性，但未将对公民私权造成的不利影响限制在尽可能小的范围和限度，现有证据不足以认定其管控措施的妥当性和均衡性。此外，某科技公司的业务及行业并不具备典型高风险属性。

二审法院认为，在没有证据证明案涉账户存在高风险交易或可能时，对案涉账户采取管控措施的持续时间不应超出合理限度；对于超过合理期限的管控措施，如当事人作出合理解释，应予解除，当事人拒绝配合的，可以停止金融服务。经询问，该行在通知公司对其账户采取管控措施时，并未明确触发管控所涉及的具体原因，仅要求公司销户或更换法定代表人，亦未明确解除管控措施的具体标准、相关条件及期限，欠缺程序的稳定性和规范性，既无法明确指引合同相对方合理维护民事权利，也不利于引导合同相对方适当、完全地履行反洗钱义务。

综合全案分析，本案中某银行清华园支行所做的管控措施欠缺妥当性和均衡性，法院最终对该行管控措施处以负面评价。某银行清华园支行应当解除相关管控措施，并赔偿某科技公司合理范围内的损失。

编写人：北京金融法院　廖钰

北京市西城区人民法院　佘周祺

三、银行卡纠纷

18

网络盗刷交易的认定及责任承担

——樊某某诉某银行借记卡案

【案件基本信息】

1. 裁判书字号

天津市第一中级人民法院（2022）津01民终9112号民事判决书

2. 案由：借记卡纠纷

3. 当事人

原告（被上诉人）：樊某某

被告（上诉人）：某银行

【基本案情】

樊某某于2005年10月22日在某银行处开设借记卡一张。2022年1月2日1时25分至1时36分涉案账户分四笔向吴光某及吴清某名下账号转账共计106999.8元。当日1时35分樊某某持有的尾号为9070的手机号码收到某银行发送的告知账户交易变动20000元的短信一条。当日7时樊某某发现上述短信后查询某银行APP发现涉案账户被盗刷；7时7分拨打官方客服时发现取款密码、交易密码被更改；8时32分，樊某某拨打110报警。

2022年1月29日，天津市公安局津南分局双林派出所就樊某某银行卡被盗刷一案出具受案回执。2022年2月25日，天津市公安局津南分局双林派出所出具立案决定书，就樊某某银行卡被盗刷案立案侦查。依据公安机关调取的吴清某名下账户交易明细显示，2022年1月2日涉案账户转账至吴清某账户后款项即通过网上快捷支付方式转出至财付通账户。

庭审中，某银行提供涉案账户手机银行操作日志显示2022年1月2日1时11分涉案账户取款密码及交易密码被更改，1时15分涉案账户查询密码被更改，上述交易IP地址为103.77……，该IP地址最后一笔交易显示时间为2022年1月2日1时36分；2022年1月2日7时3分显示交易IP地址为221.198……。某银行自述103.77……的IP地址经百度查询显示归属地为我国香港特别行政区，221.198……的IP地址经百度查询显示归属地为天津。

樊某某认为，银行对储户存款具有安全保障义务，应当保障储户账户内资金安全。现其持有的涉案账户在未丢失和泄露个人密码的情况下被盗刷，该损失理应由开卡行承担。故其诉至本院，请求法院依法判令某银行赔偿资金损失106999.8元及利息（利息以106999.8元为基数，自2022年1月2日起按该银行同期活期存款利息计算至实际付清之日止）。

【案件焦点】

1. 涉案账户于2022年1月2日1时25分至1时36分期间发生的交易是否属于盗刷交易，即涉案账户是否发生非原告本人意思的资金减少；2. 如属于盗刷交易，被告对此是否应当承担责任。

【法院裁判要旨】

天津市南开区人民法院经审理认为：针对第一个争议焦点，涉案交易发生于2022年1时25分至1时36分之间，被告提供的手机银行操作日志显示交易发生IP地址归属地为我国香港特别行政区，原告于当日7时左右发现上述交易后立即拨打被告官方客服电话并发现涉案账户交易密码、取款密码被更改、随后拨打110报警，2022年2月25日天津市公安局津南分局双林派出所正式就涉案账户被盗刷案件立案侦查，且根据公安机关调取的吴清某名下的银行账户交易明细显示，2022 年 1 月 2 日涉案账户转账至吴清某账户后款项即通过网上快捷支付方式转出至财付通账户，综合交易发生时间、交易发生时手机银行登录 IP 地址归属地、涉案账户密码被更改情况、原告报警时间及公安机关调取的对方账户交易流水情况，涉案账户于 2022 年 1 月 2 日 1 时 25 分至 1 时 36 分期间发生的交易属于非原告本人意思的资金减少存在高度盖然性。在被告未能提供涉案账户的上述交易系原告本人交易或其授权交易的情况下，本院认定涉案账户于 2022 年 1 月 2 日 1 时 25 分至 1 时 36 分期间发生的转账交易共计 106999.8 元属于非原告本人意愿的资金减少即盗刷交易。针对第二个争议焦点，《最高人民法院关于审理银行卡民事纠纷案件若干问题的规定》第七条第一款“发生伪卡盗刷交易或者网络盗刷交易，借记卡持卡人基于借记卡合同法律关系请求发卡行支付被盗刷存款本息并赔偿损失的，人民法院依法予以支持”的规定，原告要求被告某银行赔偿原告资金损失 106999.8 元并以此为基数按该银行同期活期存款利息计算自 2022 年 1 月 2 日起至实际付清之日止的利息符合法律规定，本院予以支持。关于被告抗辩已尽到合理的安全保障义务、原告对借记卡密码、交易验证信息未尽妥善保管义务存在过错、被告银行系统已于 2022 年 1 月 2 日交易发生时向原告预留手机发送提示短信，不应对涉案账户于 2022 年 1 月 2 日 1 时 25 分至 1 时 36 分期间发生的交易承担赔偿责任的问题。

法院认为，首先，涉案交易发生时间为凌晨 1 时，依一般社会生活经验法则判断，原告此时正处于睡眠休息时间，其很难在被告就多笔涉案交易仅发送一条提示短信的情况下及时发现交易异常并作出反应，而原告于当日 7 时发现提示短信后拨打被告官方客服电话挂失银行卡及拨打 110 报警电话寻求公安机关帮助，其已在能力范围内及时采取措施避免损失扩大；其次，依据《最高人民法院关于审理银行卡民事纠纷案件若干问题的规定》的规定，银行卡盗刷发生纠纷案件适用无过错归责原则，即作为发卡行在提供银行卡产品获得收益的同时应当以更加安全的技术保障持卡人用卡安全，这符合制造风险者应防范风险的法理以及风险与收益相对等原则，故被告作为涉案账户的发卡行，无论其是否存在过错均应依据法律规定对涉案账户发生的非原告本人意愿的资金减少承担责任；最后，依据《最高人民法院关于审理银行卡民事纠纷案件若干问题的规定》第七条第三款的规定，持卡人承担相应责任的前提是对银行卡的身份识别信息、交易验证信息等未尽到妥善保管义务，而在现实生活中，持卡人身份识别信息等关乎个人财产安全的信息泄露原因多样，但并非本人均对此具有过错，而本案现有证据无法证明涉案交易的发生系因原告未妥善保管涉案账户的密码等身份识别信息导致。综上，对被告的全部抗辩本院均不予采信。

综上所述，依据《中华人民共和国民法典》第四百六十五条、第五百零九条，《最高人民法院关于审理银行卡民事纠纷案件若干问题的规定》第六条、第七条，《最高人民法院关于适用〈中华人民共和国民事诉讼法〉的解释》第九十条规定，判决如下：

本判决生效之日十五日内，被告某银行支付原告樊某某存款本金 106999.8 元并以 106999.8 元为基数按照该银行同期活期存款利率支付原告樊某某自 2022 年 1 月 2 日起至实际给付之日止的利息。

某银行不服一审判决，提起上诉。

天津市第一中级人民法院经审理认为：本案系借记卡纠纷。被上诉人樊某某主张其诉争银行卡被盗刷，一审法院根据交易发生时间、交易发生时手机银行登录 IP 地址归属地、涉案账户密码被更改情况、樊某某报警时间及公安机关调取的对方账户交易流水情况，综合判断认定涉案账户于 2022 年 1 月 2 日 1 时 25 分至 1 时 36 分期间发生的交易属于非樊某某本人意思的资金减少，并无不当。本案的争议焦点为被上诉人樊某某作为持卡人对银行卡密码等安全认证信息是否尽到了妥善保管义务。上诉人某银行主张被上诉人存在泄漏其银行卡密码或者将其银行卡密码授权他人使用的情况，但其证据不能证明其主张，故被上诉人基于借记卡合同法律关系请求发卡行支付被盗刷存款本金并赔偿损失，人民法院应予以支持。

综上所述，某银行的上诉请求不能成立，应予驳回；一审判决认定事实清楚，适用法律正确，应予维持。依照《中华人民共和国民事诉讼法》第一百七十六条第一款、第一百七十七条第一款第一项之规定，判决如下：

驳回上诉，维持原判。

【法官后语】

近年来，随着信息技术的不断完善，银行卡网络支付日益增多。作为金融消费者的持卡人在享受金融产品和服务带来的便利和改善的同时，因银行卡被盗刷而与发卡行间产生的争议也在持续增多。在司法实践中，持卡人持有的银行卡发生非本人意愿的资金变动时，发卡行应当承担何种责任，一直存在不同观点和不同的裁判标准。有的法院认为发卡行未能提供安全交易环境或未能识别伪卡应承担全部赔偿责任；有的法院认为持卡人未能妥善保管银行卡信息存在过错，应根据过错程度分担损失；还有的法院认为第三方支付机构监管存在漏洞，发卡行在承担全部赔偿责任后可向第三方支付机构追偿。这期间的举证责任分配、赔偿比例亦存在不同认识。为此，最高人民法院于2019年12月2日颁布了《最高人民法院关于审理银行卡民事纠纷案件若干问题的规定》（以下简称《银行卡规定》），对于银行卡盗刷的事实认定、举证责任分配、抗辩事由、归责原则等问题“一锤定音”，对于今后审理银行卡盗刷案件的裁判尺度进行了统一，有效避免了同案不同判问题的出现。

《银行卡规定》中将银行卡盗刷行为划分为伪卡盗刷和网络盗刷两种，发卡行与持卡人之间系银行卡合同法律关系，在发生违约行为即持卡人账户资金发生非本人意愿变动的情况下应适用无过错归责原则，同时持卡人对银行卡、密码、验证码等身份识别信息、交易验证信息未尽妥善保管义务具有过错的，亦应承担相应责任。其法理基础在于发卡行作为金融产品和服务的提供者，其本身具有更加强大的风险防范和控制能力，其理应向金融消费者提供安全性更高的银行卡产品和服务，以充分保障持卡人的财产权益，这符合制造风险者应防范风险的法理，也符合风险与收益相对等原则。作为涉案账户的发卡行，无论其是否存在过错均应依据法律规定对涉案账户发生的非本人意愿的资金变动承担责任。本案即充分运用该归责原则，综合交易发生时间、交易发生时手机银行登录IP地址归属地、涉案账户密码被更改情况、报警时间及公安机关调取的对方账户交易流水情况，认定涉案时间段内的账户资金减少属于非本人意愿的资金变动并据此要求作为发卡行的某银行承担责任。同时，针对发卡行抗辩持卡人未妥善保管银行卡信息导致盗刷行为发生，本案在审理过程中，两审法院均在充分尊重《银行卡规定》的前提下，运用日常生活经验法则，对持卡人身份识别信息等关乎个人财产安全的信息泄露原因进行分析，在举证责任分配上加重发卡行举证责任，以案说法、以案释法，从源头上督促金融产品和服务的提供者，减少金融风险发生概率，促进金融市场良性健康发展，切实维护了金融消费者的财产权益。

编写人：天津市南开区人民法院　王馨蕊

19

银行卡绑定第三方支付平台情形下发生资金盗刷，发卡行不承担责任

——陈某某诉某银行借记卡案

【案件基本信息】

1. 裁判书字号

浙江省宁波市中级人民法院（2022）浙02民终6212号民事判决书

2. 案由：借记卡纠纷

3. 当事人

原告（上诉人）：陈某某

被告（被上诉人）：某银行

【基本案情】

2012年3月15日，陈某某在某银行办理了借记卡，预留手机号码并开通

短信通知服务。2020 年 7 月 20 日 14 时 05 分，某银行向该手机号码发送短信“校验码：060156，尊敬的客户，您正在进行某银行移动支付业务的开通操作，请勿向任何人提供您收到的短信校验码”，2020 年 7 月 20 日 14 时 07 分，某银行向该手机号码发送短信“您尾号为 9052 的借记卡绑定的 ApplePay① 设备卡 8532 已开卡成功”。

2021 年 8 月 26 日 22 时 20 分始，陈某某陆续收到该账户六条交易金额均为 1999.99 元的 POS② 支取交易通知短信，2021 年 8 月 27 日 7 时 51 分始，陆续收到两条交易金额为 1999.99 元及两条交易金额为 999.99 元的 POS 支取交易通知短信，上述金额均通过 ApplePay 第三方支付平台产生。陈某某陈述并非本人消费使用，且在发现上述消费记录后已将卡内余额全部转出。

2021 年 8 月 28 日，陈某某在某银行打印该卡 2021 年 7 月 28 日至 2021 年 8 月 28 日的明细清单，并于同日向宁波市公安局海曙分局报案。陈某某将某银行诉至法院，请求判令某银行向陈某某偿还被盗存款 18000 元及相应利息损失。

【案件焦点】

银行卡绑定第三方支付平台后卡内资金被盗刷，某银行应否承担赔偿责任。

【法院裁判要旨】

浙江省宁波市海曙区人民法院经审理认为：首先，某银行于 2020 年 7 月 20 日 14 时 05 分向陈某某预留的手机号码发送开通某银行移动支付业务的短信校验码，两分钟后向陈某某预留的手机号码发送尾号为 9052 的借记卡绑定的 Apple Pay 设备卡 8532 已开卡成功的通知短信，某银行在将陈某某尾号为 9052 的借记卡绑定 Apple Pay 过程中已尽到验证和短信通知的义务。其次，案涉十笔交易均系通过 Apple Pay 方式支付，Apple Pay 支付仅需手机和支付密码即可完成交易，而手机和支付密码均由陈某某自行保管和设置，某银行按指令支付款项的行为不应认定为合同履行错误，不存在违约行为。最后，某银行已通过发

---

① 一种手机支付功能，以下不再另外提示。

② 一般指的是专门为银行卡提供刷卡消费服务的机器，以下不再另外提示。

送短信提醒的方式将陈某某卡案涉借记卡账户的资金变动情况及时告知陈某某，已尽到提醒义务，不存在违约行为。综上，某银行作为案涉借记卡的发卡行，在履行合同中，不存在违约行为，对陈某某的存款损失亦不存在过错，故无须对存款损失承担赔偿责任。浙江省宁波市海曙区人民法院判决：驳回陈某某的诉讼请求。

陈某某不服一审判决，提起上诉。

浙江省宁波市中级人民法院经审理同意一审法院裁判意见，判决如下：驳回上诉，维持原判。

【法官后语】

本案属于典型的银行卡绑定第三方支付平台而引发的盗刷诉讼案件，法院审理此类民事案件主要涉及以下法律问题：

一、银行卡盗刷案件民刑交叉情形下的案件受理问题

银行卡被盗刷后，持卡人往往选择先向公安报案，再向法院提起民事诉讼，要求发卡行进行赔偿。法院应否受理，存在不同的观点。银行卡盗刷的刑事犯罪与银行卡纠纷属于不同的法律事实、不同的法律关系，法院因刑事案件不予受理或者受理后裁定中止审理都没有法律依据。具体理由如下：

首先，货币属于典型的种类物和消费物，货币的性质和职能决定了货币的所有权不得与占有相分离，货币占有即为所有。基于持卡人与发卡行之间的储蓄合同关系，银行卡被盗刷，犯罪分子侵害的是发卡行的财产所有权，发卡行有权要求侵权行为人承担侵权赔偿责任，而发卡行和持卡人之间的合同关系并未受到实质影响，持卡人仍然可以按照储蓄合同行使对发卡行的债权，要求发卡行还本付息。刑事法律关系和民事法律关系是相互牵连而不是竞合，因此民事案件和刑事案件应分别审理。

其次，在银行卡盗刷案件中，持卡人与发卡人的民事案件与刑事案件属于两个独立的法律事实，法院审理银行卡纠纷，并无必要以刑事案件查明的事实为依据。对于持卡人可能存在的道德风险，法院在审查中可以通过举证责任分配来规避，法院在全面审查当事人提交的证据后，综合判断盗刷事实是否存在。

最后，“先刑后民”可能损害持卡人合法权益。银行卡盗刷案件存在侦破难度大、破案率低下等问题，如果苛求持卡人待刑事判决后，再提起民事诉讼，几乎等同于将持卡人拒之门外，持卡人的合法权益无法得到及时维护。

二、银行卡绑定第三方支付平台盗刷案件的责任承担问题

在持卡人和发卡行之间，银行卡盗刷案件涉及储蓄合同履行是否违约的纠纷，即发卡行应将卡内资金交付给持卡人，却支付给了合同之外的第三人。如发卡行履行对象错误，则发行卡应承担违约责任。根据合同相对性原则和正确履行原理，债务人履行合同义务需向债权人即合同相对人履行，除非双方当事人在合同中约定向第三人履行，或者合同虽未约定，在履行过程中经合同相对人明确授权或指令，由第三人接受合同义务人的履行。在银行卡绑定第三方支付平台的情形下，发行卡均是向第三人履行合同义务。

第三方支付平台密码由持卡人自行设定和保管，与发行卡没有关联，发卡行接到持卡人输入与第三方支付平台约定的支付密码，即接到支付指令，即时向第三方支付平台付款，发卡行按照指令支付款项的行为不应认定为合同履行错误。

此外，发卡行应当将持卡人账户的资金变动情况及时告知持卡人，特别是涉及可能存在盗刷的异常交易情况，及时告知持卡人可提醒持卡人采取补救措施，防止损失进一步扩大。如果发卡行已尽到短信提醒义务，则无须承担责任。

综上，银行卡绑定第三方支付平台盗刷案件中，除非持卡人举证证明发行卡未尽到相应合同义务（包括在绑定过程中的身份验证义务，以及对资金变动情况的告知提醒义务），否则，发卡行无须承担责任。

编写人：浙江省宁波市海曙区人民法院　张习

四、融资租赁合同纠纷

20

执行监管应符合合法性、必要性和合理性条件

——某租赁公司申请执行某饭店等融资租赁合同案

【案件基本信息】

1. 裁判书字号

江苏省苏州工业园区人民法院（2022）苏 0591 执 4373 号之一执行裁定书

2. 案由：融资租赁合同纠纷

3. 当事人

申请执行人：某租赁公司

被执行人：某饭店、某咖啡厅、胡某、董某、姚某

【基本案情】

某租赁公司与某饭店等融资租赁合同纠纷案，苏州工业园区人民法院（以下简称工业园区法院）立案后，作出（2021）苏 0591 民初 16017 号民事调解书，依该调解书：某饭店、某咖啡厅等分期向某租赁公司支付租金人民币 83.1 万元。上述民事调解书生效后，某饭店等因资金周转困难，未能履行付款义务。因调解书未能得到履行，某租赁公司于 2022 年 6 月 1 日向工业园区法院申请强制执行。

工业园区法院立案后，执行法官通过现场调查发现，该饭店、咖啡厅均在正常经营，只是因为前期受疫情影响，无法正常营业才导致企业资金受困，未能按期履行还款义务。为维护双方当事人利益，法院对被执行企业的餐饮设备和用品进行了查封，但为了保障其能够正常经营，允许该饭店和咖啡厅继续使用已查封的餐饮设备和用品，但不得实施财产处分行为。

工业园区法院对已查封的财产进行初步估价后，发现上述财产市场价值较低，处置难度也比较大，而且如果强制处置已查封的餐饮设备和用品，两家被执行企业将彻底无法经营。法院将财产调查和预估情况告知申请人后，申请人表示不愿意垫付财产处置评估费，并希望法院能够通过破产程序处理本案查封财产。经调查后查明，被执行企业均系个体工商户。根据企业破产法的相关规定，个体工商户不属于破产企业范围，不具备破产能力。

为了解决本案面临的问题，执行法官在征得双方当事人同意后，决定借鉴破产重整的理念对两家企业进行执行监管。执行监管期间，两家企业由经营者继续经营，在预留足够经营成本后，将剩余经营利润全部用于清偿债务。此外，为了确保执行监管的有效实施，执行法官在征得双方当事人同意后，参照破产管理人遴选程序指定执行管理人，对企业的经营活动进行监管。遴选公告发布后，执行法官通过摇号确定一家会计事务所作为本次监管的执行管理人。执行管理人在向法院提交管理承诺书后，法院向其送达委托管理决定书，将本次对被执行企业的监管工作正式移交执行管理人。

【案件焦点】

对被执行企业进行执行监管是否符合合法性、必要性和合理性条件。

【法院裁判要旨】

江苏省苏州工业园区法院经审理认为：对被执行企业进行执行监管符合合法性、必要性和合理性条件。

第一，关于执行监管的合法性。执行和解是对被执行企业进行执行监管的合法性基础。执行和解有两个特点：一是双方当事人就原执行债权的主体、内容、期限等进行再调整；二是执行和解协议能够暂时阻却执行程序的进行。本案中，当事人在考虑到案件调查情况及执行风险后，以执行监管的方式对债权的还款方式和期限进行了调整，并使得执行程序暂时终结。尽管不能忽略执行法官对促成执行监管的积极作用，但应当看到，执行监管仍是基于双方当事人的同意，实质未脱离当事人的意思表示和处分自由。此外，关于具体的监管内容、监管方式乃至执行管理人职权、报酬也都需要征询当事人意见。因此，应当认为本案中的执行监管仍属于当事人的执行和解，只不过在履行方式、还款金额以及和解周期上较为灵活，需要根据企业经营状况具体确定。

第二，关于执行监管的必要性。执行监管的目的主要是在监管期内能够取得收益，因此，被执行企业应当在未来可预期范围内具备获得利润的条件。本案中，被执行企业具备健全的财务制度、良好的经营条件、较低的负债规模等条件，符合执行监管的必要性要求。

第三，关于执行监管的合理性。一般情况下，破产程序能够为大多数的债权清偿和企业保护提供一个兼顾双方利益的方案，执行监管只有在破产程序无法适用的情况下才可适用。本案中，被执行企业作为个体工商户，在无法适用破产程序的情况下，借助破产技术对被执行企业实施执行监管，恰恰解决了该类企业无法得到破产保护的问题。

2022 年 8 月 22 日，工业园区法院作出（2022）苏 0591 执 4373 号之一执行裁定书：对苏州某餐饮管理有限公司、某饭店、某咖啡厅的生产经营、债权债务进行执行监管和管理。

【法官后语】

人民法院在强制执行中，对被执行企业的执行往往面临如何平衡申请执行人和被执行企业利益的问题。特别是企业面临复产复工情况下，如何在法律框架范围内寻求双方当事人利益保护的均衡，往往是一个难题。本案中，执行法官立足执破融合理念，借助破产技术化解执行难题，为解决本案中类似问题提供了一个有意义的探索。

法院在促成执行监管，“移植”破产技术前，应当考虑以下因素：

一、双方当事人均已同意

对被执行企业进行执行监管在实质上仍属于一项执行和解，只是在和解协议的履行方式、还款金额以及和解周期上较为灵活。现有法律框架内，法院并无法律授权直接实施执行监管执行，对执行监管的启动只能积极引导和充分建议。因此，执行监管的发起和内容都要获得双方当事人的同意，否则，对被执行企业进行执行监管，不但缺乏合理的法律依据，而且后续监管活动也很难正常开展。本案中，对两家餐饮企业的执行监管均依当事人的申请而发起，而执行监管的方式和内容也获得双方当事人的同意。

二、被执行企业经营状况良好

执行监管的目的主要是在监管期内能够取得收益，因此，被执行企业应当在未来可预期范围内具备获得利润的条件。具体而言，被执行企业应当具备以下三个条件：

（一）财务制度健全

执行监管主要是对企业的财务进行监管，因此，实施执行监管的首要前提就是企业必须有完善的财务管理制度，否则，很难真正实施有效的执行监管措施。

（二）经营条件良好

主要包括企业订单稳定、员工齐备且未拖欠工资、经营地房租未欠付等。一般情况下，满足上述情况的，大部分企业恢复生产经营的可能性较大，且未来债务清偿能力也比较强。

（三）负债规模较低

企业负债情况直接关系到被执行企业是否具备持续的、稳定的生产经营条件，只有在负债规模不大的情况下才具备适用执行监管的必要，否则，通过破产程序解决债务问题更为合理。

三、破产程序无法适用

一般情况下，破产程序能够为大多数的债权清偿和企业保护提供一个兼顾双方利益的方案，执行监管只有在破产程序无法适用的情况下才可以适用。

（一）企业无法适用破产程序

被执行企业主体是个体工商户、个人独资企业和规模较小的合伙企业等。上述企业大多数属于小微企业，通常不具备法人资格，不属于企业破产法适用的范围，或者即便能够适用但也仅限于参照破产清算程序。本案中，被执行企业作为个体工商户，在无法适用破产程序的情况下，借助破产技术对被执行企业实施执行监管，恰恰解决了该类企业无法得到破产保护的问题。

（二）企业暂不符合破产受理条件

被执行企业出现经营困难，虽短期无法清偿到期债权，但企业未来清偿债务能力较好，且到期债权金额明显低于企业资产价值。该种情况下被执行企业暂不符合破产的受理条件，但如果对被执行企业的资产进行强制处置，不但不符合优化营商环境的要求，造成企业彻底无法恢复正常的生产经营，而且对企业大宗财产的处置也可能存在与比例适当原则冲突的风险。

四、执行管理人的职权与报酬

执行管理人仍属于执行和解的特殊约定，执行管理人的职权来自当事人，其具体职权范围和报酬标准由当事人协商确定。

（一）执行管理人职权

执行管理人的债权主要包括以下四类：

1. 查阅财务账簿。被执行企业的财务账簿能够直接反映出企业的负债和经营状况，是执行管理人对被执行企业进行有效监管的主要手段之一。执行管理人通过对企业财务账簿的查阅，特别是对企业一定周期内的收益和支出状况的统计，能够对被执行企业的清偿债务能力、如实履行协议状况甚至是否实施规避执行的行为提供更为专业的参考意见。

2. 调查财产状况。对被执行企业的财产调查，是执行监管能够正常进行的重要保障。执行管理人在接受委托后，应当尽快完成对债务人财产状况的调查，并制作详细的财产状况报告，向执行法院进行报告，执行管理人应当对财产报告的真实性和准确性负责。

3. 开设管理人银行账户。企业积极配合执行监管，且财务制度也是合理、有序的，一般不需要专门另行开设管理人银行账户。但在被执行企业财务管理混乱，或被执行企业实施了规避执行行为时，执行管理人可以根据双方当事人的事前约定，向执行法院提请开设管理人银行账户。

4. 审查企业开支情况。执行监管期间，为保障企业的正常生产经营，被执行企业将有大量的日常开支和其他必要支出，为避免被执行企业虚增企业日常支出，转移企业财产，执行管理人需要对企业的支出合理性和必要性进行审查，发现被执行企业有规避执行行为的，应当及时制止并向执行法官报告。

（二）执行管理人报酬

管理人报酬由当事人在执行监管前约定，包括具体计算标准和收取方式，执行法院可以对管理人报酬的确定提供建议。执行管理人报酬的计算标准可以参照《最高人民法院关于审理企业破产案件确定管理人报酬的规定》计算，并且根据具体管理情况进行酌情调整。但考虑到执行管理人的监管工作毕竟远远少于破产管理人，因此，对其报酬的计算应当低于破产管理人的报酬计算标准。

执行监管是“执破融合”改革中的一项有益创新，有力践行了能动司法理念，通过破解三个问题，实现了政治效果、社会效果和法律效果的有机统一。一是破解了执行监管的适用难题，通过借助破产理念和方法化解执行难题，为解决类似问题提供了一个有意义的探索。二是破解了当事人利益平衡问题，通过执行管理人对企业经营进行监管，既满足了企业持续经营的需求，又能够保证债权人顺利提取企业经营利润，实现“双困”变“双赢”。三是破解了企业倒闭造成的衍生社会问题，通过盘活被执行企业整体资源，助推企业良性健康发展。

编写人：江苏省苏州工业园区人民法院　朱文峰

21

可添附之装修物作为集合性动产融资租赁标的物的适格性认定

——某融资租赁公司诉甲酒店等融资租赁合同案

【案件基本信息】

1. 裁判书字号

上海金融法院（2022）沪 74 民终 423 号民事判决书

2. 案由：融资租赁合同纠纷

3. 当事人

原告（被上诉人）：某融资租赁公司

被告（上诉人）：甲酒店、武某、胡某

被告：乙酒店

【基本案情】

2019 年 11 月，某融资租赁公司与甲酒店签订了《融资回租合同》，约定甲酒店将其自有的用于其名下希岸酒店装修的物件整体打包转让给某融资租赁公司，再租回使用。该批装修物品主要分为三类：一是不会因使用而与酒店房间无法分离的物件，如床、台灯、可移动柜台等；二是一旦使用即与酒店房间事实上无法分离的物件，如墙纸、板材等；三是使用后事实上与酒店房间可以分离但分离可能会严重贬损物之价值的物件，如中央空调、马桶、台盆等。上述租赁物的转让价格为 5772000 元；合同约定的租赁期限为自 2019 年 12 月 12 日起 36 个月；租期共计 36 期，每月支付一期，租金共计 6330456 元。此外，合同还就承租人违约时的加速到期责任以及迟延付款时的逾期利息收取（标准为对逾期款项按每日万分之五计收）进行了约定。

同时，乙酒店、武某、胡某分别与原告签订了《保证合同》，承诺就甲酒店的上述债务承担连带保证责任。武某、胡某还与原告签订了《股权质押合同》，约定将武某、胡某所持有的甲酒店的股权质押给某融资租赁公司，用以担保上述债务的履行。

上述合同签订后，某融资租赁公司按约履行了全部付款义务，并在取得租赁物所有权后，将租赁物件交付甲酒店使用。但在此后的合同履行过程中，甲酒店未能按约履行租金支付义务，构成违约，各担保人亦未承担相应的担保责任。

甲酒店、武某、胡某共同辩称，案涉《融资回租合同》"名为融资租赁，实为借贷"，不符合融资租赁法律关系的特征，应属无效合同。一方面，案涉装修物在合同签订前即由甲酒店或武某取得所有权，甲酒店并不存在购置租赁物的融资需求，获取融资纯粹是为了装修费用，所谓的租赁物系为获取装修费融资而虚构的；另一方面，案涉租赁物均系为实现希岸酒店设计而定制的装修物，不仅流通性较差，且存在因发生添附而无法由出租人取得所有权的可能性，不符合"融物"特征。综上，案涉《融资回租合同》应为无效，应当按照实际构成的抵押借款法律关系处理。乙酒店同意上述答辩意见。

【案件焦点】

案涉《融资回租合同》是否因"融物性"的缺失而构成"名为融资租赁，实为借贷"，从而需按照实际构成的法律关系进行处理。

【法院裁判要旨】

上海市黄浦区人民法院经审理认为：本案应从融物行为和融物意思两个层面衡量是否构成融资租赁关系。

一方面，添附并不必然导致融物行为客观基础的丧失。本案纠纷起源于集合性动产融资租赁下个体租赁物的特殊性，但这些可能构成添附的租赁物并非均是油漆、板材等一旦使用即事实上无法分离的装修材料，占据其中大部分融资价值的租赁物是诸如中央空调等事实上可以分离，但分离可能会严重贬损物之价值的物品。此时，对于添附物权属应当结合当事人的缔约意思以及融资租赁交易的结构特点审慎认定，将分离存在经济上不合理的添附物认定为归属出租人所有，防止变相削减融物对融资的担保功能。

另一方面，租赁物价值的减损及担保功能的下降并不必然引致融物意思的缺失。本案中，租赁物真实存在且占据大部分融资价值的租赁物能够由出租人取得所有权，承租人亦是通过自有物售后回租的方式获取融资，足以认定融物意思的存在。至于部分租赁物因发生添附而在取回时价值可能产生贬损，以及案涉租赁物系特别定制因而流通性较差的问题，虽会造成融物对于融资担保功能的下降，但在本案中尚在一个理性的出租人为从事交易而可以容忍的限度内，属于融资租赁公司正常商业选择及商业风险的范畴，并不足以影响融物意思的认定及融资租赁关系的构成。

综上，上海市黄浦区人民法院判决如下：

一、甲酒店应支付某融资租赁公司全部未付租金 3709916.80 元；

二、甲酒店应支付某融资租赁公司截至 2021 年 10 月 13 日的逾期利息 178936.36 元及自 2021 年 10 月 14 日起至实际偿付之日止的逾期利息（以未付租金为基数，按每日万分之五计算）；

三、乙酒店、武某、胡某对上述付款义务承担连带清偿责任；

四、某融资租赁公司有权处分武某、胡某质押的股权并就上述付款义务优先受偿；

五、驳回某融资租赁公司的其余诉讼请求。

甲酒店、武某、胡某不服一审判决，提起上诉。上海金融法院经审理认为：一审判决认定事实清楚，适用法律正确，可予维持。据此，上海金融法院判决如下：

驳回上诉，维持原判。

【法官后语】

近年来，随着融资租赁行业交易形式及交易范围的拓展，将经营酒店、公寓等项目所需用到装修物整体打包作为租赁物开展融资租赁交易的模式逐渐流行起来。此种集合性融资租赁模式的特点在于能够使得承租人通过整合单独无法达到融资要求的物件提升获取融资的可能性以及融资金额，对于进一步拓宽中小微企业的融资渠道、缓解中小微企业融资难的问题有着积极作用。

但集合性融资租赁业务下的租赁物不可避免地会存在个体性质差异，此时如果个别租赁物出现标的物适格性争议，那么必然会由点及面，引发融资租赁是否因“融物性”缺失而构成“名为融资租赁，实为借贷”的争议。此时，出于便利中小微企业融资、促进民营经济发展的政策性考量，在认定是否因“融物性”缺失而不构成融资租赁关系时，不宜采取较为严苛的标准，以免引发融资租赁公司基于对生效判决的合规性考量进而收拢对中小微企业之融资的不良后果。

一、租赁物适格性争议对融资租赁关系构成之影响的检视路径

（一）融物行为的客观基础检视

虽然出租人能否取得租赁物的所有权系判断融物基础是否存在的重要衡量因素，但并非唯一的决定性因素。因而，装修物添附后的权属认定不能仅依据民法典有关添附的规则进行，而应与融资租赁的结构特点及当事人的权利义务有机结合。

具体到融资租赁中，首先，若当事人在订立合同时对于装修物的性质及用途系明知的，并在此基础上约定了租赁物的归属，则可认定合同对于添附物权属进行了约定。其次，法律规定的融资租赁交易结构中，租赁物在租赁期间由出租人享有所有权，此亦足以认定法律对添附物权属作出了规定。最后，即使认为没有合同约定或法律规定，在承租人违约时，隐含于权属判断背后的充分发挥物的效用原则在适用上也应劣后于保护无过错当事人的原则，否则无异于给予了承租人在违约时通过添附制度减轻其担保负担的机会，有违公平及诚信原则。可见，单纯以租赁物存在添附可能性为由尚不足以动摇融物行为的客观基础。

（二）融物意思的主观因素检视

对于单一类型的租赁物而言，通说观点认为，如果租赁物的所有权自始无法由出租人取得且该等事实为出租人所知晓，则可认定因缺乏融物意思而不构

成融资租赁关系。但若系将不同类型的物品整体打包作为租赁物开展融资租赁交易，其中部分标的物出现前述无法取得所有权的情形时，则不应一律采取通说观点。尤其是当因物的客观性质无法分离而发生添附的租赁物所占据的融资价值在整体中占比不高的情况下，不宜据此否定融物意思的存在，亦不宜将合同整体进行分割认定。因为融资租赁本质上是借助融物实现资金的融通，同时以融物担保融资，在占据大部分融资价值的物件权属可以确定的情况下，少量的物件无法移转所有权并不会阻碍资金融通的进程，只不过是融物对融资的担保功能有所下降，而此属于当事人的自主交易选择和正常商业风险的范畴。

二、国家政策中的价值取向对于“融物性”认定的影响

本案因发生添附而无法由出租人取得所有权的物件所占据的融资价值在整体中的比例不高，故而肯定了融物意思的存在。然值得探讨的是，其价值占比达到何种程度时方可影响融资租赁关系的构成。

对此，一方面，应当秉持理性人标准。即在考量缔约时的全部客观事实后，如果一个理性的出租人不可能认为借助剩余的租赁物能够承载资金的融通或者能够借助对租赁物的控制实现对债权的保障，那么通常需要否定融物意思的存在。

另一方面，在确定具体的衡量标准时应考量国家政策中的价值取向，并借助抽象理性人标准实现国家政策中的价值取向与司法裁判的联通，避免裁判结果的反向溢出效应发生，尤其是要避免融资租赁公司的企业合规向“收拢中小微企业融资渠道”的方向逃逸。

据此，具体到对于“融物性”认定的影响方面，只有当无法取得所有权的租赁物在整体中的价值占比超过50%时，集合性融资租赁下个体租赁物的适格性争议才能作为否定“融物性”的决定性标准；若价值占比不足50%，则不得将个体租赁物的适格性争议作为否定“融物性”的决定性标准，仍需结合其他法律事实进行综合评判。

编写人：上海市黄浦区人民法院　施浩　周晔

22

融资租赁售后回租中出租人对租赁物享有优先受偿的司法认定

——某租赁公司诉谢某融资租赁合同案

【案件基本信息】

1. 裁判书字号

重庆市九龙坡区人民法院（2021）渝0107民初27705号民事判决书

2. 案由：融资租赁合同纠纷

3. 当事人

原告：某租赁公司

被告：谢某

【基本案情】

2019年1月15日，某租赁公司与谢某签订《乘用车个人融资租赁业务合同》（包括《融资租赁合同》《所有权转让协议》和《车辆抵押合同》）。按合同约定，某租赁公司同意向谢某提供车辆融资租赁服务，在谢某从供货商处取得车辆所有权的情形下，某租赁公司按照谢某的要求向谢某购买车辆，并将所购买车辆以融资租赁的方式回租给谢某使用，谢某向某租赁公司支付租金及其他款项。租赁期限届满，谢某付清全部租金及合同项下应付的所有款项，并依照合同专用条款约定支付名义价款后，某租赁公司将租赁物所有权以名义价款支付时的状态转让给谢某。同时，谢某同意将案涉车辆抵押给某租赁公司以担保其在融资租赁合同项下的全部债务，并办理了抵押登记，抵押权人为某租赁公司。谢某向某租赁公司融资124000元，租期36个月，每月租金3704.67元，某租赁公司实际支付车辆供货商116500元，但谢某自第20期开始至今均未向某租赁公司支付租金，其行为已构成违约。某租赁公司遂起诉至法院要求谢某支付全部未付租金及逾期利息，并要求对案涉车辆享有优先受偿权。

【案件焦点】

抵押权人某租赁公司对租赁物车辆是否享有优先受偿权。

【法院裁判要旨】

重庆市九龙坡区人民法院经审理认为：某租赁公司与谢某签订的《融租租赁合同》及附件、《所有权转让协议》《车辆抵押合同》系当事人真实意思表示，依法成立并有效，双方当事人均应按照合同约定全面履行各自的义务。谢某向车辆供货商购买车辆并取得所有权后，再通过占有改定的交付方式与某租赁公司建立售后回租式的融资租赁合同关系。某租赁公司实际支付车辆供货商116500元，根据涉案《融资租赁合同》的约定，当某租赁公司向谢某实际发放的车辆转让价款与本合同约定的租赁本金总额不符时，租赁本金总额以原告实际发放的车辆转让价款为准，故本院认定双方履行合同的实际计息本金为116500元。现某租赁公司已经依约履行了自己的义务，但谢某自第20期开始至今均未向某租赁公司支付租金，其行为已构成违约。根据合同约定，某租赁公司有权提前终止合同并宣布合同提前到期，要求谢某支付到期未付租金以及截至合同终止日所有未到期的计息本金。按照某租赁公司、谢某的合同约定，谢某用其车辆为上述债务提供抵押担保，并办理了抵押登记，现某租赁公司主张对该车辆享有优先受偿权，符合法律的规定，法院依法予以支持。

判决如下：

一、被告谢某于本判决生效之日起十日内支付原告某租赁公司截至2021年10月15日的到期未付租金44456.04元、未到期计息本金14544.94元，合计59000.98元；

二、被告谢某于本判决生效之日起十日内支付原告某租赁公司逾期利息（2021年10月15日为1864.37元，并以全部应付租金59000.98元为基数，按照年利率18.25%的标准从2021年10月16日起计算至应付租金实际支付之日止）；

三、原告某租赁公司有权对登记在谢某名下的车辆折价或者以拍卖、变卖该财产的价款优先受偿；

四、驳回原告某租赁公司的其他诉讼请求。

判决后，双方当事人均未上诉，本判决现已生效。

【法官后语】

本案中，关于抵押权人某租赁公司对租赁物车辆是否享有优先受偿权，司法实践中存在两种观点：第一种观点认为，出租人针对同一租赁物，不可能拥有所有权和抵押权，且出租人不能用自身所有的财产为其对承租人享有的租金债权设立抵押，即使已就租赁物办理了抵押登记，出租人也不能据此享有优先受偿权。第二种观点认为，出租人作为租赁物的名义上所有权人，后又就租赁物取得抵押权，因承租人尚欠其租金未付，抵押权对出租人仍有法律上的利益，出租人可以其抵押权对抗第三人，故出租人对租赁物车辆享有优先受偿权。笔者赞同第二种观点，理由如下：

一、融资租赁售后回租中就租赁物设立抵押的必要性

融资租赁售后回租系指承租人为实现融资目的，将其从供货商处购买的租赁物的所有权转让给出租人，再从出租人处租回该物使用，并按期向出租人支付租金。因售后回租中的出卖人与承租人归于一体，与传统融资租赁交易的三方当事人具有一定区别，加大了出租人的融资风险，允许承租人就租赁物设立抵押有助于将现有交易模式带来的负部效应降低。一方面，从出租人和承租人的交易结构来看。承租人负有向出租人支付租金的义务，出租人虽未直接向承租人提供贷款融资，但承租人通过支付租金取得租赁物的“融物”方式从结果上考量亦属于出租人提供融资。租赁物的所有权归属于出租人，租赁物的实际控制权却在承租人，即使在出租人与承租人之间具有妥善保管、使用租赁物的约定，也不足以对抗善意第三人。为保障其出租人对承租人享有的租金债权，在租赁物上设立抵押可以藉由登记公示公信效力对债权清偿起到顺位优先及警示作用。另一方面，从所有权和抵押权混同来看。承租人在租赁物上设立抵押，出租人成为抵押权人，出租人据此就同一租赁物同时享有所有权和抵押权。根据物权混同的法理，同一物的所有权与他物权归属于一人时，其他物权因混同而消灭，但如

果对于所有人有法律上的利益，或对于第三人有法律上利益时，他物权就不因混同而消灭。在租赁物的所有权和抵押权归属于出租人的情形下，囿于租赁物由承租人占有使用且名义所有权人为承租人，在承租人违约不履行支付租金时，出租人的债权保障唯有通过租赁物的价值权与变价权予以实现，据此出租人对租赁物的处分权与收益权仍依附于抵押权行使。本案中，为确保出租人某租赁公司享有的租金债权实现，承租人谢某在其回租的车辆上设立抵押并且办理了抵押登记，符合融资租赁售后回租中对出租人权益保障的逻辑自洽。

二、融资租赁售后回租中就租赁物设立抵押的法律适用问题

司法实践否认融资租赁售后回租中就租赁物设立抵押的法理依据系民法典第三百九十四条，即抵押权的标的物应为债务人或者第三人所有或者有权处分的财产，并不包括债权人自身所有的财产。笔者认为，该条款并未作出抵押财产不包括债权人自身所有的财产的限制，虽然出租人系租赁物所有权人，实践中也存在将承租人登记为名义所有权人的操作。融资租赁售后回租中就租赁物设立的抵押权不是普通物权，而是由购置租赁物所有权转化而来的。其一，承租人回租后向出租人支付的租金系由购置租赁物价款及利息构成。承租人差欠出租人的债权金额为租赁物的购置价款，出租人作为租赁物的所有权人，承租人在其租赁且最终拟购买的标的物上设立抵押实系为担保租赁物的购置价款。其二，出卖人同意放弃所有权人身份，在权利性质上由所有权降级为抵押权。权利保障由完全所有权的途径转变为定限担保物权途径，权利保障的实际效果因动产担保登记公示享有对抗第三人效力，不会因为权能减少而受到不利影响。在售后回租融资租赁模式下，出租人对租赁物的占有已转移至承租人处，此时承租人作为支付租金的债务人，为确保其支付租金的债务履行，以其使用、控制的租赁物向出租人设定抵押，不违反法律规定。本案中，在承租人谢某就租赁物设立抵押后，出租人某租赁公司行使抵押权不具有法律障碍。

三、出租人对租赁物享有优先受偿权适用价款债权抵押权的解释路径

购置融资担保作为国际动产担保交易制度中普遍认可的一种特殊担保模式，它用购置物本身担保购置款债权的实现，无须借助于其他担保物即可实现购置

融资的目的。作为购置款融资担保权的下位概念，价款债权抵押权是买受人在购置物上设立的担保购置款债权的特殊动产抵押权。价款债权抵押权的成立要件为：其一，价款实际用于购买租赁物。价款债权抵押权中的担保物与所担保债权之间必须具有内在对应关系。其二，租赁物抵押办理抵押登记，以获得对抗第三人的效力。在售后融资租赁交易模式中，出租人对租赁物享有的抵押权具有超级优先但劣后于留置权的效力，即使租赁物设定价款抵押权之前已设定的浮动担保和固定担保，出租人对租赁物的抵押权亦享有超级优先顺位，其效力取得的解释路径为民法典第四百一十六条。一方面，出租人与承租人之间签订有融资合同。该合同对承租人出售租赁物给出租人、购置物、购置款等事项作出约定。另一方面，出租人与承租人之间签订有抵押合同。双方通过抵押合同将出租人购置的租赁物转变为抵押物，据此融资合同中标的物的购置物身份即转变为抵押担保物，购置款债权转变有担保债权，购置款抵押权得以设立，办理抵押登记后的租金债权即享有此种优先顺位效力以对抗第三人物权效力。本案中，出租人某租赁公司与承租人谢某就案涉租赁物办理了抵押登记，在承租人谢某违约不支付案涉租赁物的租金价款时，即出租人某租赁公司的价款债权未能实现，某租赁公司作为融资债权人有权行使案涉租赁物的抵押权。

编写人：重庆市九龙坡区人民法院　钟雨锋　李静

23

“售后回租”融资租赁模式下“自物抵押”应认定有效

——某融资租赁公司诉农某某融资租赁合同案

【案件基本信息】

1. 裁判书字号

广东省深圳市福田区人民法院（2021）粤0304民初60796号民事判决书

2. 案由：融资租赁合同纠纷

3. 当事人

原告：某融资租赁公司

被告：农某某

【基本案情】

2018年9月7日，某融资租赁公司与农某某签订《融资租赁合同》及《抵押合同》。其中，融资租赁合同约定租赁车牌品牌为上海通用别克，型号及配置为英朗2018款1.0T双离合进取型，经销商为某汽车租赁有限公司，车辆融资总额为101000元，首付租金为32940元，租赁期限为36期，每期租金均为3300.87元。某融资租赁公司向汽车经销商支付租赁车辆购车款并取得租赁车辆所有权。抵押合同约定农某某作为抵押人同意以融资租赁合同项下租赁车辆作为抵押物，为其在租赁合同项下的全部债务向某融资租赁公司提供担保。合同签订后，某融资租赁公司依约向汽车经销商支付了融资款项，实际将租赁车辆交付了农某某。租赁车辆登记证明显示案涉车辆登记在农某某名下，并于2018年9月12日办理了抵押登记。在合同履行过程中，农某某仅支付12期租金并自2019年10月10日起未再向某融资租赁公司支付后续租金。据合同约定，农某某的行为已经构成违约。某融资租赁公司提出如下诉讼请求：要求农某某支付全部剩余租金及逾期违约金，并判令对登记在农某某名下的案涉租赁车辆经折价或拍卖、变卖的价款享有优先受偿权。

【案件焦点】

农某某以案涉租赁车辆为某融资租赁公司办理抵押登记，设定抵押权是否有效。

【法院裁判要旨】

广东省深圳市福田区人民法院经审理认为：某融资租赁公司与农某某签订的《融资租赁合同》系双方当事人之间的真实意思表示，合法有效，对双方当事人均具有法律约束力。上述合同签订后，某融资租赁公司依约履行了合同义务，但农某某未按时向原告支付租金，已构成违约，根据法律规定及合同约定，某融资租赁公司有权主张合同加速到期，要求农某某支付尚欠的租金及符合法律规定的违约金。关于抵押权，农某某为担保涉案租赁合同的履行，自愿将涉案车辆抵押给某融资租赁公司，并已依法办理了抵押登记，某融资租赁公司有权依法处分涉案车辆，并就处分车辆所得价款享有优先受偿权。

广东省深圳市福田区人民法院依照《中华人民共和国合同法》第八条、第六十条第一款、第一百零七条、第一百一十四条第一款、第二百三十七条、第二百四十八条，《中华人民共和国物权法》第一百七十九条，《最高人民法院关于审理融资租赁合同纠纷案件适用法律问题的解释》第二十条，《中华人民共和国民事诉讼法》第六十七条第一款、第一百四十七条，《最高人民法院关于适用〈中华人民共和国民法典〉时间效力的若干规定》第一条第二款规定，判决如下：

农某某应于判决生效之日起十日内向某融资租赁公司支付剩余租金79220.88 元及违约金；某融资租赁公司就上述确定的债权对依法处置案涉抵押车辆所得价款享有优先受偿权。

宣判后，当事人均未上诉，判决书已生效。

【法官后语】

该案所涉融资租赁系“售后回租”+“自物抵押”模式的典型代表，即以船舶、航空器、机动车等特殊动产进行“售后回租”，在办理融资租赁登记后，为防止承租人将租赁物转让给他人，又在行政管理部门办理“自物抵押”，以租赁物为出租人设定抵押权。

实践中，该类型融资租赁模式大量存在，也是众多融资租赁公司惯常采用的经营方式，最为典型的就是机动车。该类型交易模式下，承租人逾期未付租金，出租人能否对“抵押登记车辆”行使抵押优先受偿权即“自物抵押”是否有效，司法实践中存在不同认识。此前，大量司法判决以所有权和抵押权人为同一人，“自物抵押”与我国的抵押登记制度规定相背离为由认定抵押无效。

该案中，法院经审理后认为“售后回租”模式下“自物抵押”行为合法有效，能够产生抵押权的法律效果，在承租人违约支付租金的情况下，出租人有权请求支付全部剩余租金，并就抵押物拍卖、变卖、折价所得价款优先受偿。主要理由如下：

一、该类型交易模式并不存在违反相关法律、行政法规的强制性规定等无效情形

首先，我国民法典虽然未以具体明确的单独条文对“售后回租”进行规定，但也并未否定售后回租不可以作为一种融资租赁交易模式继续存在。

其次，2021年1月1日起施行的《最高人民法院关于审理融资租赁合同纠纷案件适用法律问题的解释》第二条为“售后回租”交易模式留有余地，延续了修正前的规定即承租人将其自有物出卖给出租人，再通过融资租赁合同将租赁物从出租人处租回的，人民法院不应仅以承租人和出卖人系同一人为由认定不构成融资租赁法律关系。

最后，《最高人民法院关于适用〈中华人民共和国民法典〉有关担保制度的解释》第六十五条规定，在融资租赁合同中，承租人未按照约定支付租金，经催告后在合理期限内仍不支付，出租人请求承租人支付全部剩余租金，并以拍卖、变卖租赁物所得的价款受偿的，人民法院应予支持。从该司法解释规定可看出，民法典将融资租赁定义为一种“非典型担保”，故“自物抵押”理应认定为有效。且根据该规定，即便在未办理抵押登记的情况下，也可以支持出租人关于拍卖、变卖租赁物价款受偿的诉请，遑论已经办理了抵押登记。据此，“售后回租”+“自物抵押”并不违反上述相关法律规定。出租人与承租人所签订的《融资租赁合同》和《抵押合同》只要系双方的真实意思表示，且不存在无效情形，应依法认定有效。

二、该类型交易模式符合汽车售后回租融资租赁交易逻辑，有利于降低交易成本，促进融资租赁行业进一步发展

在汽车售后回租租赁业务中，承租人将“租赁物”所有权转移给承租人，按照常理应办理相应车辆所有权变更登记手续，承租人再向出租人租回使用。

然现实交易中，双方往往出于交易更加便捷、降低交易成本、租赁物使用便利、车牌限制、避免日后进行二次过户的烦琐手续等诸多方面的考虑，并未实际办理租赁车辆的所有权变更登记手续，而是通过“占有改定”方式转移所有权，出租人再授权承租人办理以出租人为抵押权人的车辆抵押登记，来限制承租人对车辆的处分，保障自己对租赁物的所有权，并对抗第三人对租赁车辆的权利主张，以降低出租人可能出现的商业风险。因此，市场交易中普遍存在“汽车售后回租不过户+抵押登记”模式的背后具有较为复杂的市场交易背景与原因，司法理应在最大限度内予以尊重并促进市场交易顺利进行。

需要特别指出的是，2023年1月10日召开的全国法院金融审判会议，对特殊动产“售后回租”模式下“自物抵押”的效力亦给予了积极肯定。本案处理方式符合该金融审判会议相关精神，尊重了市场交易的基本逻辑，恪守了法律规定的本义。既有利于促进融资租赁公司规范化、法治化开展售后回租业务，依法保障出租人的权利实现，又能促进汽车消费市场稳增长，支持实体经济发展，保障优化法治化市场营商环境。

编写人：广东省深圳市福田区人民法院　阳文　黄文勇

24

融资租赁租金利息与费用已达年利率24%，出租人另行主张的违约金不予支持

——某融资租赁公司诉武某某融资租赁合同案

【案件基本信息】

1. 裁判书字号

天津市第三中级人民法院（2022）津03民终4043号民事判决书

2. 案由：融资租赁合同纠纷

3. 当事人

原告（被上诉人）：某融资租赁公司

被告（上诉人）：武某某

【基本案情】

2017年11月17日，武某某（承租人）与某融资租赁公司（出租人）签订了《汽车租赁合同》《汽车抵押合同》及相关附件。通用条款约定：租金以甲方购买租赁汽车的全部成本和甲方合理利润为计算基础。甲方根据乙方的要求向乙方购买车辆，并租给乙方使用，乙方向甲方承租并使用该租赁车辆。甲方在支付乙方租赁车辆购车款后，即取得租赁车辆的所有权。本合同融资租赁属于售后回租模式，车辆在回租前后出租人均不占有、使用租赁车辆，故甲乙双方间不发生车辆的现实交付，出租人按本合同约定支付租赁车辆购车款之时，即甲方向乙方交付租赁车辆之时。第1期租金支付日为出租人支付购车款的次月同日，此后每期租金支付日同第一期租金支付日。第十条约定违反合同的处理：1. 租赁期内乙方出现如下情形之一的，甲方有权提前解除合同、控制车辆，乙方应同时即刻付清全部剩余租金及其他合同约定之应付款项。若乙方自收回车辆之日起7天内无法一次性支付所有费用赎回车辆，则甲方有权自行处理租赁汽车，乙方无权对租赁车辆提出任何权利主张：（1）乙方连续二期未向甲方支付租金或累计三期未按时支付租金；（2）陷入债务纠纷或依法破产，以及任何可能影响乙方本合同项下支付能力的；（3）乙方未按《汽车抵押合同》约定的期限办理车辆抵押登记手续的；（4）未履行本合同其他任何义务或同甲方签订的其他合同项下任何义务的。2. 乙方未按本合同约定支付应付租金或其他应付款项时，甲方除有权采取前项措施外，还有权按应付租金或款项4‰/天同时不低于100元/天的标准向乙方收取违约金。3. 甲方有权向乙方追索因执行或保护本合同项下甲方权利而产生的合理费用，包括但不限于诉讼/仲裁费用、鉴定费用、律师费用、材料费用、调查费用、差旅费用、甲方委托第三方机构催收所发生的全部成本等。合同主要条款约定：租赁物为本田思威牌汽车一辆，购车款总额126000元，融资总额104855元，首付款25200元，融资租赁期数为36个月，每期租金4275.67元。承租人在此确认，同意将本合同第三条涉及的甲方支付的购车款中的25200元直接转为融资租赁的首付款，剩余购车款100800元则由甲方直接支付到承租人如下账户：某汽车服务有限公司。

合同签订后，某融资租赁公司于2017年12月19日通过银行转账方式向武某某指定的收款人某汽车服务有限公司支付了车款100800元、GPS升级费2000元。此后，双方就案涉租赁物办理了抵押登记，抵押权人为某融资租赁公司。双方确认截至庭审辩论终结，武某某已支付第1—28期租金，自第29期起未付租金，未付租金合计34205.36元。某融资租赁公司与天津啸宇律师事务所签订了《委托代理合同》，支出本案律师费2500元。

【案件焦点】

1. 案涉合同的性质是否为融资租赁；2. 合同约定的租金金额是否过高。

【法院裁判要旨】

天津自由贸易试验区人民法院经审理认为：某融资租赁公司与武某某签订的《汽车租赁合同》及相关附件均系各方当事人的真实意思表示，其内容未违反法律、行政法规的强制性规定，应属合法有效，双方均应当按照约定全面履行自己的义务。武某某提出该合同并非融资租赁合同，认为缺少融物属性，但该合同第三条第一款明确约定：甲方根据乙方的要求向乙方购买车辆，并租给乙方使用，乙方向甲方承租并使用该租赁车辆。涉案租赁车辆登记在武某某名下，某融资租赁公司向武某某支付车款后，按约定取得租赁物所有权，并交付武某某使用，可见涉诉融资租赁合同具有融物的属性，故武某某的该项抗辩理由不能成立。武某某抗辩称订立合同时存在重大误解及某融资租赁公司工作人员的诱导，但武某某并未提交充足的证据予以证实存在重大误解或他人诱导，因涉诉融资租赁合同系武某某本人签字，且某融资租赁公司亦提交签约时的照片及武某某签署《反欺诈风险提示》的照片，故对武某某的该项抗辩理由，无法支持。武某某抗辩称合同中租赁车辆买卖条款为格式条款问题及车辆价格问题，因合同通用条款中涉及买卖有多个条款，部分具有加粗、下划线的标识，且合同主要条款（双方签字盖章页）中亦有购车款等事项的约定，对于车辆价格某融资租赁公司亦提交车辆评估鉴定报告，故武某某的该项抗辩意见不能成立。如武某某与案外人某汽车服务有限公司有纠纷，并非本案审理范围，可据证另行解决。

某融资租赁公司依约履行了合同项下的付款义务，并以占有改定方式向武某某交付租赁物，武某某应当按照合同约定的方式按期支付租金。武某某未按约支付相应租金，已构成违约，应承担相应违约责任。关于全部未付租金的数额，双方均确认已付1—28期租金，未付的29—36期租金数额共计34205.36元，但是关于某融资租赁公司主张的融资款项中的GPS费用4055元，合同中并未约定明确数额及项目明细，某融资租赁公司亦未提供充分证据证实以上项目实际发生且经武某某明确认可，然上述费用被纳入案涉业务成本中，客观增加了武某某的融资成本，难以得到支持，结合本案具体案情，酌定将以上费用在未付租金中予以扣减。扣减后，全部未付租金数额为30150.36元（含第29期租金中的220.67元和第30—36期租金）。对某融资租赁公司主张的超出部分，不予支持。

关于逾期付款违约金，因双方在履行合同过程中确实对租金支付问题有过协商沟通，综合考虑合同履行情况及武某某违约情形，确定违约金以到期未付各期租金为基数，按照中国人民银行一年期贷款市场报价利率（LPR）标准，自逾期之次日起计算至实际给付之日止。

关于律师费，因双方就律师费负担作出明确约定，应予支持。综合考虑案件情况，酌定为1000元。

一审法院依照《中华人民共和国民法典》第五百零九条、第七百五十二条，《最高人民法院关于审理融资租赁合同纠纷案件适用法律问题的解释》第二条、第九条，《中华人民共和国民事诉讼法》第六十七条规定，判决：

一、被告武某某于本判决生效之日起十日内，给付原告某融资租赁公司全部未付租金30150.36元；

二、被告武某某于本判决生效之日起十日内，按照中国人民银行一年期贷款市场报价利率（LPR）的标准向原告某融资租赁公司支付违约金（以第29期欠付租金220.67元为基数，自2020年5月20日起计算至实际清偿之日止；以第30—36期各期租金4275.67元为基数，分别自2020年6月至2020年12月期间的每月20日起计算至实际清偿之日止）；

三、被告武某某于本判决发生法律效力之日起十日内，给付原告某融资租赁公司律师费1000元；

四、驳回原告某融资租赁公司其他诉讼请求。

武某某不服一审判决，提起上诉。天津市第三中级人民法院经审理认为：本案的主要争议焦点为：一、案涉合同的性质是否为融资租赁；二、合同约定的租金金额是否过高。

关于第一个争议焦点，某融资租赁公司提供的面签照片能够显示，武某某手持的《汽车租赁合同》中已对车辆购置总价、融资总额、首付款、租赁期限、每期租金金额、承租人指定收款账户等内容作出明确约定。武某某签署并手持《汽车租赁合同》进行拍照的行为，应视为其已知晓《汽车租赁合同》的内容并予以确认。上述《汽车租赁合同》约定，武某某将其自有车辆出卖给某融资租赁公司，再通过融资租赁方式将车辆从某融资租赁公司处租回，该约定符合融资租赁法律关系的特征。至于租赁物所有权的转移问题，《汽车租赁合同》约定，某融资租赁公司支付租赁车辆购车款后，即取得租赁车辆的所有权。现有证据显示，某融资租赁公司已经按照武某某在合同中指定的收款账户支付了购车款，故其已依约取得了车辆所有权。因案涉租赁物为机动车，属于特殊动产，其物权的变动不以登记作为生效要件，故案涉车辆是否办理转让登记，不影响该车辆所有权已经转移至某融资租赁公司的事实。因此，某融资租赁公司与武某某签订的《汽车租赁合同》系双方当事人的真实意思表示，内容不违反法律、行政法规的强制性规定，该合同依法成立并生效。武某某主张上述合同名为融资租赁实为借贷，缺乏事实依据，本院不予支持。

关于第二个争议焦点，融资租赁具有典型的融资属性，《中华人民共和国合同法》第二百四十三条规定，融资租赁合同的租金，除当事人另有约定外，应当根据购买租赁物的大部分或者全部成本以及出租人的合理利润确定。至于融资租赁租金的司法保护上限，结合《最高人民法院关于进一步加强金融审判工作的若干意见》第二条和第四条的内容，本院对于融资租赁公司收取的租金以及复利、罚息、违约金和其他费用总计超过承租人融资数额年利率 24%的部分不予支持。本案中，武某某的实际融资数额为 100800 元，按照年利率 24%的标准和等额本息的方法计算，36 租期租金总额仅为 142368.12 元，明显低于合同约定的租金总额，说明合同约定的租金超过了司法保护的上限，本院对于超出部分不予保护。一审法院虽已酌情扣减了部分租金，但是结合现有证据，全部未付租金的金额应为 22649.36 元（142368.12 元－119718.76 元＝22649.36 元），因上述租金已达司法保护上限，故某融资租赁公司主张的违约金，本院不予支持。

关于法律适用问题，《最高人民法院关于适用〈中华人民共和国民法典〉时间效力的若干规定》第一条第二款规定，民法典施行前的法律事实引起的民事纠纷案件，适用当时的法律、司法解释的规定，但是法律、司法解释另有规定的除外。本案合同成立于民法典实施前，引起民事纠纷的法律事实也发生于民法典施行前，故本案应当适用当时的法律、司法解释的规定。一审法院适用法律存在瑕疵，本院对此予以纠正。

天津市第三中级人民法院依照《中华人民共和国合同法》第六十条、第二百四十三条、第二百四十八条，《中华人民共和国民事诉讼法》第一百七十六条第一款、第一百七十七条第一款第二项，《最高人民法院关于适用〈中华人民共和国民法典〉时间效力的若干规定》第一条第二款，《最高人民法院关于审理融资租赁合同纠纷案件适用法律问题的解释》第二条、第二十条规定，判决：

一、撤销天津自由贸易试验区人民法院（2021）津 0319 民初 18012 号民事判决；

二、武某某于本判决生效之日起十日内向某融资租赁公司支付全部未付租金 22649.36 元；

三、武某某于本判决生效之日起十日内向某融资租赁公司给付律师费1000元；

四、驳回某融资租赁公司的其他诉讼请求；

五、驳回武某某的其他上诉请求。

【法官后语】

案涉融资租赁合同签订于2017年11月17日，无论是签订合同当时的《中华人民共和国合同法》还是目前的《中华人民共和国民法典》均规定，融资租赁合同项下租金，除当事人另有约定的以外，应当根据购买租赁物的大部分或者全部成本以及出租人的合理利润确定。因此，计入租金的利润应当是合理的利润，否则，过高的利润将会产生过高的租金，不但使承租人难以承受，亦无法保证融资租赁活动正常进行。但是，关于融资租赁综合费用成本的司法保护上限问题，目前尚无明确法律法规或司法解释的规定。

最高人民法院于2017年8月4日印发的《关于进一步加强金融审判工作的若干意见》第二条规定："严格依法规制高利贷，有效降低实体经济的融资成本。金融借款合同的借款人以贷款人同时主张的利息、复利、罚息、违约金和其他费用过高，显著背离实际损失为由，请求对总计超过年利率24%的部分予以调减的，应予支持，以有效降低实体经济的融资成本。规范和引导民间融资秩序，依法否定民间借贷纠纷案件中预扣本金或者利息、变相高息等规避民间借贷利率司法保护上限的合同条款效力。"第四条规定："规范和促进直接服务实体经济的融资方式，拓宽金融对接实体经济的渠道。依法保护融资租赁、保理等金融资本与实体经济相结合的融资模式，支持和保障金融资本服务实体经济。对名为融资租赁合同、保理合同，实为借款合同的，应当按照实际构成的借款合同关系确定各方的权利义务，防范当事人以预扣租金、保证金等方式变相抬高实体经济融资成本。"结合以上两条意见内容，对于融资租赁公司收取的租金以及复利、罚息、违约金和其他费用总计超过承租人融资数额年利率24%的部分，人民法院应当依法不予支持。因此，根据经过审理查明的案件事实以及上述司法保护上限规定，本案中，若以武某某的实际融资数额为基数，按照年利率24%的标准和等额本息的方法计算，武某某应付的租金总额明显低于合同约定的租金总额，故案涉合同约定租金总额已超过上述保护上限，对超出司法保护上限的部分不予保护。因租金已达司法保护上限，故对某融资租赁公司另主张的违约金也不予支持。

此外，针对案件中出现的租金超出司法保护上限的问题，天津市第三中级人民法院及时向案涉融资租赁公司发出了《司法建议书》，要求其规范经营行为，妥善处理同类型纠纷，并抄送金融监管部门。金融监管部门对此高度重视，第一时间与某融资租赁公司取得联系，向其发出《监管问询函》，摸清相关情况并对其提出进一步工作要求。案涉融资租赁公司也及时向法院作出反馈，针对《司法建议书》提出的建议进行了内部核查和制度完善，并表示在将来的展业中一定做到守法合规经营。

本案审理结果展示了司法对公平价值的实践，本案的法律适用体现司法在没有明确法律规定时对基本法律原则、法治精神的深入挖掘和灵活运用，同时充分贯彻落实“能动司法”理念，主动延伸审判职能，将司法服务关口前移，指导企业规范经营，有效衔接金融监管部门，共同规范、支持和保障融资租赁行业在法治轨道上有序发展。

编写人：天津市第三中级人民法院　翟婧　赵笛

25

融资租赁合同违约金裁量的考量

——某融资租赁公司诉黄某融资租赁合同案

【案件基本信息】

1. 裁判书字号

北京金融法院（2022）京74民终1474号民事判决书

2. 案由：融资租赁合同纠纷

3. 当事人

原告（被上诉人）：某融资租赁公司

被告（上诉人）：黄某

【基本案情】

2018年9月11日，某融资租赁公司（出租人）与黄某（承租人）签订《融资租赁合同》，约定承租人以筹措资金、回租使用为目的，以售后回租方式向出租人出售租赁车辆。合同附件二《租赁物确认单》的附注处载明，出租人已经向承租人支付租赁车辆转让价款（融资款）购买租赁车辆并取得租赁车辆的所有权，承租人已经以售后回租的方式从出租人处取得了该车辆的占有使用权。同日，某融资租赁公司（抵押权人）与黄某（抵押人）签订《某融资租赁公司融资租赁抵押合同》，约定抵押物信息、抵押担保范围、抵押期限等内容。

2018年9月12日，某融资租赁公司向黄某银行账户转账108350元。2018年9月20日，黄某就其承租的车辆办理了抵押登记，登记的抵押权人为某融资租赁公司，登记的所有权人为黄某。某融资租赁公司确认涉案租金总计129800元，黄某足额支付了2018年9月12日至2019年3月12日的租金，2020年6月3日至2020年9月29日陆续从黄某账户划扣三笔款项抵扣了2019年4月12日的租金5500元，黄某共计支付租金72050.02元，自2019年4月12日开始逾期，逾期后至今未再偿还过涉案款项，涉案《融资租赁合同》履行期限已届满，黄某尚欠租金57749.98元未还。某融资租赁公司确认其以租赁物转让价款110000元为基数，按年利率24%标准主张自租金逾期支付之日起至实际支付之日止的滞纳金及违约金，超过部分不再主张。

黄某称其当时急需用钱，有人带其找到尹先生（财哥），尹先生告诉其把车抵押给一个叫某某国际的公司，当天就能拿到贷款，其就在尹先生给的合同上签字了，没有看合同，并把车辆登记证书、身份证给了他，很快就拿到钱了。尹先生告诉其每月12日还款，每月还10816.67元，共还12期。其已付给某融资租赁公司的金额与某融资租赁公司自行统计的金额不一致。本案不是融资租赁合同，而是抵押贷款合同，本案提前扣除租金属于砍头息，利率标准也超过了国家保护标准。

【案件焦点】

1. 本案法律关系的性质认定；2. 融资租赁合同纠纷案件中，违约金计算的基数是否应当扣除承租人已经支付的租金。

【法院裁判要旨】

北京市海淀区人民法院经审理认为：某融资租赁公司与黄某签订《融资租赁合同》，利用案涉车辆进行融资，是双方当事人的真实意思表示，双方争议的焦点为合同性质的认定。本案所涉租赁物为机动车辆，车辆作为动产，动产所有权的转移根据物权法第二十七条规定：动产物权转让时，双方又约定出让人继续占有该动产的，物权自该约定生效时发生法律效力。本案中，双方约定，本项目为回租模式，租赁车辆一直由黄某占有，在某融资租赁公司向黄某支付租赁车辆转让价款之日，租赁车辆所有权转移至某融资租赁公司名下，因此，某融资租赁公司于 2018 年 9 月 12 日支付融资款时，租赁车辆的所有权即转移至该公司。租赁车辆登记在黄某名下，虽不影响车辆所有权的转移，但考虑到登记的公示作用，某融资租赁公司作为所有权人及出租人，为保护其合法权益并防范商业风险，要求黄某将租赁车辆抵押给其并不违反相关法律规定。黄某关于租赁车辆所有权未发生移转，某融资租赁公司是抵押权人不是所有权人，案涉合同名为融资租赁实为借贷的抗辩不能成立，本院不予支持。某融资租赁公司与黄某签订的《融资租赁合同》真实反映了双方之间融资租赁的法律关系，合法有效，双方均应依约履行。本案中，合同签订后，某融资租赁公司依约履行了合同义务，黄某未依约支付租金，现涉案合同履行期限已届满，某融资租赁公司要求黄某支付全部租金，符合相关法律规定。诉讼中，某融资租赁公司确认涉案租金总额为 129800 元，黄某支付了 72050.02 元，尚欠租金 57749.98 元未还。黄某虽对某融资租赁公司主张的欠付租金数额不认可，但其提交的工商银行汇款回单及招商银行交易明细记载的付款情况与某融资租赁公司提供的还款记录可以印证，其认为2019年4月16日之后通过微信支付向尹先生（财哥）付款的30628元应计入已付租金，但未提供相应证据予以证明，本院对其该项抗辩不予采信。故本院确认黄某应支付的剩余租金数额为57749.98元。

承租人应当按照约定支付租金，承租人逾期履行支付租金义务或迟延履行其他付款义务，出租人按照融资租赁合同的约定要求承租人支付逾期利息、相应违约金的，人民法院应予支持。黄某认为本案应按照贷款利率计算违约金的抗辩理由，于法无据，本院不予采信。至于违约金和滞纳金的计算方法，《融资租赁合同》约定的违约金为全部本金金额的5%，滞纳金为全部本金的2‰/日，某融资租赁公司主动降低计算标准，将二者合并调整至以融资额110000元为基数，按照年利率24%计算，本院对此不持异议，但双方约定以全部融资额为基数计算违约金、滞纳金，标准过高，会导致涉案融资额产生的租息及违约金、滞纳金之和超过涉案融资额按年利率24%计算的利息数额，本院依法予以调整。

某融资租赁公司向湖南金州律师事务所支付的律师费1600元，属于《融资租赁合同》中约定的出租人因追索本合同项下的权利而产生的合理费用，故本院对某融资租赁公司要求黄某支付律师费1600元的诉讼请求予以支持。

债务人不履行到期债务或者发生当事人约定的实现抵押权的情形，债权人有权就该财产优先受偿。本案中，黄某为担保涉案债务的履行，将登记在其名下的涉案车辆抵押给了某融资租赁公司并办理了抵押登记，黄某的前述付款义务亦在《抵押合同》约定的担保范围内，同时，某融资租赁公司确认其不主张涉案机动车的所有权。故某融资租赁公司要求对车牌号为××的涉案抵押车辆享有优先受偿权的诉讼请求，具有事实和法律依据，本院予以支持。

北京市海淀区人民法院判决如下：

一、黄某于本判决生效之日起七日内向某融资租赁公司支付租金57749.98元，并支付违约金及滞纳金（以110000元为基数，按年利率24%，自2019年4月12日至2019年9月12日期间各期租金应付未付的次日起计算至租金实际付清之日止，其中本项中各期租金中的租息加违约金、滞纳金之和不超过以110000元为基数，按年利率24%自2019年4月13日起计算至实际付清之日止的利息数额）；

二、黄某于本判决生效之日起七日内向某融资租赁公司支付律师费1600元；

三、某融资租赁公司在本判决第一项、第二项确定的债权范围内对车牌号为××的机动车享有优先受偿权；

四、驳回某融资租赁公司的其他诉讼请求。

黄某不服一审判决，提出上诉。北京金融法院经审理认为：承租人将其自有物出卖给出租人，再通过融资租赁合同将租赁物从出租人处租回的，人民法院不应仅以承租人和出卖人系同一人为由认定不构成融资租赁法律关系。出租人为保护自身权益，可以授权承租人将租赁物抵押给出租人并在登记机关依法办理抵押权登记。黄某与某融资租赁公司签订《融资租赁合同》和《抵押合同》，双方形成售后返租形式的融资租赁合同关系，同时，出租人某融资租赁公司授权承租人黄某将租赁物车辆抵押给某融资租赁公司并办理抵押登记。车辆所有权转移的公示方式是交付，双方已在《融资租赁合同》中明确约定以占有改定方式进行租赁物交付，租赁物价款支付后，即视为交付完成，出租人即取得租赁物的所有权。黄某上诉主张其仍为租赁物车辆的所有权人，并主张双方之间名为融资租赁实为抵押借款，本院不予采信。

关于黄某已付租金的金额，应由黄某承担举证责任。《融资租赁合同》中明确约定了租金支付方式，黄某主张其向案外人转账系支付租金，某融资租赁公司对此不予认可，黄某亦未提交其他证据证明其通过《融资租赁合同》约定之外的方式付款系支付租金，故本院对黄某上诉主张的已付租金金额不予采信。

黄某上诉主张一审法院对本案没有管辖权、《融资租赁合同》违法、抵押无效、律师费约定无效等，均无法律依据，本院不予采信。

黄某对本案合同项下的融资成本提出异议，上诉主张融资成本过高。黄某欠付租金为57749.98元，一审法院对逾期支付租金的违约金和滞纳金标准进行调整，但仍以全部租金本金110000元为计算基数，有失妥当。本院根据黄某长期拖欠本案合同项下租金的违约情况，将违约金和滞纳金的计算标准调整为：以欠付租金57749.98元为基数，按年利率24%标准，自2019年4月13日起计算至租金实际付清之日止。

北京金融法院判决如下：

一、维持北京市海淀区人民法院（2021）京0108民初40992号民事判决第二项；

二、撤销北京市海淀区人民法院（2021）京0108民初40992号民事判决第一项、第三项、第四项；

三、黄某于本判决生效之日起七日内向某融资租赁公司支付租金57749.98元，并支付违约金及滞纳金（以欠付租金57749.98元为基数，按年利率24%，自2019年4月13日起计算至租金实际付清之日止）；

四、某融资租赁公司在本判决第一项、第三项确定的债权范围内对抵押物车牌号为××的机动车享有优先受偿权；

五、驳回某融资租赁公司的其他诉讼请求。

【法官后语】

该类案件中，违约金的计算及调整是除合同性质外最常见的争议焦点之一，由此导致审判实践症结，主要表现为：

一、违约金的计算基数，原告存在三种主张方式。一是以全部租金或融资额为基数计算违约金，即承租人一旦出现违约行为，出租人就以融资租赁合同项下的全部租金计算违约金，即使已经支付的租金也不予以扣除；二是以全部未付租金为基数计算违约金，即将承租人已支付的租金在总租金中予以扣除后，以全部剩余未付租金为基数计算违约金；三是以全部到期未付租金为基数计算违约金，即承租人仅对未付租金部分中已经到期的租金承担违约金，未到期部分无须承担违约金。上述三种主张方式承租人支付大部分租金与不支付租金对出租人的收益影响大有不同，从鼓励交易的层面讲，如按全部租金或融资额为基数计算违约金将打击承租人支付租金的积极性，且对其显示公平。

二、违约金的计算标准，原被告存在两大不统一。一是主张的法律依据不统一，出租人认为融资租赁合同并未对违约金计算标准作出明确规定，实践中其主张的标准可高达日万分之七，而承租人的抗辩则依据民间借贷司法解释，认为计算标准不得超过4倍LPR；二是违约金过高的判断及调整标准不一致，大部分承租人抗辩理由为租金利率、手续费、服务费等变相收取的费用已经足以弥补出租人的损失，加之违约金的收取已经远超过出租人的实际损失。鉴于融资租赁合同“融资融物”的双重属性，在计算标准的采用上不能简单适用民间借贷司法解释的规定，租赁物性质、流通性大小不同的租赁物，大到特殊定制的巨型生产设备，小到汽车、手机，其价值的高低、市场再流通的可能性完全不同，导致出租人租赁物的担保功能实现的程度不尽相同，加之融资租赁公司的性质、资金来源、市场利率及行业收益率等多种因素，适用民间借贷司法解释显然行不通。

三、违约金的起算时点，法院存在两种裁判思路。一是以承租人逾期支付第一期租金的次日起计算违约金，二是以承租人逾期支付各期租金的次日起计算违约金。在租赁期限届满的情形中，若以承租人第一次逾期支付租金的次日为起点，以全部到期未付租金为基础计算违约金，实质是变相地支持出租人将之后未到期的租金计算违约金。

针对上述症结，在实体裁判方面通常需要把控以下因素对违约金的计算进行裁量：

一、违约金的计算基数应考虑合同履行情况及租金支付的届满期限，即根据承租人支付租金的情况和违约行为持续时间的长短来判断。实践中，出租人对未到期的租金通常行使加速到期权，增加了承租人的租金支付压力，本身就是对承租人的严厉惩罚，若对未到期租金主张违约金无疑是双重惩罚，故以全部到期未付租金为基数计算违约金更具合理性。

二、违约金的计算标准应结合租赁物情况、实际损失及履约可能性，逾期支付租赁物为一部手机和一台大型生产设备的租金的违约后果造成的实际损失天壤之别，而实践中出租人的资金大部分来自金融机构贷款，承租人逾期支付租金造成最直接的损失为即增加了出租人的资金成本。但是若违约金计算标准过高，势必对承租人苛以严格的责任，不利于融资租赁行业的发展，且通常在承租人积极履行支付租金义务的情形下，违约金不宜过高，当前违约金的利率一般以不超过年利率24%为限，若涉及出租人同时主张逾期利息、滞纳金、违约金情况下，应合计不超过年利率24%的标准。

三、违约金起算时点应坚持以各到期应付未付租金的次日起计算，承租人从第一次逾期支付租金开始至租赁期限届满未付租金的行为是持续发生的多次行为，换言之，一次逾期支付租金行为只能产生一次计算违约金的基础，即尽管最后的结果是承租人全部逾期，但均应按期每期逾期的次日以该期租金为基数计算违约金。

编写人：北京市海淀区人民法院　范志云　邢娅莉

五、委托理财合同纠纷

26

变更剩余财产分配权的基金份额持有人大会决议不适用多数决

——胡某某诉某投资公司委托理财合同案

【案件基本信息】

1. 裁判书字号

上海金融法院（2021）沪74民终1511号民事判决书

2. 案由：委托理财合同纠纷

3. 当事人

原告（被上诉人）：胡某某

被告（上诉人）：某投资公司

【基本案情】

2018年5月30日，原告向案涉基金募集专户转让100万元，备注“基金份额认购款”。

2018年7月16日，原告作为基金投资者、被告作为基金管理人、案外人某银行作为基金托管人签订《私募股权投资基金基金合同》，约定基金类别为私募投资基金。基金份额持有人有权参与分配清算后的剩余基金财产；因私募基金管理人违反法律法规或基金合同的约定导致合法权益受到损害的，有权得到赔偿。基金份额持有人大会决议分为一般决议和特别决议。特别决议须经出席会议的基金份额持有人及代理人所持有表决权的三分之二以上通过方为有效：涉及更换基金管理人、更换基金托管人、转换基金运作方式、除本合同约定外需要提前终止基金合同等重大事项必须以特别决议通过方为有效。除此以外的事项均为一般决议通过，须经出席会议的基金份额持有人及其代理人所持有表决权的50%以上通过方为有效。原告就该基金合同认购100万元。

后被告通过网站发布公告的方式向各基金持有人通知涉案基金持有人大会通知，并于2021年3月5日召开案涉基金份额持有人大会。经到会的投资人讨论并投票表决形成决议，决定将盛世基金的现金财产划扣至盛世基金账户进行分配。此外，因胡某某等在基金运作过程中存在违约行为造成基金财产损失，故基金对其享有相应债权。基金账面现金财产和其余债权财产由其余份额持有人根据各自持有的基金份额比例分配。份额持有人胡某某可以分配的基金财产价值抵消其对盛世基金负担的债务及瑞虹项目项下的诉讼费用以及项目可得利益损失，实际不分得基金财产。

2021年3月16日，被告作为管理方、某银行作为托管方形成基金清算报告，确认案涉基金在基金终止日实收资本共计2400万元，本次清算共需划付给委托人的金额为12312603.76元。

原告认为被告作为基金管理人至今仍未履行向原告分配基金财产的义务，构成违约，要求被告赔偿原告基金财产分配款513025.16元及逾期付款利息损失，并承担律师费、保函费损失。

【案件焦点】

1. 基金份额持有人大会以多数决形式作出针对特定基金份额持有人不分配基金剩余财产的决议效力如何认定；2. 基金管理人是否应对执行瑕疵分配决议承担违约责任及损失金额如何认定。

【法院裁判要旨】

上海市闵行区人民法院经审理认为：首先，案涉基金为契约型基金，各基金份额持有人均是签订独立的基金合同，仅受到基金合同的约束，故应当按照合同约定和法律规定进行分配。其次，基金合同列举的基金份额持有人大会须以特别决议通过的重大事项并不包含形成清算分配方案。而变更清算财产分配权显然比更换基金管理人等事项更为重大，故不能纳入一般决议事项范围。最后，基金合同和法律均明确基金份额持有人的剩余基金财产分配权，系基金份额持有人享有的根本性权利。即使存在对基金财产造成损害的行为，也应当追究其赔偿责任并将赔款纳入基金财产再行分配。综上，案涉清算分配决议缺乏合同和法律依据，对原告不发生法律效力，其有权获取清算后的剩余基金财产。

原告认购了 100 万元案涉基金，按照亏损比例，其应获得的剩余基金财产为 513025. 16 元。被告作为案涉基金管理人，基于对原告未发生法律效力的决议发出了划款指令，应对原告的损失承担责任。逾期付款利息损失亦应予以支持。基金合同未约定律师费和保函费的承担，故就该两项费用的诉请，不予支持。

综上，依照《最高人民法院关于适用〈中华人民共和国民法典〉时间效力的若干规定》第一条第二款，《中华人民共和国合同法》第一百零七条，《中华人民共和国证券投资基金法》第四十六条、第四十七条之规定，判决：

一、被告某投资公司于本判决生效之日起十日内赔偿原告胡某某 513025. 16 元；

二、被告某投资公司于本判决生效之日起十日内赔偿原告胡某某以 513025. 16 元为基数，自 2021 年 3 月 17 日起至实际清偿之日止，按同期全国银行间同业拆借中心公布的贷款市场报价率（LPR）的 1. 5 倍计算的逾期付款利息损失；

三、驳回原告胡某某的其余诉讼请求。

某投资公司不服原审判决，提起上诉。上海金融法院经审理认为：首先，某投资公司自认未按合同约定发布相关会议通知，故该大会召开程序存在瑕疵。其次，某投资公司未就胡某某存在何种侵害盛世基金财产权益的行为以及造成损失的具体损失数额予以举证，不符合法定抵消权的行使条件。某投资公司系专业的基金管理人，其作为盛世基金财产清算小组的成员，未尽到基金资产的清算、分配负有审慎核查和分配的义务，构成违约。依照《中华人民共和国民事诉讼法》第一百七十七条第一款第一项之规定，判决：

驳回上诉，维持原判。

【法官后语】

近年来，随着金融市场的发展和繁荣，私募基金的规模也逐年增长，随之而来的法律纠纷层出不穷。在基金份额持有人大会的决议程序和内容存在瑕疵的情况下，能否以多数决形式弥补案涉决议瑕疵成为本案违约责任认定的关键。因此，本案最深层次的争议焦点在于基金份额持有人大会能否以多数决形式变更基金合同约定的剩余财产分配权。

首先，从权利属性来看。基金合同约定以及法律规定中均明确了基金份额持有人有权参与分配清算后的剩余基金财产，该权利系基金份额持有人基于投资行为而享有的基础性权利，属于基金份额持有人作为个体所享有的法定自益权。而从基金份额持有人大会的职权内容可知，其所行使的职权多针对基金共益性权利，二者权利属性并不一致。

其次，从职权来源来看。本案为契约型基金，各基金份额持有人均是与基金管理人和基金托管人签订了独立的基金合同，其互相之间是独立的主体，更多地强调“资合性”而非“人合性”，各方权利义务仅受到法律规定及基金合同的约束。虽然基金份额持有人大会的职权中包括了修改基金合同的重要内容，但此处的修改应是基于基金管理人或基金托管人的要求对现有的基金合同权利义务进行变更，是对所有基金份额持有人同时产生权利义务的变动，而不能解释为有权针对部分基金份额持有人的基金合同修改权利义务。

最后，从职权范围来看。变更基金份额持有人的剩余财产分配权系对基金份额持有人的财产直接进行处分，显然比更换基金管理人等事项更为重大，举轻以明重，该决议内容不能纳入基金份额持有人大会的一般决议事项范围。至于是否属于重大决议事项范围，基金合同中列举的重大事项并不包含形成不同于基金合同约定的清算分配方案。虽然列举的事项之后加有“等”字，但仍应认定基金份额持有人大会职权范围存在边界，否则会导致其职权无限扩张，产生大投资者倾轧小投资者、多数投资者倾轧少数投资者的后果，侵害部分基金份额持有人的合法权益。综上，基金份额持有人大会无权以多数决形式作出剥夺部分基金份额持有人剩余财产分配权的清算分配决议。

对于越权决议的效力。考虑到决议已由其余基金份额持有人表决，系真实意思表示，在决议内容部分系有权决议、部分系越权决议且难以分割的情况下，直接全部认定为无效恐影响基金运行的稳定性。因此在胡某某对决议未予以追认的情况下，宜认定越权决议对胡某某不发生法律效力，尽量减少对基金运行的影响。

编写人：上海市闵行区人民法院　何超

27

民间委托理财保底条款及事后承诺的效力认定

——金某某诉黄某委托理财合同案

【案件基本信息】

1. 裁判书字号

上海市第二人民法院（2022）沪 02 民终 10142 号民事判决书

2. 案由：委托理财合同纠纷

3. 当事人

原告（被上诉人）：金某某

被告（上诉人）：黄某

【基本案情】

金某某与黄某签订《股票操盘委托协议书》（以下简称《委托协议》），约定金某某出资 300 万元开立股票交易账户，委托黄某操盘买卖股票。黄某承诺本金 300 万元保本。之后股票一直亏损，金某某本想解除《委托协议》，撤回委托，但黄某试图翻盘，只同意金某某撤回 100 万元的资金。为稳住金某某，黄某多次向金某某承诺保本，并以出具借据的形式承诺担保本金 200 万元。后金某某发现股票价值仅剩 186846 元，故解除了对黄某的委托。《委托协议》解除后，黄某向金某某出具承诺书，承诺因操作失误，给金某某造成了损失，对该损失愿意以赔偿款的方式偿还本金及以年利率 2%计算的利息，并以房产作为抵押。因黄某至今分文未还，故金某某诉至法院，请求黄某按承诺书所载还本付息。

【案件焦点】

1. 关于保底条款的效力问题；2. 关于事后承诺是否属于保底条款以及其效力问题。

【法院裁判要旨】

上海市黄浦区人民法院经审理认为：金某某委托黄某对其股票账户进行实盘操作，投入 300 万元进行投资，同时就平仓及盈利分成等进行了约定，上述约定符合民间委托理财的特征，故双方之间已形成合法有效的民间委托理财关系。关于黄某为延续委托关系所作的保本承诺，属于合同的保底条款，根据委托代理关系的基本原则，委托理财的盈亏均应由委托人承担，故黄某为吸引投资向金某某所作出的多次本金保底的承诺应属无效。委托关系解除后，黄某向金某某出具了《承诺书》，确认其在委托期间存在严重失误而对金某某所投资金造成亏损的事实，并确认了实际亏损金额，此时委托资产的亏损已实际产生，故黄某作为受托人向委托人作出补足损失的承诺，并非在不能确定委托理财盈亏的情况下作出，而是受托人在委托资产亏损实际发生后作出的承诺，该承诺应属有效，黄某理当履行相应的赔偿义务。综上，一审法院遂判决黄某支付金某某 1588204. 90 元及逾期利息。

黄某不服一审判决，提起上诉。上海市第二人民法院经审理认为：首先，黄某向金某某出具《承诺书》后，既未报案，亦未向法院申请撤销，且该《承诺书》的内容及签名均为黄某亲笔所写，即使上述内容系照抄，黄某作为从事证券行业多年的人员，对于签字的审慎态度应强于一般主体，理当清楚所作承诺可能造成的后果。基于上述理由，黄某关于该《承诺书》非其真实意思表示且显失公平的主张，依据不足。其次，金某某通知黄某解除了《委托协议》，故黄某在后出具的《承诺书》并非系对双方委托理财关系存续期间的保本承诺，而是基于亏损的事实所作的赔偿承诺，该承诺系黄某的真实意思，亦不具有无效或可撤销的事由，应属有效。最后，《委托协议》仅约定，账户的最大亏损金额如达到初始资金的15%时，金某某有权解除合同，但未约定超过15%的损失由金某某承担，故黄某要求金某某承担超过15%初始资金部分的损失，缺乏合同依据。综上，二审法院遂判决驳回上诉，维持原判。

【法官后语】

自20世纪90年代起，金融监管规则中频繁出现禁止金融机构在开展金融业务时作出保底承诺的规定，但对于非金融机构作为受托人的民间委托理财关系中的保底条款是否有效始终未予明确。另外，事后承诺是否属于保底条款以及其效力亦需审慎认定。

一、保底条款的无效认定

从公平角度出发，保底条款令收益与风险失衡，违背了理财投资市场的客观规律，理当无效。具体分析如下：一是投资有风险是每一个委托人都知晓的常识，但保底条款的存在免去了委托人应承担的部分风险，转而由受托人承担，造成权利与义务、风险与收益的不适配，有违公平原则。二是保底条款并非是受托人的真实意思，只是其为促成委托理财合同成立而“妥协”的产物，以意思自治为由主张保底条款有效，缺乏相应的依据。三是保底条款扰乱了投资市场原本的资源配置规律，破坏了证券市场的稳定性，亦阻碍了国家经济健康、有序的运行。

二、事后承诺不属于保底条款

从保底条款在司法实践中的常见表现形式来看，是指双方当事人以书面或口头的形式达成的，由负责理财技术操作的一方向投入资金的另一方承诺，在合同到期时或者资金出现损失时返还给投资人固定本金甚至一定收益的条款。

换句话说，不论所投资金盈利或亏损，投资人均可收回部分或全部投资本金甚至获取固定收益。究其实质，保底条款就是投资理财风险的再分配，将本应属于投资人自负的投资风险转嫁给负责理财技术操作的一方承担。

而事后承诺，是指初始协议未约定保底条款，但在委托资产发生亏损后，受托人向委托人作出补足损失甚至收益的承诺。一般认为，事后承诺不属于保底条款，理由如下：一是该类承诺并非在不能确定委托理财盈亏的情况下作出，即未对委托理财可能产生的风险进行再分配；二是受托人在委托资产亏损确定后作出的承诺，系其对自身民事权利的自由处分，不应过分干预。

三、事后承诺有效

在未确定理财盈亏的情况下，受托人所作“本金保本”的承诺，实际上使其承担了本应由委托人自负的投资本金亏损的责任，这种风险的转嫁有违金融市场的投资规律，应当加以制止；而在确定理财亏损的情况下，此时所有风险已经固定，受托人作出的赔偿承诺不存在转嫁风险的问题，即不符合保底条款的认定特征，且从委托理财关系的本质来看，损失本应由委托人自行负担，但黄某自愿承担该部分亏损，系其对自身权利的处分，亦未违反公平原则，应尊重其真实意思，因而事后承诺应属有效。

编写人：上海市第二中级人民法院　李麦颀

28

约定损失分担比例显失公正构成事前保底条款而无效

——廖某诉杨某某民间委托理财合同案

【案件基本信息】

1. 裁判书字号

四川省德阳市旌阳区人民法院（2022）川0603民初2562号民事判决书

2. 案由：民间委托理财合同纠纷

3. 当事人

原告：廖某

被告：杨某某

【基本案情】

廖某与杨某某二人系朋友关系，杨某某2019年入职某证券公司，2020年10月离职。2020年7月15日，双方以微信聊天方式达成民间委托理财协议，约定了收益按7.5：2.5分成和损失按1：9负担。其间廖某提供资金和证券账户，杨某某进行买卖操作，同时，廖某亦可随时登录账户查看盈亏情况。2020年12月4日，廖某提出想要终止委托协议，认为其证券账户从2019年9月30日至2020年12月11日，陆续转入金额共计68.99万元，向杨某某提出已产生损失共计60万元，要求杨某某承担54万元（60万元×90%），杨某某未置可否。截至2020年12月底，杨某某再未对廖某的证券账户进行买卖操作。后双方就损失负担发生争议，廖某遂诉至法院，要求杨某某承担损失54万元及相应利息。杨某某则认为，双方未签订任何书面合同且杨某某系证券从业人员，知晓代客理财属违规行为不受法律保护，自认存在一定责任，但廖某明知杨某某系证券从业人员不能参与代客理财依旧要求杨某某帮其操作账户，也存在过错；双方皆在明知股市有风险情况下抱有侥幸心理，应对各自行为承担责任。同时，因为资金的所有权和控制权属于廖某，其未适时提出终止，导致更大亏损，杨某某认为廖某过错更大，应负主要责任，杨某某仅愿承担不超过50%的责任。经过庭审，廖某无法证明2020年7月15日其证券账户余额及名下持有的所有理财产品当日市值总额，也无法证明双方民间委托理财协议具体终止日期、终止日的资产总额；而杨某某自认损失为55万元。

【案件焦点】

1. 民间委托理财合同中，事前约定保底条款的认定；2. 对于民间委托理财过程中所产生损失，如何确定各方应承担的责任。

【法院裁判要旨】

四川省德阳市旌阳区人民法院经审理认为：民间委托理财，又称非金融机构委托理财，是指客户将资产交给非金融机构或自然人，由受托人进行理财行为的委托理财形式。本案中，经庭审调查，双方虽未签订正式的书面委托理财合同，但通过廖某将账户交由杨某某进行操作并通过微信方式确定收益损失分担份额的行为，证实双方实质建立了事实上的民间委托理财合同关系。

双方约定资金由廖某提供，杨某某进行股票买卖、融资融券等操作，损失按照 1∶9，收益按照 7.5∶2.5 比例分担，即事前约定所有亏损的 90%皆由杨某某承担。该约定核心意旨通过承诺投资本金绝大部分不亏损，免除了廖某作为委托人应承担的投资风险，本质上属于事前保底条款。

《中华人民共和国证券法》规定证券机构不得对收益或赔偿损失作出承诺，《全国法院民商事审判工作会议纪要》也进一步明确金融机构作为资产管理产品受托人订立的保底条款无效，盖因此类条款违背基本经济规律和公平交易原则。同时，证券法明令禁止证券公司的从业人员私下接受客户委托买卖证券。本案中，受托人虽不属于金融机构，但通过约定显失公正的损失比例，实质上构成保底条款，违背公平原则，与委托合同关系的基本原则相悖，因此双方关于损失按照 1∶9，收益按照 7.5∶2.5 比例分担，应确认为无效条款。

而该条款是本案双方协议的核心条款，其无效将导致合同无效。合同无效后，双方应相互返还，有过错的一方应当赔偿对方因此所受到的损失，双方都有过错的，应当各自承担相应的责任。本案中，双方当事人均明知或应当知道该委托行为违反相关规定，对合同无效及委托产生的损失均有过错，故本院确定损失亦由双方平均分担，即各自承担 50%责任。对于损失廖某未能证明协议具体终止日期、所委托资产总额，根据在案证据无从核定实际委托产生的损失，根据举证责任，本案损失以廖某某自认的 55 万元为宜。即杨某某应承担金额为 27.5 万元（55 万元×50%）。

德阳市旌阳区人民法院依照《中华人民共和国合同法》第五条、第五十二条、第五十八条规定，判决如下：

一、杨某某于本判决生效之日起十日内向廖某廖某支付款项27.5万元；

二、驳回廖某的其他诉讼请求。

判决后，双方当事人均未上诉，本判决现已生效。

【法官后语】

民间委托理财是委托人将其资金、证券等资产委托给受托人（非金融机构或者自然人），由受托人将该资产投资于证券等交易市场，所得收益由双方按约定进行分配。保底条款是委托理财合同的核心条款，即委托人与受托人约定无论盈利或亏损，委托人均可全部或部分收回本金。我国证券法、信托法等法律规定了金融委托理财中订立的保底条款无效，《全国法院民商事审判工作会议纪要》进一步明确了保底或刚性兑付条款无效。然而，民间委托理财中的保底条款形式和效力至今未有明确规定，因此也就造成了司法实务中裁判尺度不一致。在处理本案时，注重以金融审判理念为引领，有效化解纠纷。

一是坚持树立金融治理协同理念，精准识别涉案金融法律属性。民间委托理财合同纠纷按照现行案由分类虽属于委托合同纠纷项下，但其与传统委托合同在委托是否有偿、合同成立要件、后果承担方式等方面有着显著区别，同时又具备显著的金融属性。本案中，民间委托理财合同约定按比例分担损失，在综合考察涉案缔约人具备金融领域从业资质和经历、推定其熟知相关行业禁止性规定等前提下，明确该案双方约定构成非金融机构的委托理财合同，其中关于损失比例分担的约定构成实质性保底条款，应当从维护金融市场基本秩序、强化市场交易规则角度，对该合同及其保底条款作出否定性评价，而不能仅仅拘泥于一般委托合同规范对其认定。

二是牢固树立保护金融消费者理念，精准调控不规范市场行为。证券投资是高风险的经营活动，因此证券法规定不得对收益或赔偿损失作出承诺，《全国法院民商事审判工作会议纪要》进一步明确金融机构作为资产管理产品受托人订立的保底条款无效。但民间委托理财合同中保底条款是否一律无效，以及相关责任如何承担，缺乏明确规定。我们认为，金融审判导向应当从片面打击金融违法转向兼顾规范与服务金融发展相统一。本案中，保底条款的约定免除了委托人即投资者应承担的投资风险，违背公平原则，也违背金融市场的基本规律及交易规则，应对该行为效力作出否定性评价。同时兼顾公平公正原则，双方平等承担对等的民事责任，付出相应的代价，以期实现引导金融消费者或中小投资者强化风险意识，理性消费、理性投资的目的，促进金融市场在法治轨道健康发展。

三是坚持守住风险底线不动摇，精准维护金融市场秩序。对于未经批准从事金融业务的主体对外提供金融服务的，要依法否定合同效力。由此民间委托理财合同纠纷审理中，还要注重对受托人身份的审查，我国证券法明令禁止证券公司的从业人员不得私下接受客户委托买卖证券，在受托人存在特殊市场身份的情况下，若受托人违法代客理财，在对市场交易行为作出否定性评价的同时，从民事责任的认定方面，对其责任承担比例上将进行从严把握，以维护实质正义。

编写人：四川省德阳市旌阳区人民法院　周章琳　李京蔚

29

客户自行在手机客户端进行风险评估并购买相应等级的理财产品，应认定银行已尽到适当性义务

——何某某诉某银行花园路支行金融委托理财合同案

【案件基本信息】

1. 裁判书字号

北京金融法院（2021）京74民终718号民事判决书

2. 案由：金融委托理财合同纠纷

3. 当事人

原告（上诉人）：何某某

被告（被上诉人）：某银行花园路支行

【基本案情】

2020 年 4 月 22 日，何某某通过其在某银行花园路支行的账户购买编号为 008906 的理财产品 10 万元，并于 2020 年 7 月 14 日赎回，赎回金额为 97574.8 元；该产品的风险等级为平衡型。2020 年 4 月 30 日，何某某分两笔购买编号为 009229 的理财产品共计 23.1 万元，并于 2020 年 11 月 13 日赎回，赎回金额为 229914.3 元；该产品的风险等级为稳健型。2020 年 5 月 11 日和 2020 年 5 月 13 日，何某某分两笔购买编号为 007055 的理财产品共计 60 万元，并于 2020 年 8 月 13 日赎回，赎回金额为 585240.86 元；该产品的风险等级为稳健型。

何某某确认其在本案中主张的损失即为上述三个理财产品赎回时的亏损，其按整数主张 18297 元。另查，2018 年 10 月至 2020 年 5 月，何某某通过上述账户先后二十次购买各类理财产品，该部分理财产品的风险等级均为平衡型或稳健型。

何某某称其要求某银行花园路支行赔偿其前述三个理财产品亏损损失的原因，系某银行花园路支行未尽适当性义务，没有对其进行风险提示。同时，何某某确认其本案中主张的三个理财产品均系通过手机客户端购买。某银行花园路支行称手机银行客户端购买理财产品的过程中，风险评测、风险提示等基金相关文件是必须阅读的必经步骤，只有经过这些步骤才能申购成功。何某某称其购买过程中没有仔细阅读相关内容。

另外，何某某确认其购买的前述三个理财产品的风险等级均未超出其风险评测结果显示的风险承受能力等级。

【案件焦点】

客户自行在手机客户端进行了风险评估，并购买了相应等级的理财产品，能否认定银行已尽到适当性义务。

【法院裁判要旨】

北京市海淀区人民法院经审理认为：本案中，何某某确认其涉案理财产品系通过手机客户端购买，而手机客户端购买过程中，风险评测、风险告知等文件均为必经步骤；在此情况下，何某某称某银行花园路支行在其购买过程中未进行风险评测、未告知风险等的主张，明显与上述事实相悖，故对其该部分主张不予采信。同时，何某某确认其购买的涉案理财产品的风险等级均未超出其风险评测结果显示的风险承受能力等级，在此情况下，即使某银行花园路支行主动向何某某推荐该理财产品，也不存在违反适当性义务的问题。综合以上情况，何某某称某银行花园路支行违反适当性义务、没有向其告知风险的主张，与事实不符；其据此主张某银行花园路支行赔偿其理财亏损的诉讼请求，缺乏事实和法律依据。

另需说明的是，理财有风险，投资需谨慎。理财产品与存款有本质区别，理财产品不具有保本和刚性兑付属性，理财产品可能盈利，也可能亏损，其盈亏都由投资人自行承担。本案中，如前所述，何某某称某银行花园路支行存在过错的主张与事实不符。在此情况下，何某某要求某银行花园路支行承诺赔偿其尚在封闭期内的理财产品亏损的诉讼请求，纯属个人臆想，没有事实和法律依据。

关于何某某称某银行花园路支行存在不当推荐、规避双录等问题的主张，本案涉案理财产品最终系何某某通过手机客户端自行购买，不存在双录的问题。即使某银行花园路支行的工作人员在与何某某沟通过程中存在用语瑕疵，但该瑕疵与何某某通过手机客户端购买理财产品后的亏损不具有直接因果关系。

综上，北京市海淀区人民法院判决：驳回何某某的全部诉讼请求。

何某某不服一审判决，提起上诉。北京金融法院经审理认为：同意一审法院裁判意见，判决：

驳回上诉，维持原判。

【法官后语】

《商业银行理财业务监督管理办法》第二十九条第一款规定，商业银行只能向投资者销售风险等级等于或低于其风险承受能力等级的理财产品，并在销售文件中明确提示产品适合销售的投资者范围，在销售系统中设置销售限制措施。

履行适当性义务并非一面倒地倾向于保护金融消费者，而是一种法益的平衡。对于金融机构来说，适当性义务一方面督促其在产品的推介过程中，务必做到将合适的产品推介给合适的人，保护金融消费者对银行的信赖利益。而对金融消费者来说，适当性义务同样也要求其对自己的行为负责，若金融机构已充分告知消费者产品或服务之风险或消费者拥有投资经验，那么消费者同样需要为其选择负责。

明确适当性义务的边界需要区分购买行为是客户指令还是银行推介所致。在不存在主动推介时，投资者对理财产品的选择更多依靠自己的认知与分析，银行并未借助自身专业能力对投资者的决定产生影响或者影响较小，也没有利用与客户之间形成信赖关系，引导客户作出投资选择，银行在做到风险警示义务后，可以免责。

在当银行存在主动推介行为时，客户对理财产品的选择更多的受银行的推荐影响，依赖于对银行的信任，在此情形下，银行的适当性义务要求更高。银行需证明其建立了产品或服务风险评估体系及管理制度，对金融消费者的风险认知、风险偏好和风险承受能力进行了测试，向金融消费者告知了产品或服务收益和风险的主要因素，如不存在劝说客户改变其投资目的，作出与原投资目的不符合的投资建议，或隐瞒投资建议或产品推荐与客户投资意愿不符（如产品的风险与客户风险偏好不符）的事实，欺骗客户进行交易，可以认定银行尽到了适当性义务。本案中，何某某通过手机客户端购买了涉案理财产品，通过手机客户端购买时需要进行相应的风险评估，否则无法进行购买。何某某自行在手机客户端进行了风险评估，并根据评估结果购买了相应等级的理财产品，因此何某某对于购买理财产品的风险应当是明知的，何某某亦确认其购买的案涉理财产品的风险等级均未超出其风险评测结果显示的风险承受能力等级，故银行在投资意愿适当性匹配的过程中不存在违背其投资意愿的不当推荐行为，应认定已尽到了适当性义务。

编写人：北京市海淀区人民法院　邵小辉　邹阿琴

30

销售机构履行适当性义务不及时不全面应当承担赔偿责任

——董某某诉投资管理公司委托理财合同案

【案件基本信息】

1. 裁判书字号

北京金融法院（2021）京74民终482民事判决书

2. 案由：委托理财合同纠纷

3. 当事人

原告（上诉人）：董某某

被告（上诉人）：投资管理公司

【基本案情】

2015年4月1日，董某某（投资者）与投资管理公司（管理人）及基金托管人签署基金合同，并在风险揭示书、合格投资者承诺书、投资者告知书、基金账户申请与交易表、个人基金投资者风险承受能力调查问卷中签字。同日，董某某向该投资管理公司转款101万元。庭审中，双方当事人均明确认可基金合同及附件存在倒签情况，虽然上述文件落款日期均为2015年4月1日，但是实际上均为2015年4月15日与《补充协议》一并签署。

在证券协会备案的私募基金公示信息显示：案涉基金，成立时间2015年3月31日，备案时间2015年4月1日，基金备案阶段为暂行办法实施后成立的基金，基金类型为私募证券投资基金，管理类型为受托管理。4月3日，某投资管理公司发布基金成立公告及通知，告知基金已于2015年4月3日全部募集完成，符合基金成立总规模并于当日宣告正式成立。

后因投资标的公司于2017年12月被全国股转系统强制终止挂牌，案涉基金无法通过新三板市场卖出所持标的公司股票，基金剩余存续份额尚未兑付。董某某遂提起本案诉讼，要求该投资管理公司赔偿其投资本金及收益损失。

【案件焦点】

1. 案涉基金合同的成立时间、效力认定问题；2. 投资管理公司是否尽到适当性义务以及赔偿责任范围的认定问题。

【法院裁判要旨】

北京市东城区人民法院经审理认为：涉案基金募集销售发生于2015年3月，根据董某某提供的基金合同显示，投资管理公司制作了风险承受能力调查问卷，作为投资者的董某某，应当依据《私募投资基金监督管理暂行办法》的有关规定，如实填写风险识别能力和风险承担能力问卷，如实承诺资产或者收入情况，并对其真实性、准确性和完整性负责，填写虚假信息或者提供虚假承诺文件的，应当承担相应责任，以便投资管理公司通过正确的分析判断向董某某提供匹配的投资产品推介。而投资管理公司依据董某某填写的调查问卷，对董某某的资金能力、风险识别和承受能力等方面进行调查，通过对董某某的年龄、家庭构成、收入来源、生活消费支出、资金能力、财务状况、投资偏好和习惯等的了解，对董某某是否符合私募基金合格投资者进行综合评价，判断认定其为具有“高风险承受能力”的投资者。投资管理公司依据前述调查问卷与董某某签订涉案基金合同，在当时并未违规，且根据董某某提供的签约录像中显示董某某在签署涉案基金合同的同时，双方均已完成了调查问卷和签字活动，由于董某某在基金成立之前已将申购款转付到投资管理公司指定账户，如果董某某认为与投资管理公司签署的白羊1号基金合同具有“较高风险”，其有权在基金成立之后，在投资管理公司要求签约前拒绝签署基金合同，或要求投资管理公司退还申购资金，但综观整个签约录像的拍摄过程，董某某在销售人员向其进行签约前的风险提示时，并未提出任何异议，亦未明确作出放弃申购的意思表示，而是在销售人员进行风险提示告知后进行签字确认，故对于董某某以投资管理公司未尽职调查违规宣传为由要求投资管理公司赔偿损失，缺乏相应的事实与法律依据，一审法院对此不予支持。

故一审法院依照《中华人民共和国合同法》第三十二条，《中华人民共和国证券投资基金法（2015年修正）》第四十六条、第八十七条、第九十二条，《中华人民共和国民事诉讼法》第六十四条第一款，《民事诉讼程序繁简分流改革试点实施办法》第十六条第二款之规定，判决：驳回董某某的诉讼请求。

北京金融法院经审理认为：投资管理公司在销售基金产品的过程中履行适当性义务不及时不全面，未能及时评估投资者风险承受能力即接受投资者认购基金产品并在投资者认购基金产品前未能充分揭示投资风险，存在一定过错。适当性义务属于诚信义务在金融产品销售领域的具体化，是在基金合同订立前赋予卖方机构的义务范畴。违反适当性义务，应当根据合同法关于缔约过失的相关规定承担与其过错及投资者实际损失相适应的赔偿责任。

考虑到本案中补充进行风险评估的时间与基金成立时间相距较短，投资者风险承受能力在短期内发生明显变化的可能性并不大，后续评估显示董某某符合案涉基金产品的合格投资者要求，且投资者在其后补充签署了《基金合同》并对认购事宜予以确认，法院认为投资管理公司上述适当性义务的违反并未在实质上过度影响投资者在认购案涉基金方面的自主决定，但仍应对其上述不规范行为对投资者承担一定赔偿责任。综合考量本案情形，法院酌情确定投资管理公司按照投资者认购金额20%的标准对投资者予以适当赔偿。董某某提出，其实际损失即认购本金、认购费用及相应利息，但是法院认为其认购基金产品的份额并未全部损失，且该等损失并非全部可归责于投资管理公司对上述适当性义务的违反，故对于董某某超出上述标准的其他诉讼请求，法院依法予以驳回。

据此，北京金融法院依据《中华人民共和国民事诉讼法》第一百七十七条第一款第二项，判决：

一、撤销北京市东城区人民法院（2020）京0101民初4909号民事判决；

二、投资管理公司于本判决生效之日起十日内赔偿董某某200000元；

三、驳回董某某的其他诉讼请求。

【法官后语】

一、关于案涉基金合同的成立时间、效力认定

非公开募集基金，应当制定并签订基金合同。董某某经风险测评为高风险承受能力投资者，就认购案涉基金产品事宜与投资管理公司签订《基金合同》，可以认定上述签约行为系双方当事人的真实意思表示，且未违反法律、行政法规的强制性规定，应属合法有效。但是关于合同成立生效的日期，双方均认可董某某系于2015年4月1日向投资管理公司转款，但是双方实际签署合同文本的时间是2015年4月15日。本案属于金融委托理财合同关系，支付认购款项属于投资者的主要合同义务，虽然法律要求各方必须以书面方式订立合同，但是在投资者向投资管理公司转款认购基金产品，投资管理公司亦予以接受，并在其后以倒签的形式补充签署合同的情况下，即使双方实际签署合同文本的日期在基金产品成立后，也应当以2015年4月1日即投资者实际履行合同之日作为《基金合同》成立的日期。但合同所涉附件2即风险承受能力调查问卷所反映的投资管理公司对投资者进行风险承受能力评估的时间，不因投资者主要合同义务的履行而可视为提前完成。在二审法院询问中，投资管理公司认可上述评估问卷系于2015年4月15日与《基金合同》及《补充协议》一并签署完成，在未提交其他证据证明其在此之前已完成对董某某的风险承受能力评估的情况下，应当认定投资管理公司系于2015年4月15日对董某某进行风险承受能力评估并确定其属于高风险承受能力投资者。案涉基金产品成立日期应认定为投资管理公司发布基金成立公告之日，即2015年4月3日。

二、投资管理公司适当性义务履行及相应的责任认定

证券投资基金法明确规定，非公开募集基金应当向合格投资者募集。这就要求基金募集机构在推介、销售基金产品的过程中必须履行了解客户及产品、合理推荐、客观提示风险、将适当的基金产品销售给适合的金融消费者等义务，即适当性义务。上述规定的实质是要求卖方机构在实际募集基金之前的推介和销售阶段及时完成对投资者适当性的评估并确定合格投资者，方可接受其认购。

本案中，虽然在投资管理公司募集基金产品时，尚无法律或者相关政策明

确规定适当性义务的履行时点，但是二审法院认为，投资管理公司至迟亦应当在案涉基金产品正式成立之前向投资者充分告知投资风险并完成投资者风险承受能力评估，否则基金财产按照计划转入托管账户进行投资后，再发现不符合合格投资者要求的情况，相应资金即存在难以全部退出的风险。虽然经过评估，董某某在评估时点符合案涉基金产品的合格投资者要求，但是投资管理公司未及时进行投资者适当性评估的过失无法通过事后补充提供来弥补，其销售产品过程中的不当行为难以嗣后治愈。即使投资者后续评估符合要求，或者充分认识风险并同意继续申购，都无法抵消投资管理公司未及时履行自身义务的过错。同时，二审法院注意到，在投资管理公司的推介材料中未见主要风险提示事项，而其销售人员对董某某进行风险提示告知并签订《基金合同》、提示投资风险的时间亦均为2015年4月15日，投资管理公司并未提交证据证明在向投资者募集基金前充分揭示了投资风险。因此，投资管理公司在履行风险告知义务方面亦存在一定瑕疵。

综上，二审法院认为，投资管理公司在销售基金产品的过程中履行适当性义务不及时不全面，未能及时评估投资者风险承受能力即接受投资者认购基金产品并在投资者认购基金产品前未能充分揭示投资风险，存在一定过错。适当性义务属于诚信义务在金融产品销售领域的具体化，是在基金合同订立前赋予卖方机构的义务范畴。违反适当性义务，应当根据合同法关于缔约过失的相关规定承担与其过错及投资者实际损失相适应的赔偿责任。考虑到本案中补充进行风险评估的时间与基金成立时间相距较短，投资者风险承受能力在短期内发生明显变化的可能性并不大，后续评估显示董某某符合案涉基金产品的合格投资者要求，且投资者在其后补充签署了《基金合同》并对认购事宜予以确认，法院认为投资管理公司上述适当性义务的违反并未在实质上过度影响投资者在认购案涉基金方面的自主决定，但仍应以其上述不规范行为对投资者承担一定赔偿责任。综合考量本案情形，法院酌情确定投资管理公司按照投资者认购金额20%的标准对投资者予以适当赔偿。

编写人：北京金融法院　李楠　方天皓

六、证券纠纷

31

新证券虚假陈述司法解释实施后诱空型虚假陈述的认定标准

——司某某诉某资源公司证券虚假陈述责任案

【案件基本信息】

1. 裁判书字号

江苏省南京市中级人民法院（2021）苏01民初3407号民事判决书

2. 案由：证券虚假陈述责任纠纷

3. 当事人

原告：司某某

被告：某资源公司

【基本案情】

2012年某资源公司在上海证交所上市，2015年3月底，实际控制人、董秘与M公司实际控制人联系表达合作意向，后多次沟通收购方案。某资源公司于2015年6月17日发布《股票交易异常波动公告》，载明除2015年2月17日披露的变更公司募集资金投资项目事项处于谈判过程和2015年6月9日披露的变更公司募集资金项目事项需要召开股东大会审议通过外，不存在其他应披露未披露的重大信息；2015年7月28日发布《重大资产重组停牌公告》，公布正在筹划重大资产重组；2015年9月19日发布《关于审议重大资产重组继续停牌的董事会决议公告》，拟收购的标的资产为美国一家废旧金属材料回收处理公司；2016年1月6日披露《发行股份及支付现金购买资产暨关联交易预案》，披露案涉重大资产重组的标的公司M公司；2016年2月6日发布公告，公司股票自2016年2月15日开市起复牌；2016年2月20日，发布《关于重大资产重组标的资产业绩说明公告》，公布M公司私有化后短期内实现扭亏为盈；2016年9月2日发布《关于重大资产重组实施完成的公告》，公布重大资产重组已实施完成；2017年7月11日发布《关于2017年半年度业绩预盈公告》，披露并购交易后，M公司已经开始实现营收盈利增长；2018年4月27日发布《2017年年度报告》，披露报告期内公司净利润同比增长1149.32%，净利润增长主要系报告期内铝行情转好以及公司的上下游协同效应开始发生；2019年4月26日发布《2018年年度报告》，披露报告期内公司归属于母公司的净利润同比减少69.8%，主要系汇率变动、股票价格变动、利息收入以及中国环保管制和国际贸易摩擦的影响所致。2019年4月30日发布《2019年第一季度报告》，披露报告期内公司归属于母公司的净利润同比减少88.89%；2019年5月1日发布《关于收到中国证监会立案调查通知书的公告》，公布某资源公司、公司董事长黄崇某、时任公司董事黄韦某、时任公司董事会秘书×××分别收到中国证监会的《调查通知书》，因公司涉嫌信息披露违法违规被立案调查，提醒广大投资者注意投资风险。

2019年8月27日，某资源公司收到中国证监会江苏监管局下发的《行政处罚决定书》，认定某资源公司先通过其实际控制人黄崇某控股的TML公司收购M公司，再由某资源公司从TML公司收购M公司构成重大的购置资产的决定。某资源公司在公司证券出现异常交易的情况下，发布公告称："不存在其他应披露未披露的重大事项或与该事项有关的筹划、商谈、意向、协议等重大信息"，违反了《中华人民共和国证券法》第六十三条的规定，构成《中华人民共和国证券法》第一百九十三条第一款所述情形。

另查，2015年6月15日至2016年1月28日，中国A股市场经历三波大跌，上证指数出现异常波动。2015年6月17日至2016年2月15日，某资源公司股价下跌22.22%，同期上证指数下跌44.72%（上证指数2015年6月17日的收盘价为4967.8980，2016年2月15日的收盘价为2746.1960）申万三级指数——铝下跌50.95%（申万三级指数——铝2015年6月17日的收盘价为5019.3700，2016年2月15日的收盘价为2461.8200）。

2016年2月15日复盘后第15个交易日即2016年3月4日，某资源公司股票的累计成交量达到其可流通股股数的100%，按照揭露日起至基准日期间每个交易日收盘价的平均价格计算，某资源公司股票的基准价为20.18元，上证指数的基准价为2829.7074，申万三级指数（铝）的基准价为2588.3427。相较于2015年6月17日的数值，某资源公司股价下跌25.26%，上证指数下跌43.04%，申万三级指数（铝）下跌48.43%。

司某某于2015年6月17日后购买某资源公司股票，并在2019年5月1日后卖出或持有该股票。

司某某提出如下诉讼请求：某资源公司赔偿因虚假陈述造成的投资损失49071.05元（投资差额损失48944元、交易税费损失97.89元、利息损失29.16元）；某资源公司负担本案诉讼费用。

【案件焦点】

1. 本案虚假陈述实施日、揭露日的认定；2. 案涉虚假陈述行为与司某某的投资损失之间是否存在因果关系，某资源公司应否赔偿司某某的投资损失。

【法院裁判要旨】

江苏省南京市中级人民法院经审理认为：

1. 关于本案虚假陈述实施日。根据中国证监会江苏监管局〔2019〕3号《行政处罚决定书》认定的事实，某资源公司收购M公司的重大事件进展虽未达到《上市公司信息披露管理办法》第三十一条第一款规定的法定披露时点，但依照《上市公司信息披露管理办法》第三十一条第二款第三项规定，某资源公司股票价格出现异常交易，应当及时披露收购M公司的进展现状以及可能影响事件进展的风险因素，但某资源公司在《股票交易异常波动公告》中未及时披露该重大事件，构成重大遗漏。因此，虚假陈述实施日应为《股票交易异常波动公告》公告日，即2015年6月17日。

2. 关于本案虚假陈述揭露日。某资源公司于2015年7月28日发布《重大资产重组停牌公告》，首次在全国范围内披露了案涉重大资产重组事项。因股票在该公告公布之日即处于停牌期间，此后直到2016年2月15日才复牌。经对比复盘后至股票的累计成交量达到其可流通股股数的100%时点的每交易日收盘平均价格，某资源公司股价下跌25.26%，但同期上证指数下跌43.04%，申万三级指数——铝下跌48.43%，下跌幅度显著小于大盘指数和行业指数跌幅，说明该重大资产重组揭露信息对证券交易产生了实质性的影响。据此，应当认定本案虚假陈述揭露日为2015年7月28日。

3. 关于案涉虚假陈述行为与司某某的投资损失之间是否存在因果关系，司某某的诉求应否支持的问题。首先，关于重大性的问题。某资源公司在2015年6月17日发布的《股票交易异常波动公告》中未及时披露收购M公司的重大事件进展，违反了《上市公司信息披露管理办法》第三十一条第二款第三项规定，且在该重大事件进展被披露后，某资源公司股价和交易量明显出现异于市场大盘指数的波动变化，应当认定某资源公司重大遗漏的信息具有重大性。其次，关于案涉虚假陈述行为与司某某投资决定是否存在因果关系的问题。司法解释根据虚假陈述行为对证券市场以及投资行为作用的影响不同，将虚假陈述划分为诱多型虚假陈述和诱空型虚假陈述两大类。诱空型虚假陈述表现为信息披露义务人披露虚假的消极利空内容信息，或者隐瞒遗漏重大利多内容信息，投资者在实施日之后，揭露日或更正日之前受到错误引诱实施了卖出证券行为，才能形成投资决定与虚假陈述的交易因果关系。某资源公司在虚假陈述中未及时披露的收购M公司的进展信息属于利多信息，案涉虚假陈述应属于诱空型虚假陈述。其一，从某资源公司披露的《发行股份及支付现金购买资产暨关联交易预案》分析，M公司系美国一家综合性再生资源回收处理企业，重大资产重组完成后，有助于提升上市公司盈利能力、持续经营能力及抗风险能力。其二，从资产重组完成后某资源公司实际经营情况分析，未及时披露的重大资产重组进展信息属于利多信息。某资源公司发布的《关于2017年半年度业绩预盈公告》，披露自2016年某资源公司并购M公司后，M公司已经开始实现营收盈利增长。某资源公司的产业链得到了延伸，提高了竞争力及获利能力，上下游垂直整合的协同效应彰显。其三，从股价变动与大盘、行业行情变动的对比情况分析，案涉重大资产重组信息被揭露后至某资源公司股票累计成交量达到其可流通股股数的100%时点期间，上证指数平均下跌43.04%，申万三级指数（铝）平均下跌48.43%，某资源公司股票却仅下跌25.26%，明显小于大盘和行业的下跌幅度，亦能证明案涉虚假陈述行为属于诱空型虚假陈述。根据司某某提交的交易记录，其在2015年6月17日至2015年7月28日仅买入4500股某资源公司股票，并未卖出某资源公司股票，不符合《最高人民法院关于审理证券市场虚假陈述侵权民事赔偿案件的若干规定》第十一条规定的交易因果关系情形，司某某诉请某资源公司赔偿其损失，没有事实和法律依据。

江苏省南京市中级人民法院作出判决：

驳回原告司某某的诉讼请求。

判决后，双方当事人均未上诉，本判决现已生效。

【法官后语】

该案是《最高人民法院关于审理证券市场虚假陈述侵权民事赔偿案件的若干规定》于2022年1月22日施行后，江苏省第一例适用该规定关于诱空型虚假陈述规则作出的判决。2003年《最高人民法院关于审理证券市场因虚假陈述引发的民事赔偿案件的若干规定》（已失效，以下简称旧《虚假陈述若干规定》）第十八条和第十九条仅规定了诱多型虚假陈述，明确规定只有投资者在虚假陈述实施日及以后至揭露日或者更正日之前买入股票的才应当认定其虚假陈述与损害结果之间存在因果关系。在被告证明投资者在虚假陈述揭露日或者更正日之前已经卖出证券的，法院应当认定虚假陈述与损害结果之间不存在因果关系。旧《虚假陈述若干规定》的制定者对没有规定诱空型虚假陈述的因果关系作出了如下说明："没有根据诱空虚假陈述对市场和投资人影响的行为模型，确定该行为与投资人损失之间的因果关系。这是因为，要将诱多和诱空虚假陈述两种影响方向完全相反的行为，一并在条文中确定与投资人的损失间因果关系和计算损失，是相当困难的。同时，目前证券市场上做空操纵行为较多，而诱空虚假陈述极为罕见，且未有一起受到行政处罚。今后如发生了诱空虚假陈述的民事赔偿诉讼，一方面法官可依据旧《虚假陈述若干规定》进行因果关系的认定，并可以据此调解或判决，当事人也可以和解；另一方面最高人民法院也可以通过个案批复再进行解释，确定其因果关系和损失计算等。”[①] 但20年来，我国证券市场飞速发展，资本市场环境也发生了巨大变化，实践中已经陆续出现了多起上市公司故意隐瞒实质利好信息的诱空型虚假陈述的实例，如上市公司大股东的增持行为触发举牌要求，但未及时披露[②]；上市公司未及时披露可能给公司带来巨额利润的重大合同[③]。2022年《最高人民法院关于审理证券市场虚假陈述侵权民事赔偿案件的若干规定》立足于上述新实践对诱空型虚假陈述规则进行完善，是重要亮点之一。本案在适用新规则过程中重点关注了如下三个焦点问题：

一、虚假陈述信息对投资者证券交易决策的发生机制

《中华人民共和国证券法》第八十五条规定，“信息披露义务人未按规定披露信息，或者公告的证券发行文件、定期报告、临时报告及其他信息披露资料存在虚假记载、误导性陈述或者重大遗漏，致使投资者在证券交易中遭受损失的，信息披露义务人应当承担赔偿责任”。根据该规定，构成虚假陈述民事赔偿责任的行为不仅限使投资者作出“买入决定”的虚假陈述，而是凡作出“虚假记载、误导性陈述或者重大遗漏”均会触发赔偿责任。

根据公告信息对证券市场以及投资行为作用的影响不同，从理论逻辑上可以将公告信息性质划分为三种类型：利好信息（诱使投资人看多的信息）、利空信息（诱使投资人看空的信息）和中性信息（不足以对投资者决策和股票价

① 李国光主编：《最高人民法院关于审理证券市场虚假陈述案件司法解释的理解与适用》，人民法院出版社2015年版，第57-58页。

② 参见山东省高级人民法院（2015）鲁商终字第327号民事判决书。

③ 参见广东省高级人民法院（2015）粤高法民二终字第1066号民事判决书。

格产生影响的信息）。由此，相应的虚假陈述类型亦可以划分为三种类型：诱多型虚假陈述、诱空型虚假陈述、不具有重大性的虚假陈述。诱多型虚假陈述表现为信息披露义务人故意违背事实真相发布虚假利多内容信息，或者隐瞒遗漏重大利空信息，投资者在实施日之后，揭露日或更正日之前受到错误引诱实施了买入证券行为，才能形成投资决定与虚假陈述的交易因果关系；诱空型虚假陈述表现为信息披露义务人披露虚假的消极利空内容信息，或者隐瞒遗漏重大利多内容信息，投资者在实施日之后，揭露日或更正日之前受到错误引诱实施了卖出证券行为，才能形成投资决定与虚假陈述的交易因果关系。不具有重大性的虚假陈述表现为虚假陈述的信息不足以影响投资者的决策以及股票价格，因此不构成诱多型或者诱空型虚假陈述，进而可以认定虚假陈述行为与投资者的损失之间不存在因果关系。

本案中，某资源公司未及时披露收购M公司的进展信息，针对该重大遗漏型虚假陈述对投资者交易决策的影响，一审裁判从三个方面予以了回应：首先，收购M公司的进展信息不属于中性信息。因为该收购M公司的事件本身属于证券法第八十条第二款、第八十一条第二款规定的重大事件，且该重大事件进展被披露后，某资源公司股价和交易量明显出现异于市场大盘指数的波动变化，说明该信息对投资者决策和股票价格产生了重大影响，不属于中性信息。其次，收购M公司的进展信息属于利多信息。M公司系美国一家综合性再生资源回收处理企业，在重大资产重组完成后，某资源公司将会由一家再生铝制造商向上游供应商市场渗透，并进一步分享上游利润进而扩大上下游占有率。并购交易将有助于提升上市公司盈利能力、持续经营能力及抗风险能力。自2016年某资源公司并购M公司后，M公司已经开始实现营收盈利增长。某资源公司的产业链得到了延伸，提高了竞争力及获利能力，上下游垂直整合的协同效应彰显。最后，案涉重大资产重组信息被揭露后至某资源公司股票累计成交量达到其可流通股股数的100%时点期间，上证指数平均下跌43.04%，申万三级指数（铝）平均下跌48.43%，某资源公司股票却仅下跌25.26%，明显小于大盘和行业的下跌幅度，亦能证明该信息的性质属于重大利好，使得股价行情好于大盘走势。

二、诱空型虚假陈述揭露日的确定

《最高人民法院关于审理证券市场虚假陈述侵权民事赔偿案件的若干规定》确定了依据投资者的交易行为与虚假陈述实施日、揭露日的关系推定因果关系的规则。其中，虚假陈述实施日时点较易确定，然而揭露日在实践中往往争议较大，具体体现为选择公告信息披露违法违规行为被立案调查的时点还是其他披露时点。《全国法院民商事审判工作会议纪要》第八十四条进一步明确了认定揭露日所需考量的因素，更加强调市场对虚假陈述的反应，弱化了披露内容的明确性要求。该条规定："虚假陈述的揭露和更正，是指虚假陈述被市场所知悉、了解，其精确程度并不以'镜像规则'为必要，不要求达到全面、完整、准确的程度。原则上，只要交易市场对监管部门立案调查、权威媒体刊载的揭露文章等信息存在着明显的反应，对一方主张市场已经知悉虚假陈述的抗辩，人民法院依法予以支持。"《最高人民法院关于审理证券市场虚假陈述侵权民事赔偿案件的若干规定》第八条规定："虚假陈述揭露日，是指虚假陈述在具有全国性影响的报刊、电台、电视台或监管部门网站、交易场所网站、主要门户网站、行业知名的自媒体等媒体上，首次被公开揭露并为证券市场知悉之日。人民法院应当根据公开交易市场对相关信息的反应等证据，判断投资者是否知悉了虚假陈述。除当事人有相反证据足以反驳外，下列日期应当认定为揭露日：（一）监管部门以涉嫌信息披露违法为由对信息披露义务人立案调查的信息公开之日；（二）证券交易场所等自律管理组织因虚假陈述对信息披露义务人等责任主体采取自律管理措施的信息公布之日……"实践中，因立案公告本身具有利空性质，所以，在诱多型虚假陈述中，一般以立案公告日为揭露日；但诱空型虚假陈述以立案公告日为揭露日可能无法充分保护投资者的利益。在诱空型虚假陈述中，市场受到虚假的利空信息影响，股价开始下跌，其间上市公司披露收到立案通知书的公告，一般使得股价进一步下跌，并不一定能体现利空信息被揭露后的上涨趋势。因此，诱空型虚假陈述的揭露日需要结合个案情况进行认定，具体需要重点把握以下三个原则：一是虚假陈述行为属首次被公开，但并不要求达到全面、完整、准确的程度；二是在全国范围发行、传播；三是揭露对证券交易产生了实质性的影响。

本案中，某资源公司于2015年7月28日通过上交所网站发布公告称其正在筹划重大资产重组，为保证公平信息披露，避免股价异常波动，申请停牌。随后在停牌期间，某资源公司分别于2015年9月19日发布《关于审议重大资产重组继续停牌的董事会决议公告》，2016年1月6日发布《发行股份及支付现金购买资产暨关联交易预案》，详细披露了某资源公司通过实际控制人黄崇某、林胜某夫妇或由TML公司收购M公司的资产重组方案。因此，在2019年5月1日苏监管局立案调查的信息公开之前，案涉重大遗漏信息早已经为证券市场知悉。某资源公司于2015年7月28日发布《重大资产重组停牌公告》，首次在全国范围内披露了案涉重大资产重组事项。据此，应当认定本案虚假陈述揭露日为2015年7月28日。

三、诱空型虚假陈述因果关系的推定与本案获赔可能性的估算

《最高人民法院关于审理证券市场虚假陈述侵权民事赔偿案件的若干规定》延续了欺诈市场的理论逻辑，以“推定信赖”的原则，确定交易行为与虚假陈述行为之间的因果关系存在与否，只要投资者的买入、卖出行为与实施日、揭露日的关系得到证明，就可以推定投资者的损失与虚假陈述之间的因果关系。在诱空型虚假陈述中，由于虚假陈述的信息具有利空性，投资者会受到信息的影响卖出证券，市场接受该信息后，股票价格会虚低于真实价值。当虚假陈述被揭露后，投资者买入股票，股票价格向真实价值靠近，卖出价格和拟制真实价值之间的差异就为投资者的损失。简言之，本案诱空型虚假陈述所对应的投资者有因果关系的交易行为是投资者在实施日（2015年6月17日）和揭露日（2015年7月28日）之间的卖出行为，至于投资者获得股票是在实施日之前还是实施日之后买入则在所不问。本案原告在实施日至揭露日期间仅买入4500股某资源公司股票，并未卖出某资源公司股票，不符合《最高人民法院关于审理证券市场虚假陈述侵权民事赔偿案件的若干规定》第十一条规定的交易因果关系情形，司某某诉请某资源公司赔偿其损失，没有事实和法律依据。

综观某资源公司因案涉诱空型虚假陈述产生的系列案件，因2015年6月15日至2016年1月28日，中国A股市场经历三波大跌，上证指数出现异常波动，同期上证指数下跌44.72%（上证指数2015年6月17日的收盘价为4967.8980，2016年2月15日的收盘价为2746.1960），而某资源公司的股价仅下跌22.22%。故投资者在实施日（2015年6月17日）和揭露日（2015年7月28日）之间的卖出行为，虽然受到诱空型虚假陈述引诱而卖出，但却因侵权行为躲过了市场大盘风险，反而避免了损失，故鲜有符合索赔因果关系条件的投资者起诉。本案对交易因果关系的正确认定，一方面有利于引导投资者理性维权，另一方面也依法维护了民营企业的正当合法权益，彰显了善意、文明、审慎的商事审判理念。

编写人：江苏省南京市中级人民法院　黄伟峰　张世玉

32

证券虚假陈述中机构投资者的认定与损失责任划分

——某进出口公司、某机电公司等诉某联合公司证券虚假陈述责任案

【案件基本信息】

1. 裁判书字号

重庆市高级人民法院（2022）渝民终873号民事判决书

2. 案由：证券虚假陈述责任纠纷

3. 当事人

原告（被上诉人）：某进出口公司、某机电公司等

被告（上诉人）：某联合公司

【基本案情】

某联合公司系深圳证券交易所上市公司。

2016年1月29日，某联合公司董事会和监事会审议通过了重大资产重组报告书草案及摘要。2月1日，某联合公司公告《重组报告（草案）》，以非公开发行股份的方式购买某影视公司100%股权，并募集配套资金。

2017年7月，证监会重庆监管局向某联合公司送达《调查通知书》。2019年11月，证监会重庆监管局向某联合公司送达两份《行政处罚决定书》，认定某影视公司作为涉案重大资产重组的有关方，因未能提供真实、准确、完整的财务数据，导致其公开披露的重大资产重组文件存在虚假记载及重大遗漏；其披露的2016年年度报告存在虚假记载及重大遗漏的行为，并予以处罚。

原告某进出口公司、某机电公司在某联合公司及其关联公司实施虚假陈述实施日后揭露日前，投资了该公司股票，经中证法律服务中心《证券投资者损失核定意见书》核定，并扣除系统风险后，某进出口公司、某机电公司的投资损失分别为1573625.68元、212439元。

【案件焦点】

某进出口公司、某机电公司的投资损失是否应由某联合公司承担。

【法院裁判要旨】

重庆市第三中级人民法院审理认为：第一，现行法律并未规定对证券虚假陈述投资者的主体身份进行区别，投资者系自然人还是法人、是否具备专业的投资技能，均非认定投资行为与虚假陈述是否存在因果关系的必要条件。第二，根据两家公司的营业执照载明情况看，某进出口公司的经营范围是：自营和代理各类商品及技术的进出口业务，经营进料加工和“三来一补”业务，开展对销贸易和转口贸易；某机电公司的经营范围是：电动工具、汽车配件、五金产品、塑料制品及配件的制造、加工和装配，模具的设计和制造，自有房屋出租，普通货物仓储。两家公司的经营范围并不包含证券、金融投资方面的业务，且与某联合公司的主营业务无直接关系，某联合公司未举证证明某进出口公司、某机电公司有从事金融、证券投资业务的专业能力或丰富经验，不能仅凭两个公司的注册并实缴的资本较高，即径行认定其负有高于普通投资者的审慎注意义务。第三，根据相关法律规定，人民法院在审理证券虚假陈述侵权赔偿案件中，采用“信赖推定”原则认定投资者的投资行为和虚假陈述之间的因果关系，投资者只需证明行为人实施了证券虚假陈述行为，投资者基于合理信赖，在虚假陈述实施日之后揭露日或更正日之前买入了相关证券，即可推定虚假陈述行为与投资者损失之间存在交易因果关系。此时虚假陈述方若主张投资人的交易行为与虚假陈述不具有因果关系，则应举示充分证据证明该投资者的投资行为属于《最高人民法院关于审理证券市场虚假陈述侵权民事赔偿案件的若干规定》第十二条规定情形之一，否则应承担举证不能的后果。本案中，已查明某联合公司实施了虚假陈述，某进出口公司、某机电公司两名投资者已举示证据证明其在实施日之后揭露日之前交易了“某某世纪”证券，已尽到法定证明责任。而某联合公司未举示充分证据证明某进出口公司、某机电公司存在《最高人民法院关于审理证券市场虚假陈述侵权民事赔偿案件的若干规定》第十二条规定的任一情形，故应认定某进出口公司、某机电公司诉称的相应期间内的“某某世纪”证券交易行为与本案虚假陈述行为具有因果关系，某联合公司的上述抗辩理由不能成立。

依照《中华人民共和国证券法》第六十九条，《最高人民法院关于审理证券市场虚假陈述侵权民事赔偿案件的若干规定》第四条、第七条、第八条、第十条、第十一条、第二十五条、第二十六条、第二十七条、第二十八条、第二十九条、第三十条、第三十一条，《中华人民共和国民事诉讼法》第五十五条、第六十七条第一款，《最高人民法院关于适用〈中华人民共和国民事诉讼法〉的解释》第九十条规定，判决：

一、某联合公司于判决生效之日起十日内赔偿王某某等 70 名投资者投资损失共计 15907842.60 元（其中某进出口公司的损失为 1573625.68 元，某机电公司的损失为 212439 元）；

二、驳回王某某等 70 名投资者其他诉讼请求。

某联合公司不服一审判决，提起上诉。重庆市高级人民法院经审理认为：某联合公司的上诉请求均不能成立。根据《中华人民共和国民事诉讼法》第一百七十七条第一款第一项规定，判决：

驳回上诉，维持原判。

【法官后语】

在证券虚假陈述的相关法律体系中，出于对二级市场投资者的保护，对投资者的投资损失与虚假陈述行为之间是否具有因果关系，主要采用“信赖推定”原则，具体体现在《最高人民法院关于审理证券市场虚假陈述侵权民事赔偿案件的若干规定》第十一条，投资者只需证明上市公司存在虚假陈述且投资者在相应期间投资了相关证券，无须自证其投资行为基于信赖虚假陈述。此外，《最高人民法院关于审理证券市场虚假陈述侵权民事赔偿案件的若干规定》第十二条赋予了虚假陈述实施一方对于“信赖推定”原则适用的抗辩权，意味着法律并未将投资者的投资损失与虚假陈述行为之间的合理性联系完全阻断，只是将举证责任由投资者转移到虚假陈述实施方，如果虚假陈述实施人能够提出相反的证据，证明虚假陈述虽然存在但符合法定的几种情形时，仍可推翻“信赖推定”原则，从而认定投资损失与虚假陈述之间不具有因果关系。

证券市场的投资者，主要分为机构投资者和个人投资者，机构投资者包括证券公司、共同基金等金融机构和企业、事业单位、社会团体等。在证券交易的二级市场中，现行法律并未对不同主体身份的投资者适用“信赖推定”原则的范围、程度进行明确区分。但普遍观点认为，机构投资者具有较为丰富投资经验和专业技能，其投资决策系运用了专门的知识、进行了充分的调研且严格遵循投资决策程序后作出，受到虚假陈述行为影响较小，其投资损失与虚假陈述之间的因果关系并不明显，应慎用针对中小投资者的“信赖推定”原则。司法实践中，多起证券虚假陈述责任纠纷案件的裁判，均认定机构投资者负有审慎义务。但也有“五洋债券”案等其他案例，未对机构投资者和普通投资者进行区分，均平等适用“信赖推定”原则。

本案审理机构投资者作为原告的证券虚假陈述案件中，总结出以下裁判规则，具有一定的参考价值：

一、在现行法律没有明文规定的前提下，人民法院应对机构投资者对其投资损失“原因力”进行审查，如审查机构投资者的经营范围时，既要审查其是否涉及金融、证券，也要考量经营范围与被告上市公司主营业务的关联程度，审查投资决策依据是，应审查公司投资决策时对即将投资的上市公司的分析、考察情况和决策程序等，综合认定投资者投资该证券的决策依据。本案中，某进出口公司、某机电公司的经营范围与金融证券行业无任何联系，也与某联合公司主营的影视制作行业无任何联系，被告方也未举示证据证明两家公司具有从事金融、证券投资业务的专业能力或丰富经验，并非专门从事证券投资的机构，不能认定两家公司在证券投资行为中应负有高于一般投资者的审慎注意义务。

二、针对上市公司的提出投资损失与虚假陈述无因果关系的抗辩理由，《最高人民法院关于审理证券市场虚假陈述侵权民事赔偿案件的若干规定》第十二条第一项至第四项以列举的方式作了规定，特别是其中第五项兜底条款，给予了审判机关充分的自由裁量权，但无论上市公司以何种理由抗辩，均应就其主张承担举证责任。第五项中“交易行为与虚假陈述不具有交易因果关系的其他情形”具体指哪些，实践中主要从投资决策的具体依据进行个案判断，如某案中法院认为，应认定某公司买入某股票系受到虚假陈述实施后发生的上市公司的收购、重大资产重组、未来盈利改变等其他重大事件的影响，以及股价即将迎来波段性上涨的技术面分析后作出的交易决策，与案涉虚假陈述行为无关；某案中法院查明机构投资者在投资决策过程中就发现了上市公司的业绩存在疑问，要求上市公司提供数据并进一步调查，在调查尚未完成的情况下，直接买入了案涉股票；某案中法院认为机构投资者未举证证明其运用专业知识和技能对案涉股票投资价值进行判断，投资行为符合该公司投资决策程序，且该公司在案涉虚假陈述行为揭露日之后仍大量买入案涉股票，认定其未尽到审慎注意义务。本案中，某联合公司主张某进出口公司、某机电公司的交易行为与虚假陈述不具有交易因果关系，但未举示任何证据证明，应承担举证不能的后果。

编写人：重庆市第三中级人民法院　余陈洋

33

证券投资咨询机构未按照客观谨慎、忠实客户原则履行义务，应根据过错程度承担相应赔偿责任

——卫某某诉某投资管理公司证券投资咨询案

【案件基本信息】

1. 裁判书字号

江苏省南京市中级人民法院（2022）苏01民终3968号民事判决书

2. 案由：证券投资咨询纠纷

3. 当事人

原告（上诉人）：卫某某

被告（被上诉人）：某投资管理公司

【基本案情】

某投资管理公司具有证券投资咨询资质。2020年7月，卫某某通过“今日头条”广告得知某投资管理公司，就向某投资管理公司支付5800元购买荐股软件，后支付368000元咨询服务费升级为会员。

8月17日，某投资管理公司向卫某某邮寄《财务管理中心服务协议》《证券投资顾问业务风险揭示书》，卫某某以协议内容并非双方原来协商的全部内容为由拒绝签字。

2020年7月至10月，某投资管理公司员工梁长某、王军某以“主力资金”内幕消息诱导卫某某进行证券交易，明确建议卫某某购买两只股票，并多次要求卫某某按其指示操作，承诺卫某某翻倍收益，最终卫某某亏损573397.57元。

卫某某向深圳证监局举报某投资管理公司，某投资管理公司退还卫某某

368000元、5800元。

2021年3月11日，深圳证监局在向卫某某的书面答复中认为，某投资管理公司存在未完成风险揭示、投资者适当性管理程序且未签约即收费，提供投资顾问性质服务未签署投资顾问协议，服务留痕不全等问题。

卫某某认为，某投资管理公司违规行为导致其产生损失，故诉至法院，要求某投资管理公司赔偿其损失573397.57元及利息。

【案件焦点】

某投资管理公司应否赔偿卫某某投资案涉股票的损失。

【法院裁判要旨】

江苏省南京江北新区人民法院经审理认为：卫某某作为证券投资人，应当知晓股票交易存在的风险。基于证券投资市场本身所具有的高风险属性，投资顾问对市场走势会作出不同的判断，其就某一股票提出的投资建议，仅是依据自身掌握的专业知识和市场信息所做的合理分析及预测，该建议未必与市场走势相符。卫某某作为接受咨询一方，应自行决定是否采纳某投资管理公司提供的建议，并自行承担投资风险。卫某某根据某投资管理公司提供的证券建议买入股票，在股价波动后又卖出，相应的买入、卖出操作均由卫某某自行实施，买入数量亦是卫某某自行决定，不能确定某投资管理公司的服务行为与卫某某的投资损失之间存在必然的因果关系。江苏省南京江北新区人民法院判决如下：

驳回卫某某的全部诉讼请求。

卫某某不服一审判决，提起上诉。

江苏省南京市中级人民法院经审理认为：某投资管理公司存在未履行投资者适当性管理程序、未向投资者卫某某揭示潜在投资风险、向客户承诺保证收益、向客户虚假宣传及代客户作出交易决策等违反《中华人民共和国证券法》、中国证券监督管理委员会监管规定和行业自律规定的欺诈投资者行为，该行为与卫某某投资案涉股票的损失之间具有直接的因果关系，故某投资管理公司因过错侵害卫某某民事权益，应赔偿卫某某因其侵权行为所导致的损失。

关于某投资管理公司赔偿责任范围问题。作为合格证券市场投资者，卫某某理应了解证券投资的风险，却盲目相信网络荐股软件和证券投资咨询机构的虚假宣传，意图通过该方式获得远超理性投资的不当高额收益，亦有违证券市场的公平交易原则。再者，案涉股票交易账户由卫某某掌控，相应的买入、卖出操作及买入数量等均是由卫某某实施，其亦对损失的发生具有过错，可以减轻侵权人某投资管理公司的责任。综合本案中双方的过错程度，故酌定某投资管理公司对卫某某的案涉投资损失承担70%的赔偿责任。江苏省南京市中级人民法院判决如下：

一、撤销江苏省南京江北新区人民法院（2021）苏0192民初4791号民事判决；

二、某投资管理公司于判决生效之日起7日内赔偿卫某某投资损失401378.30元；

三、驳回卫某某的其他诉讼请求。

【法官后语】

证券投资咨询机构及投资者均是证券市场的重要参与主体，依法规范证券投资咨询机构的投资建议服务，对保护投资者合法权益、维护证券市场秩序具有重要意义。司法实践中，应当注意：

其一，证券市场本身具有高风险属性，依法规范证券投资咨询机构的投资建议服务，是切实保护投资者合法权益的重要环节。依法适用投资者适当性管理义务规定把好投资者“入口关”的同时，也要准确适用证券法第一百六十一条的规定督促证券投资咨询机构尽责归位。

其二，投资者诉证券投资咨询机构民事赔偿案件的审理，应重点审查该机构及其从业人员是否具有投资服务资质、提供投资建议时是否按照客观谨慎、忠实客户的原则履行义务。对于证券投资咨询机构未向投资者揭示潜在投资风险、向客户承诺保证收益、进行利益输送等违反监管规定和行业自律规定的欺诈投资者行为，应依法判令其承担相应赔偿责任，切实保护投资者合法权益。

其三，证券市场的交易公平是以交易主体的理性判断为前提。规范的证券市场不仅要督促证券投资咨询机构尽责归位，还要加强投资者教育。合格证券市场投资者盲目相信证券投资咨询机构的虚假宣传，意图通过该方式获得远超理性投资的不当高额收益，亦有违证券市场的公平交易原则。投资者对损失的发生具有过错的，可以减轻证券投资咨询机构的责任。

本案准确适用《中华人民共和国证券法》有关规定，体现该法在修订过程中进一步强化信息披露要求、规范证券服务机构履职、加强投资者保护等理念，严格落实《最高人民法院关于为深化新三板改革、设立北京证券交易所提供司法保障的若干意见》精神，明确投资者诉证券投资咨询机构民事赔偿案件的裁判规则，确立证券投资咨询机构侵权责任的认定标准，以及违反法律法规、监管规定和行业自律规定，实施欺诈投资者行为的法律后果，判决证券投资咨询机构对投资者的损失予以赔偿，提高其违法违规成本，督促证券投资咨询机构尽责归位，切实保护中小投资者利益。同时，本案判决亦体现对中小投资者的警示教育功能，即在充分保护投资者合法权益的基础上，对于盲目相信证券投资咨询机构虚假宣传，意图通过该方式获得远超理性投资者的不当高额收益等有违证券市场公平交易原则的行为，司法裁判认定投资者应自行承担相应部分损失。本案典型意义在于司法裁判较好地实现了证券投资咨询机构与投资者之间的利益平衡和责任划分，充分彰显了司法审判的引导示范功能，助力我国资本市场健康发展。

编写人：江苏省南京市中级人民法院　程俊杰　王怡文

34

债券受托管理人履行信义义务的判断标准

——某资产管理公司诉某证券公司合同案

【案件基本信息】

1. 裁判书字号

北京市西城区人民法院（2021）京 0102 民初 23970 号民事判决书

2. 案由：合同纠纷

3. 当事人

原告：某资产管理公司

被告：某证券公司

【基本案情】

2016 年 5 月 17 日，甲公司发布《2016 年公开发行公司债权募集说明书》，发行人为甲公司，主承销商、受托管理人为某证券公司。发行债券包括 H6××03，本期债券无担保。投资者认购或持有本期公司债券视作同意接受本募集说明书对本期债券项下权利义务的所有规定并受其约束。某资产管理公司持有“H6××03”债券 50000 手，每手票面金额为人民币 100 元。2020 年 5 月 26 日至 2021 年 5 月 26 日的利息尚未支付，债券本金亦未支付。双方的争议事实主要如下：

第一，某资产管理公司认为某证券公司未履行偿债保证措施、监管账户，某证券公司则称每年度临近付息日前，某证券公司向甲公司发送付息提示函。2020 年 7 月 16 日，某证券公司向甲公司发出《追加担保提示函》，甲公司回函无资信提供增信。

第二，某资产管理公司主张某证券公司在该债券无法兑付后未出具报告，对于甲公司涉及重大诉讼情况、对外担保情况、股份变动情况、对外资助情况等未出具临时受托事务管理报告，且只有对风险的提示，没有已经采取或拟采取的措施。某证券公司称对于监管规定要求披露的情况已在H版固收专区进行公告，《公司债券受托管理人执业行为准则》（中证协发 2015 第 121 号）（以下简称《执业行为准则》）中并无要求出具采取措施的内容，该准则 2022 年 6 月 5 日修订的部分才对此进行规定。

第三，在案涉债券 2021 年 5 月 25 日到期未兑付后，某资产管理公司主张某证券公司未采取财产保全、起诉等有效措施维护债券持有人利益，某证券公司则主张已通过决议要求甲公司及关联方提供增信措施、履行偿债保障措施的议案；提起诉讼必须有二分之一的债券持有人通过提起诉讼的决议，受托管理人才能代表债券持有人对发行人提起诉讼，而案涉债券中除某资产管理公司外，并无其他主体要求提起诉讼。

【案件焦点】

1. 某证券公司是否尽到监督偿债资金的义务；2. 某证券公司是否尽到信息披露义务；3. 某证券公司是否尽到采取追索救济措施义务。

【法院裁判要旨】

北京市西城区人民法院经审理认为：第一，关于某证券公司是否尽到监督偿债资金的义务，某证券公司在每一年度付款日前向甲公司发送付息提示函要求其检查本期债券偿债专项账户余额是否足以支付本次债券兑付本息和手续费，案涉债券本身为无担保债券，且某证券公司在 2020 年 7 月 16 日已向甲公司发出《追加担保提示函》，甲公司回函明确暂无额外可供抵质押财产作为任何一笔债权的增信。故某证券公司已尽到相关义务。

第二，某证券公司是否尽到信息披露义务。转为特定债券后，某证券公司按照深交所规定在深交所固定收益品种业务专区进行披露并无不当。本案债券违约行为发生在 2021 年，某资产管理公司要求某证券公司根据 2022 年版《执业行为准则》披露重大事项对本期债券可能产生的影响、受托管理人已采取或者拟采取的应对措施等，缺乏依据。且某证券公司在重大诉讼、对外担保、关联借款、对外资助等方面已按照《执业行为准则》进行信息披露。

第三，某证券公司是否尽到采取追索救济措施义务，甲公司在发布不能兑付案涉债券的公告后，某证券公司召开债券持有人会议，并通过要求发行人提供增信措施和履行偿债保障措施的议案。在债券持有人会议并未形成要求提起诉讼的决议下，某资产管理公司主张某证券公司未提起诉讼存在不当，缺乏依据。且某资产管理公司作为债券持有人，可以自行起诉甲公司偿还本息。

北京市西城区人民法院判决如下：

驳回某资产管理公司的诉讼请求。

判决后，双方当事人均未上诉，本判决现已生效。

【法官后语】

债券违约严重影响了投资者信心，完善投资者权益保护成为迫切的现实命题。2019 年修订的《中华人民共和国证券法》规定了债券受托管理人应当勤勉尽责，公正履行受托管理职责，不得损害债券持有人利益三项义务。

一、债券受托管理人的法律地位及义务内容

目前我国学界针对受托管理人与发行人、持有人之间的法律关系尚存不同意见，有传统委托代理说、完全信托说、附担保信托说等理论，而司法实践中更多法院往往采用了“投资者认购或持有债券视作同意协议，因此持有人、发行人、受托管理人均受协议中权利义务安排约束”等模糊性描述。有观点认为，可以在委托代理关系基础上，通过引入信义义务将《中华人民共和国证券法》第九十二条第二款概括解释为债券受托管理人信义义务来源，该方案不仅规避了“完全信托说”下的直接法律冲突，亦克服了传统“委托代理说”下缺乏义务约束的缺陷。本文认为可以信义义务为核心进而规范债券受托管理人制度，减少受托管理人怠于履职或权力滥用的情况，同时较好地激励受托管理人积极保护持有人利益。

在确认其法律地位后，多数国家通过构建以忠实义务和勤勉义务为内容的受托管理人受信义务来维护债券持有人利益。忠实义务内容具体包括任职资格等规避利益冲突的条款，而勤勉义务内容包括持续关注和调查义务、持续信息披露义务、及时召集主持债券持有人会议义务、采取合理措施减轻违约风险的义务等。

二、认定债券受托管理人履职尽责的依据

证券法第九十二条对于债券受托管理人的义务规定较为原则，司法实践中，需要有更为明确具体的判断依据来认定债券受托管理人是否履职尽责。本案中，《募集说明书》系发行人、受托管理人的意思表示，其中对于债券受托管理人义务的约定对其具有约束力，《公司债券发行与交易管理办法》是由监管机构发布的行政规章，在是否履行信义义务方面存在适用空间。《执业行为准则》系中国证券业协会于2015年6月5日发布，并于2022年1月17日进行修订并发布。该准则属于行业自律性规范，并非法律、行政法规规定的强制性规范，但认定受托管理人是否尽到勤勉审慎义务仍然可以参考其是否按照《执业行为准则》的规定履行职责。本案中，某证券公司按照上述规范要求对于对外担保、重大诉讼、对外借款、其他债券违约等可能影响发行人偿债的情况发布临时受托事务管理报告，尽到相关职责。

三、受托管理人履职的合理边界

关于受托管理人是否尽到信义义务，即使法律、监管规定及行业自律性规范已经作出了较为详细的要求，但在裁判过程中，对于相关义务要件的解读仍然缺乏统一的标准，仍需在个案中具体判断。

第一，要求追加担保是受托管理人的行为而非结果义务。《执业行为准则》等均规定预计发行人不能偿还债务时，受托管理人应当要求发行人追加担保，督促发行人履行偿债保障措施。但是实践中在募集说明书中少有对于发行人追加担保的约定，也不会承诺具体的担保方式、种类、金额等。有关追加担保的监管要求不能构成约束发行人的强制义务，其结果是虽然受托管理人在预计发行人不能偿还债务时负有要求发行人追加担保的义务，但是除非发行人事先明确承诺在何种条件下，以何种方式、哪些具体财产提供担保，否则受托管理人无法强制发行人实际追加担保物。因此，受托管理人不因发行人没有实际追加担保而承担责任。本案中，募集说明书已经明确案涉债券为无担保债券，出现预期违约风险后，某证券公司向发行人发函要求追加担保，在违约后也通过了履行偿债保障措施的议案，但甲公司明确表示无额外资金为任何一期债券提供担保。故某资产管理公司以此为由认为某证券公司未尽到义务，缺乏依据。

第二，受托管理人申请财产保全或提起诉讼以具有法律与现实可能性为前提。《执业行为准则》等均规定预计发行人不能偿还债务时，受托管理人可以作为债权人代表依法申请法定机关采取财产保全措施。但财产保全错误需要赔偿被保全人因保全所遭受的损失，而且会发生律师费、诉讼费等成本。因此，申请财产保全措施并非债券面临违约风险或已经违约后受托管理人的“规定动作”，一方面监管规则明确列举的多数事项也未达到合同法上的预期违约或提前解除标准，另一方面提起诉讼需要债权人会议同意，还需要综合发行人实际情况与募集说明书约定进行专业判断。在评价受托管理人履职时，应充分考虑有关问题的复杂性与对受托管理人自由裁量权的尊重。本案中，某资产管理公司认为某证券公司未及时采取财产保全、诉讼等措施，但甲公司资不抵债当时已成公众知晓的事实，某证券公司根据其市场判断未提起诉讼，并不存在过错，且某资产管理公司作为债券持有人，可以自行起诉甲公司偿还本息。

第三，受托管理人应对债券兑付风险进行预警提示而非直接干预发行人经营。受托管理人作为专业机构，承担的是在债券存续阶段管理债券和监督发行人的职责，对于发行人出现的可能影响债券兑付的情况应当及时出具受托事务报告，进行信息披露，并通过债权人会议明确下一步举措。但受托管理人并非公司股东，无权直接干预发行人的商业决策。本案中，某资产管理公司认为某证券公司应对甲公司对外资助、关联公司借款等行为及时监管纠正，但是甲公司作为房地产企业，对其子公司进行财务资助盘活资产，某证券公司对于发行人正常经营行为无权干预决策，只能对发行人存在的可能影响债券兑付的行为提示风险。

综上，债券风险处置是非常复杂的商业与专业工作，实践中也鲜有仅靠受托管理人的履职根本影响债券能否兑付的情形，因此受托管理人履行勤勉义务没有“一招鲜”的处置手段或规定动作，需要在个案中根据实际情况进行判断。

编写人：北京市西城区人民法院　田静霆　贾月

35

契约型私募基金诉讼主体地位及责任承担的认定

——某证券公司诉资产管理公司、邹某融资融券交易案

【案件基本信息】

1. 裁判书字号

北京市西城区人民法院（2022）京 0102 民初 8092 号民事判决书

2. 案由：融资融券交易纠纷

3. 当事人

原告：某证券公司

被告：资产管理公司、邹某

【基本案情】

2020 年 9 月 22 日，××基金成立，为契约型私募基金，私募基金管理人为资产管理公司，托管人为某证券公司。××基金于 2020 年 10 月 14 日在中国证券投资基金业协会备案。

2020 年 10 月 23 日，资产管理公司代表××基金作为甲方与某证券公司作为

乙方签订《融资融券合同》约定××基金向某证券公司融资融券。××基金通过融资或融券从某证券公司获得相应的资金或证券，用于相应的证券交易。融资利息=（融资金额+展期结转利息）×对应自然日天数×融资年利率/360，融资利率为年利率6%。合同约定了多个强制平仓条件，比如维持担保比例低、未按约定偿还债务等。交易结束后，账户余额不足以清偿债务时，债务的清偿顺序是：先偿还罚息，再偿还融资利息和融券费用，最后偿还本金负债。

2020年10月22日，资产管理公司作为担保人签订《担保函》约定，资产管理公司自愿为××基金在《融资融券合同》项下所有债务向某证券公司提供最高额保证担保。

在《融资融券合同》履行期间，××基金向某证券公司融资1860万元，用以买卖股票。2020年12月23日，××基金维持比例低于130%，2020年12月24日、25日，未提高维持担保比例，某证券公司强制平仓。后资产管理公司代表自身及××基金出具《申请及承诺书》，确认2021年3月8日清算后，尚欠银行证券融资本金2047869.3元，逾期融资利息14442.48元，融资本金罚息57340.17元，融资利息罚息396.81元，并制作相应的还款计划及承诺，邹某自愿对还款计划中的时间及金额进行保证担保。

根据中国证券投资基金业协会备案信息显示，现××基金未在协会系统中提交清算，仍属存续的契约型私募基金。因被告未按期履行还款义务，某证券公司提出诉讼请求：1. 判令资产管理公司支付融资本金1712311.81元；2. 判令资产管理公司支付截至2021年12月15日（不含本日）的逾期罚息308167.32元；3. 判令资产管理公司支付自2021年12月15日（含本日）起至实际清偿之日止的逾期罚息；4. 判令资产管理公司承担某证券公司的律师费用10000元；5. 判令邹某承担连带保证责任。

【案件焦点】

1. 管理人资产管理公司是否以××基金的财产为限承担还款义务及其应偿还款项；2. 资产管理公司是否承担保证责任。

【法院裁判要旨】

北京市西城区人民法院经审理认为：××基金作为契约型私募基金，不具有独立的诉讼主体资格，私募基金管理人资产管理公司代表××基金参加诉讼，主体适格。需明确，资产管理公司自有财产与其管理的××基金的财产相互独立，因此，资产管理公司应当以××基金的财产为限承担××基金本身应承担的责任。

关于管理人资产管理公司是否以××基金的财产为限承担还款义务。各方当事人应全面履行《融资融券合同》约定的权利义务。本案中，某证券公司进行了风险提示，××基金签字确认充分了解交易风险，熟悉交易规则……。××基金作为投资者，在持仓过程中，应随时关注持仓情况及市场动态，在可能导致维持担保比例降低的情况下，应及时追加担保物，避免损失发生。在履行合同过程中，××基金违反了维持担保比例的约定，故某证券公司可依据合同对其信用账户采取强制平仓措施。

关于资产管理公司是否承担保证责任。资产管理公司签订《担保函》为××基金在《融资融券合同》项下所有债务承担最高额保证。关于担保决议，担保合同系由单独或者共同持有公司三分之二以上有表决权的股东签字同意的情形下，即便债权人知道或者应当知道没有公司机关决议，也应认定担保合同符合公司的真实意思表示，合同有效。故，资产管理公司应当按照《担保函》约定承担连带保证责任。

北京市西城区人民法院判决如下：

一、资产管理公司以其管理的××基金的资产向某证券公司公司偿还融资本金 1712311. 81 元、复利 548. 49 元、截至 2021 年 5 月 31 日的罚息 138955. 62 元；

二、资产管理公司以其管理的××基金的资产向某证券公司公司偿还罚息（以尚欠融资本金 1712311. 81 元为基数，按照《融资融券合同》的约定，自 2021 年 6 月 1 日起计算至实际清偿之日止）；

三、资产管理公司以其管理的××基金的资产向某证券公司公司支付律师费 10000 元；

四、资产管理公司、邹某对本判决第一项、第二项、第三项确定的给付义务向某证券公司承担连带清偿责任，资产管理公司、邹某清偿后，有权向资产管理公司管理的××基金追偿；

五、驳回某证券公司的其他诉讼请求。

判决后，双方当事人均未上诉，本判决现已生效。

【法官后语】

一、契约型私募基金的诉讼主体地位

关于契约型私募基金是否具备诉讼主体地位。民事诉讼法及其司法解释对“其他组织”均进行了规定。契约型私募基金依法成立，具备自身的财产，但考虑到契约型私募基金仅以基金合同为载体，无明确的组织机构，故而契约型基金本身无民事主体资格，无权以自身名义作为民事诉讼的当事人。

参考证券投资基金法第十九条规定，公开募集基金的基金管理人应当履行下列职责：……（十一）以基金管理人名义，代表基金份额持有人利益行使诉讼权利或者实施其他法律行为……故契约型私募基金本身不能作为诉讼主体，应当以基金管理人为诉讼主体代表契约型私募基金参加诉讼。在涉契约型私募基金案件审理中，债权人亦应以基金管理人作为被告。

二、契约型私募基金如何以自身财产承担债务

契约型基金中的管理人是为了委托人的利益而管理、处分基金财产，其基础法律关系是信托关系。信托财产在信托存续期间独立于委托人、受托人、受益人各自的财产。根据证券投资基金法、《证券期货经营机构私募资产管理业务管理办法》等规定，资产管理计划财产独立于证券期货经营机构和托管人的固有财产，并独立于证券期货经营机构管理的和托管人托管的其他财产。故在契约型私募基金作为债务人的诉讼中，应将管理人作为被告，如案涉基金应承担责任，在判决中应当明确管理人以其管理的基金财产为限承担该基金应承担的债务。

三、基金管理人为基金自身债务提供保证是否有效

《全国法院民商事审判工作会议纪要》对信托关系中的“保底或者刚兑条款”作出了无效的评价。根据该意见，有观点认为，私募基金管理人为私募基

金自身债务提供担保构成保底承诺、刚性兑付，应属无效。

对此，刚性兑付无效的理论基础体现在以下三个方面：一是刚性兑付违反了信托财产独立原则，不符合受托人应隔离自身固有财产与信托财产的要求。二是刚性兑付使得风险仍停留在金融体系内部，将本应由投资者自行承担的资产损失风险转嫁至作为受托人的金融机构承担，如果此种风险累积，在各类风险尤其是信用风险集中爆发后，个别金融机构可能因不能刚性兑付而引发系统性风险。三是刚性兑付偏离了资管产品“受人之托，代人理财”的本质，抬高无风险收益率水平，干扰资金价格，不仅影响发挥市场在资源配置中的决定性作用，还弱化了市场纪律①。

私募基金管理人为私募基金自身债务提供保证是否有效。首先，管理人仅作为保证人而非共同债务人，管理人在清偿债务后仍可向私募基金财产追偿，因此，提供保证不必然导致财产混同。其次，管理人就基金的债务对基金外的债权人提供连带责任保证，是向债权人保证基金债务的履行，并非向基金的投资者承诺保本保收益，投资者仍需自行承担资产损失。最后，在投资者与管理人之间的信托关系中，管理人仍然是履行“受人之托，代人理财”义务本质，提供保证仅系对信托关系外的债权人提供增信措施，并不会由此抬高无风险收益率水平，不会因此干扰金融市场。故该保证不属于刚性兑付，应属有效。

编写人：北京市西城区人民法院　刘茜倩　郭冬冬

---

① 参见《中国人民银行有关负责人就〈关于规范金融机构资产管理业务的指导意见〉答记者问》，载人民网，http://finance.people.com.cn/n1/2018/0427/c1004-29955431.html，最后访问时间：2024年4月17日。

七、信托纠纷

36

信托通道业务中受托人义务的边界

——某银行诉某信托公司营业信托案

【案件基本信息】

1. 裁判书字号

广东省深圳市中级人民法院（2022）粤03民终8694号民事判决书

2. 案由：营业信托纠纷

3. 当事人

原告（被上诉人）：某银行

被告（上诉人）：某信托公司

【基本案情】

2017年4月10日，原告与被告签署《北方信托××一期债券投资集合资金信托计划信托合同》（以下简称信托合同），约定设立北方信托××一期债券投资集合资金信托计划（以下简称信托计划），原告为信托计划的优先委托人和优先受益人，北京××水星投资有限公司为次级委托人和次级受益人，资金来源为其受托管理的水星奔腾固收增强4号私募证券投资基金（以下简称水星4号基金），信托计划的投资顾问亦为北京××水星投资有限公司，被告为受托人，托管人为某银行北京分行。双方又于同日签署《北方信托××一期债券投资集合资金信托计划补充协议1》（以下简称补充协议1），将信托合同第八条中有关投资限制的部分约定修改为“投资于单只信用债券不得超过其债券发行总量的10%，按市值计算不得超过计划参考净值的10%；按市值计算，投资于同一发行人发行的债券不得超过计划参考净值的10%”。此后，原告按照信托合同约定将2.5亿元支付至信托专用账户。信托计划存续期间，信托计划总计向原告分配优先级本金6700万元、优先级收益12434498.14元。后因信托项目到期后未能如期兑付，原告诉至法院。原告称，2017年10月13日、10月17日，被告就某集团发行的16亿阳04债券进行的三笔质押式回购交易所涉首期结算已超过信托计划参考净值的20%。被告的上述行为已严重违反投资比例限制的约定，显然未尽到谨慎、有效管理信托财产的合同和法定义务。被告则主张案涉项目属于通道业务，相应的投资决策由原告作出，相应的风险应由原告自行承担。案涉投资产品为投资债券质押式协议回购，不属于合同约定的债券，原告所述理由不成立。

【案件焦点】

1. 涉案质押式协议回购交易所涉交易标的物否属于债券；2. 被告债券逆回购是否构成违约。

【法院裁判要旨】

广东省深圳市福田区人民法院经审理认为：

一、关于涉案的质押式协议回购交易所涉交易标的物是否属于债券的问题

第一，合同附件四列明了投资的对象是债券，而合同第八条则是对投资对象的具体列举，即合同第八条是对债券种类的进一步列举，而债券则是对合同第八条所列投资对象的统称，故债券逆回购应属于合同约定的债券类型的某一种类。第二，从合同订立目的来看，如被告投资债券逆回购产品不受上述条款的限制，则可能导致逆回购资产贬值时，信托财产遭受较大的损失，设置该合同条款的目的亦无法实现。第三，因债券逆回购交易需以债券质押作为前提，

故债券的信用情况对是否能够达成交易具有较大影响，若投资债券逆回购不受投资比例限制，亦无法达到降低交易风险的目的。综上，被告关于涉案投资产品不属于合同约定债券的范畴抗辩理由不成立，本院不予采纳。

二、关于被告进行16亿阳04债券、16亿阳05债券逆回购是否构成违约的问题

案涉信托业务属于“通道业务”。但按照合同约定，被告仍对投资指令负有合法合规性审查义务，并约定了违约责任。因此，受托人在管理信托财产时，仍应秉持审慎原则，对投资顾问发出的投资指令进行必要审查，特别是在投资顾问发出的投资建议与信托合同约定明显不符的情况下，应进一步就该投资建议的合理性征询原告意见，以保障委托人的合法权益，维护信托财产的安全。被告并无证据证明在涉案交易发生前曾征询原告意见，存在过错，构成违约。据此，广东省深圳市福田区人民法院判令：

一、被告某信托公司应于本判决发生法律效力之日起十日内向原告某银行赔偿6870765.47元；

二、被告某信托公司应于本判决发生法律效力之日起十日内向原告某银行赔偿逾期利息损失（逾期利息以6870765.47元为基数，自2019年11月19日起，按照全国银行间同业拆借中心于每月20日公布的一年期贷款市场报价利率计算至实际清偿之日止）；

三、驳回原告某银行的其他诉讼请求。

某信托公司不服一审判决，提出上诉。广东省深圳市中级人民法院经审理认为：同意一审裁判意见，判决：

驳回上诉，维持原判。

【法官后语】

近年来，随着理财热的兴起，银行、证券公司等金融机构与信托公司开展业务合作，借用信托公司的业务资质，以规金融监管指标约束，获取投资利润为目标，开展新型通道业务。由于在该类业务中，受托方即信托公司往往通过让与部分管理权的形式免除自身义务，并由此产生纠纷，因此有必要厘清通道

业务中各方的权利义务关系。

一、什么是通道业务

“通道业务”最早以“银信合作”的形式出现，借信托公司设立信托计划作为通道，银行负责资金断的募集和资产段的指定，借助信托计划实现银行资金出表、规避监管指标约束等目的。2017年，原银监会发布的《关于规范银信类业务的通知》中对银信类通道业务作出了定义，即在银信类业务中，商业银行作为委托人设立资金信托或者财产权信托，信托公司仅作为通道，信托资金或信托资产的管理、运用和处分均由委托人决定，风险管理责任和因管理不当导致的风险损失全部由委托人承担的行为。2017年，中国证监会在机构监管情况通报中将通道业务归纳为四个方面的特征：一是资金和资产“两头在外”，通道方（或称为受托方）的资产管理业务仅作为委托资金流向委托方指定资产的“管道”；二是通道方（受托方）按照委托方的投资指令开展业务，通常不承担主管管理责任；三是投资风险通常由委托方承担；四是管理费相对较低。2019年，最高人民法院的《全国法院民商事审判工作会议纪要》中认为当事人在信托文件中约定，委托人自主决定信托设立、信托财产运用对象、信托财产管理运用处分方式等事宜，自行承担信托资产的风险管理责任和相应风险损失，受托人仅提供必要的事务协助或者服务，不承担主动管理职责的，应当认定为通道业务，从司法层面对通道业务作出了定义。从上述规定可以看出，“通道业务”具有如下特征：（一）委托人自主决定信托设立、信托财产运用对象、信托财产管理运用处分方式等事宜；（二）委托人自行承担信托风险；（三）受托人仅提供必要的事务协助或者服务，不承担信托财产管理职责。具体到本案而言，双方在合同中约定委托人（原告）自主决定信托设立及信托财产的运用、管理、处分。委托人同意聘请北京××水星投资有限公司为本信托计划投资顾问，出具投资建议，受托人（被告）对信托进行事务性管理，主要方式是根据投资顾问的投资建议进行债券投资为主的组合投资，受托人根据相关投资指令或者建议操作，不主动进行投资操作，不对具体投资标的进行调研。被告依据信托计划文件管理信托财产所产生的风险，由信托财产承担。被告因违背信托计划文件、处理信托事务不当而造成信托财产损失的，由被告以固有财产赔偿；不足赔偿时，由投资者自担。从上述约定可以看出，涉案信托财产的运用、管理和处分均系由原告自主决定，被告仅对信托进行事务性管理，不主动进行投资操作，被告依据信托计划文件管理信托财产所产生的风险由信托财产承担，故涉案信托业务属于事务管理型信托即“通道业务”。

二、通道业务中受托人的义务边界

虽然“通道业务”中受托人系按照委托人的指令进行交易，但是否意味着受托人不需要承担任何义务呢？笔者对此持否定意见，主要理由包括如下三个方面：第一，《中华人民共和国信托法》第二十五条规定，受托人应当遵守信托文件的规定，为受益人的最大利益处理信托事务。受托人管理信托财产，必须恪尽职守，履行诚实、信用、谨慎、有效管理的义务。银信通道业务其本质上仍属于信托形式的一种，作为受托一方的信托机构仍应按照信托法规定的上述义务。第二，《全国法院民商事审判工作会议纪要》第九十三条规定，在过渡期内，对通道业务中存在的利用信托通道掩盖风险，规避资金投向、资产分类、拨备计提和资产占用等监管规定，或者通过信托通道将表内资产虚假出表等信托业务，如果不存在其他无效事由，一方以信托目的违法违规为由请求确认无效的，人民法院不予支持。至于委托人和受托人之间的权利义务关系，应当依据信托文件的约定加以确定。因此，营业信托纠纷仍属于合同纠纷的一种，确定各方的权利义务关系仍以双方签订的合同作为依据。在本案中，按照双方约定，投资于单只信用债券不得超过其债券发行总量的10%，按市值计算不得超过计划参考净值的10%；按市值计算，投资于同一发行人发行的债券不得超过计划参考净值的10%。被告在投资过程中，显然违反了上述合同约定的范围，因此应认定其构成了违约行为。第三，从公平角度而言，在通道业务中虽然信托公司收取的费用与其他信托费用相比相对较低，但毕竟其实际收取了管理费用。如果放任信托公司只收取管理费用，而无须承担任何义务，则可能导致权利义务失衡，有违公平原则。需要说明的是，尽管在通道业务中受托人仍负有一定审慎义务，但考虑到受托人对于投资标的、投资限额、投资期限等内容需要按照委托人的指令进行，受托人并无实质性决定作用，因此应从合同履行情况、过错程度等方面合理确定受托人应承担违约责任的范围。

综上，在通道业务中作为受托方仍应秉持恪尽职守的原则，按照信托合同的约定履行受托人应尽的合同义务，如其违反合同义务，构成违约，应对委托人的损失承担一定赔偿义务。

编写人：广东省深圳市福田区人民法院　马翼

37

认定信托关系成立的“三要件”

——才某诉信托公司合同案

【案件基本信息】

1. 裁判书字号

北京金融法院（2021）京 74 民终 574 号民事判决书

2. 案由：合同纠纷

3. 当事人

原告（被上诉人）：才某

被告（上诉人）：信托公司

【基本案情】

才某诉称：才某经董某介绍了解到信托公司拟销售保本且高收益的信托产品，遂向信托公司汇款 777.7 万元，付款后信托公司未与其取得任何联系。2017 年 10 月 9 日，才某接到信托公司的通知，告知才某已提前终止案涉信托计划，后经了解才知道信托公司于 2017 年 7 月 25 日对全部有价证券提前清仓。根据《信托法》第八条规定，对信托的设立，我国采取严格的要式主义，即设立信托必须采取书面形式，以口头信托或行为方式设立的，信托均属不成立。案涉《信托合同》系伪造，不发生效力。签字情况下才能成立合法有效的信托关系。信托公司作为信托专门机构，有义务对才某是否为合格投资者进行审查，向才某提供信托计划说明书、信托合同书、风险申明书、投资操作协议书等全部法律文书，并作为全部法律文件的提供者履行相关条款进行特别说明，在才某确认无误并程中对以上义务应为而不为，故意隐瞒与订立合同有关的重要事实，并且伪造才某签字，给才某造成的损失，应承担相应责任。故请求判令：

信托公司返还本金3946250元，并支付资金占用利息。

信托公司辩称：双方存在事实上的信托关系，信托公司已经进行了披露，强制平仓也具有合同依据，平仓损失是市场风险导致，不应由信托公司赔偿损失。

【案件焦点】

信托关系是否成立。

【法院裁判要旨】

北京市朝阳区人民法院经审理认为：信托公司提交的《资金信托合同》《认购风险申明书》等文件虽已提示了投资风险，《客户调查问卷》中也列明了包含风险承担意愿、投资期限、拟认购金额、投资于资产总额占比等问题，但经鉴定《信托合同（一）》《信托合同（二）》各组成文件中委托人处的签字均非才某本人所签，信托公司亦未举证其曾通过其他方式审核过才某作为投资者的适当性，故应当认定其于该项义务履行中存在重大不足。信托公司抗辩称，法庭向中证登北京分公司调取的才某证券开户、交易信息等材料显示才某本人长期从事证券交易，可证明才某有丰富的金融知识、投资经验及良好的风险辨别能力、风险承担意愿，其还曾从事过融资融券的高风险交易，该类交易的投资者准入条件高于信托产品合格投资者，因此才某能自主决定购买该信托产品。本院认为，证券开户、交易信息确显示才某有相应的投资经验，但本次信托投资金额总计7777000元，远高于任一次证券交易金额，才某于既往证券交易中的风险承担意愿不应视为其愿于本案所涉信托交易中承担同既往交易相同的风险，信托公司的投资者适当性审查责任不应免除，故对其该项抗辩意见，本院不予采纳。关于信息披露义务，信托公司称合同中约定可通过网站公示方式进行，且其已进行了公示，但鉴于合同中并非才某本人签字，信托公司亦未举证曾通过其他方式披露，故对才某所称其不清楚信托履行情况的意见，本院予以采信。综上，才某已支付投资款本金 7777000 元，信托公司已返还 3830750 元，对于剩余投资款 3946250 元，信托公司应当予以赔偿。

关于才某主张的资金占用利息，既有投资经验应当促使才某已具备了一定风险识别能力，其在投资后未被告知合同详细信息时仍未及时维护自己的权利，对风险的发生存在放任态度，自身亦存在过错，应自行承担相应的责任，本院对其主张资金占用利息的请求不予支持。对于才某所提其他诉讼请求，本院亦不予支持。

综上所述，依照《中华人民共和国民法总则》第七条，《最高人民法院关于适用〈中华人民共和国民法典〉时间效力的若干规定》第一条第二款之规定，判决：

一、被告信托公司于本判决生效之日起十日内支付原告才某损失 3946250 元；

二、驳回原告才某的其他诉讼请求。

一审判决后，信托公司不服，提起上诉。北京金融法院经审理认为一审判决认定事实清楚，适用法律正确，应予维持，依照《中华人民共和国民事诉讼法》第一百七十七条第一款第一项、第一百八十条规定，判决：

驳回上诉，维持原判。

【法官后语】

一、信托关系成立的要件

我国信托法第二条规定，我国信托采用明示信托方式，对于信托的成立要件，“三要件说”认为，信托成立除须满足意图的确定性、标的的确定性、受益人的确定性的“三个确定性”要件。有学者认为，信托合同为非要物诺成合同，信托设立须以财产转移为设立要件。有学者认为，信托合同为要式合同，不能通过口头设立，也不能通过行为（以默示的方式）设立。

笔者认为，信托合同是要物合同还是诺成合同，分歧点的来源在于对信托法第八条规定的合同成立与第二条规定的信托成立产生了分歧。根据信托法第二条规定，信托成立须以“将其财产权委托给受托人”为要件，信托设立行为是要物行为，需具备三个要件：一是信托之意，具备设立信托的合意；二是信托之物，需要委托人将财产交给受托人，完成财产转移；三是信托之人，即对受托人达成合意，毕竟信托财产的保值增值依赖于受托人管理。

笔者认为，信托合同并不同于信托关系，信托合同仅为信托关系设立的一个步骤，是对双方合意的固化。对信托法第八条规定的信托设立采取书面形式而言，不管是合同法第十条、第十一条，还是现在的民法典第四百六十九条，都对书面形式作广义解释，随着沟通方式及科技的不断演变，书面形式内涵应做扩展揭示，如微信聊天达成的合意、汇款凭证均可为广义的书面载体。

二、本案认定信托关系的“三要件”

具体到本案，在合同成立要件上，鉴定结论显示合同签字并非才某本人所签，在此情况下信托公司主张合同成立，应举证证明双方达成合意其他书面证据。

首先，关于销售机构的代理行为，本案信托公司委托某证券公司签署涉案信托计划合同，董某是某证券公司抚顺新华大街证券营业部（以下简称新华营业部）当时的负责人，信托合同从印刷厂直接邮寄给新华营业部董某，表明董某具有代表信托公司签订合同的代理权，董某代表信托公司向才某推荐了涉案信托计划。在投资者层面，才某作为投资者认可董某向其推荐了涉案信托计划，并予以接受，此时双方对才某购买信托公司的信托计划达成合意，具有“信托之意”的要素，但需要将该合意外化为合同或其他书面形式。

其次，关于才某的汇款行为，一方面，才某拥有多个证券账户，交易类型涉及证券买卖、融资融券，具有丰富的金融投资经验，才某作为投资者认可董某向其推荐了涉案信托计划，其对汇款行为的含义理应有清晰的认知。才某根据董某提供的账户完成了汇款行为，才某向信托公司汇款，构成对“信托之人”的认可。另一方面，汇款摘要中写明“认购××复金 1 期”，摘要内容明确载明认购产品的具体指向，指向的产品名称为涉案信托计划。在汇款行为层面，才某履行了信托计划项下的资金支付义务。因此，在合同订立阶段，才某购买涉案信托计划的意思表示以汇款行为予以外化，对合同成立书面要式进行了修正，并以此完成信托关系成立的财产交付行为，具有“信托之物”的要素。

最后，关于信托财产，信托公司收到才某的汇入资金后，进行了信托财产的管理运作，并在信托产品清算后向才某进行了分配清算，信托关系成立并终止，不可逆转。

综上，本案信托关系成立。有观点认为，本案成立事实信托，笔者认为，事实信托是无设立信托之意的信托，是对具有信托特征行为的司法认可。本案双方具有达成信托产品的合意，该合意并非以书面合同的形式呈现，通过代理、汇款去向及备注对涉案信托合同进行了修正，双方之间成立合意的信托，并非事实信托。另外，《信托公司集合资金信托计划管理办法》对信托计划书面合同的形式未作限定，合同可以作广义理解，汇款行为同时具有信托设立之“人”和“物”的双重要件，仅仅是对合同的投向、期限、风险其他要素未达成合意，不能据此否认信托设立的合意。至于信托合同成立的其他因素，受制于信息、地位及专业的不对等，需以卖方的适当性义务予以衡平，实现权利义务的对等。

编写人：北京市朝阳区人民法院　李林强　马娇

38

结构化信托中优先级和劣后级投资人法律关系的认定

——某信托公司诉李某某营业信托案

【案件基本信息】

1. 裁判书字号

北京金融法院（2022）京74民终927号民事判决书

2. 案由：营业信托纠纷

3. 当事人

原告（上诉人）：某信托公司

被告（被上诉人）：李某某

第三人：某投资公司

【基本案情】

2015年8月，某投资公司作为优先级委托人以及包括被告在内的七名委托人作为劣后级委托人分别与原告作为受托人签订8份《信托合同》。该合同约定，受托人以委托人认购的信托资金对某集团进行增资。2015年8月27日，原告与某集团签署《认购协议》。《信托合同》约定："本信托计划存续期间除每自然年度末月21日以及信托计划成立之日每满12月之前两月对应日以外的任一连续二十个工作日，如标的公司实际股权价值低于股权投资初始价值的80%时，劣后级应于该工作日之后5个工作日内向信托专户追加保证金。"2018年3月27日至2018年4月25日连续二十个工作日，某集团实际股权价值低于股权初始投资价值的80%。2018年4月25日，某投资公司指令原告要求劣后级委托人按时缴纳保证金。2019年4月26日，原告向被告指定邮箱发送追加保证金通知书。案涉信托业务系通道业务，优先级与劣后级受益人之间构成借贷关系。截至起诉之日，被告未履行追加保证金的义务，故诉至法院要求被告补足资金及支付违约金、承担诉讼费。

【案件焦点】

1. 本案结构化信托中优先级和劣后级受益人之间是否为借贷关系；2. 保证金的法律属性；3. 某信托公司是否尽到了适当性义务。

【法院裁判要旨】

北京市西城区人民法院经审理认为：关于第一个焦点，结构化信托中的法律关系包含两个层次，一为各受益人与受托人之间的信托关系，二为优先级与劣后级受益人之间的内部关系。并非所有结构化的投资安排在优先级与劣后级受益人之间都成立借贷关系。借贷关系是指借款人向贷款人借款，到期返还借款并支付利息的法律关系。其本质是借款人对借款有支配及使用的权利，贷款人有收回本金及利息的权利。体现在结构化信托中，通常的安排是由劣后级受益人实际操控资金，决定资金的投向及买卖的时点。而本案信托合同约定由优先级受益人决定信托计划是否继续存续或提前终止，在信托存续期内也是按照优先级受益人的指令进行变现操作，劣后级受益人对信托资金并不享有实际的控制权，与借贷有本质的差别。《全国法院民商事审判工作会议纪要》第九十条规定劣后级受益人进行差额补足的前提是信托文件的明确约定，本案中信托合同并未约定差额补足条款，仅约定了在一定条件下，劣后受益人需追加保证金，追加保证金并不必然等同于差额补足义务。信托合同约定，优先级受益人的预期收益率为 11.8%/年，受托人不承诺最低收益，不保证信托本金不受损失，若全部信托财产全部变现后，仍无法分配受益人信托利益时，产生的一切风险与后果由全体委托人/受益人承担。在受托人及劣后级受益人均未承诺优先级受益人固定收益的情况下，某信托公司主张优先级受益人与劣后级受益人之间形成借贷关系，李某某需依据借贷关系交纳保证金缺乏依据。

关于第二个焦点，根据法律规定和合同约定，信托合同约定的保证金应属于一种担保方式，并非信托财产。根据《中华人民共和国信托法》第二条、第十四条的规定，是否委托受托人管理资金，是委托人的权利，委托人有权选择是否将资金交付受托人进行信托管理，而本案中保证金系基于合同约定，并非基于劣后级受益人的主动委托。从《信托说明书》对信托财产、信托资金的定义来看，保证金显然不属于合同约定的信托资金。某信托公司主张保证金属于信托财产定义中的“受托人因其他情形而取得的财产和收益”属于扩大解释了信托财产的范畴，事实上，受托人取得的财产不可能都是信托财产，且无论“其他情形”的指向为何，信托财产成立的前提是有委托人基于信托交付资金的意思表示，合同约定的保证金显然不属于该范畴。信托文件约定了追加保证金的条件，故该保证金属于一种担保方式。但案涉信托文件中既没有劣后级对优先级受益人的差额补足承诺，受托人对优先级受益人亦没有保证收益的约定，故保证金所担保的主债务缺乏明确约定。在主债务没有明确约定的情况下，某信托公司要求李某某交纳保证金缺乏依据。

关于第三个焦点，某信托公司作为格式文本的提供方，应当向消费者进行提示说明，且不能以消费者具备金融行业相关知识或属于合格投资者等条件而否认其金融消费者的身份，本案交易安排可能引发劣后级受益人追加 4 倍本金以上的保证金，交易的主动权为优先级受益人控制，劣后级受益人承担的风险与风控措施严重不匹配，而对此某信托公司未对李某某进行特别提示，没有尽到将适当的产品推介给适合的投资人的义务。北京市西城区人民法院判决：

驳回原告某信托公司的全部诉讼请求。

某信托公司不服一审判决，提出上诉。

北京市金融法院经审理认为：营业信托属高风险等级金融产品，某信托公司承担适当性义务的目的是为了确保李某某能够在充分了解相关金融产品、投资活动的性质及风险的基础上作出自主决定，并承受由此产生的收益和风险。在推介、销售高风险等级金融产品和提供高风险等级金融服务领域，适当性义务的履行是“卖者尽责”的主要内容，也是“买者自负”的前提和基础。《信托公司集合资金信托计划管理办法》第七条第一款规定，信托公司推介信托计划，应有规范和详尽的信息披露材料，明示信托计划的风险收益特征，充分揭示参与信托计划的风险及风险承担原则，如实披露专业团队的履历、专业培训及从业经历，不得使用任何可能影响投资者进行独立风险判断的误导性陈述。本案中，某信托公司认为李某某在某信托公司无有效证据证明其已经提示了上述重大风险以及风险承担原则的情况下，一审法院按照信托法律制度的要求经审理认定某信托公司未尽到重要风险的提示说明义务，适当性义务履行不全面，具有事实依据。

关于作为劣后委托人的李某某是否应当受到上述《信托合同》中追加保证金条款的约束，应当判断上述条款是否体现了当事人在订立合同时的真实意思表示。本案中，《信托合同》关于优先级和劣后级的安排以及劣后委托人在特定条件下追加保证金的约定，均仅体现在《信托合同》标准化制式文本中，但是《信托合同》在信托计划所有投资人认购时均反复使用，李某某认购信托计划仅需在信托合同签署页上签字确认即可，无证据表明该追加保证金条款经过某信托公司与李某某协商确认，故该条款符合法律规定的格式条款的基本特征。在本案信托计划的结构化安排下，经一审法院认定，优先级与劣后级资金比例为4∶1，优先级的预期收益为11.8%/年，在股票价值严重下跌时将可能引发劣后受益人追加四倍本金以上的保证金，该义务对于劣后委托人而言可谓利益重大。但《信托合同》中没有任何强制平仓及止损的安排，且交易的主动权为优先委托人控制。一审法院据此作出劣后委托人承担的风险与风控措施严重不匹配的判断符合本案客观情况。

在追加保证金条款对劣后委托人利益影响重大、杠杆率过高的情况下，按照法律规定某信托公司应当采取合理的方式提请李某某予以充分的注意。根据某信托公司主张李某某追加保证金所依据的计算公式，劣后投资人追加保证金的范围涵盖优先投资人的投资本金及一年预期收益。但是信托文件中未予以明确说明，亦未对保证金条款予以特别提示或者明显加粗加黑显示，某信托公司亦未提交证据证明其向李某某提示了上述条款的内容及风险，李某某主张其未能注意并理解追加保证金条款对其权利义务的利害关系，上述条款不应作为合同内容，符合常理并具有法律依据，本院予以支持。在上述条款未订入《信托合同》并对当事人发生法律约束力的情况下，无须再行认定上述条款约定的保证金的法律属性。某信托公司要求李某某按照上述约定追加保证金并承担违约责任的诉讼请求，缺乏合同依据和法律依据，应予驳回。一审法院裁判结果正确，应予维持。北京市金融法院判决：

驳回上诉，维持原判。

【法官后语】

《全国法院民商事审判工作会议纪要》第九十条第一款规定："信托文件及相关合同将受益人区分为优先级受益人和劣后级受益人等不同类别，约定优先级受益人以其财产认购信托计划份额，在信托到期后，劣后级受益人负有对优先级受益人从信托财产获得利益与其投资本金及约定收益之间的差额承担补足义务，优先级受益人请求劣后级受益人按照约定承担责任的，人民法院依法予以支持。”实践中，部分信托公司据此主张优先级受益人与劣后级受益人之间均构成借贷法律关系。厘清结构化信托中受益人之间的法律关系对判断各方权利义务至关重要。

结构化信托中的法律关系包含两个层次，一为各受益人与受托人之间的信托关系，二为优先级与劣后级受益人之间的内部关系。判断优先级与劣后级受益人之间的内部关系时，应当考虑如下因素：(1) 信托计划存续、执行、终止过程中，由谁享有决定权；(2) 信托合同是否明确约定了劣后级受益人对优先级受益人具有差额补足义务。当决定权由劣后级受益人控制且劣后级受益人对优先级受益人具有差额补足义务时，双方在法律关系上属于借贷关系，否则受益人之间构成其他法律关系。

结构化信托始于2005年前后的“阳光私募”信托产品。彼时，一批在海外取得优良业绩的私募基金欲投资中国证券二级市场，为了让投资人建立一个可信的载体，即把信托作为SPV① 去创设一个新的资产管理模式，由委托人投资，由私募基金团队担任投资顾问，将资金用于证券二级市场买卖。“阳光私募”信托产品出现后，一些信托公司在此基础上推出结构化的阳光私募产品，私募基金管理人需要在信托计划中投入自有资金作为劣后级，如果发生亏损，私募基金管理人承担最初的亏损，在劣后级资金全部亏完以后，优先级资金承担损失。随着业务的发展，劣后级受益人不仅限于基金管理人，逐渐出现由其他委托人作为劣后级受益人的结构化产品。

在劣后级受益人进行操盘并对优先级受益人承诺差额补足义务时，相当于劣后级受益人借用优先级受益人的资金作为“杠杆”进行二级市场投资，劣后级受益人对信托财产的投资、赎回具有完全的控制权，优先级受益人信任劣后级受益人的投资决策并仅收取固定比例的报酬，此时，优先级与劣后级受益人

① 指特殊目的的载体，也称为特殊目的机构，以下不再另外提示。

之间可以认定为借贷法律关系，优先级受益人请求劣后级受益人按照约定承担差额补足责任的，人民法院应予支持。

当信托财产的处分由优先级受益人控制，劣后级受益人对信托财产的运用、处分缺乏实际控制权，不符合借贷的本质特征。同时，在本案中，信托合同约定劣后级受益人在特定情况下需追加保证金，保证金的性质为一种担保方式，所担保的主债权为何亦需要合同的明确约定，不能简单地将保证金等同于差额补足义务。当劣后级受益人对优先级受益人没有进行差额补足承诺的情况下，全部受益人的收益来源均为信托财产的管理和增值，优先级和劣后级受益人仅在收益分配的顺序上有所区别，优先级受益人要求劣后级受益人赔偿投资损失的，人民法院不予支持。

编写人：北京市西城区人民法院　苏畅　王佳宁

39

流动性支持函法律性质的认定

——桑某某诉某信托公司、某控股公司营业信托案

【案件基本信息】

1. 裁判书字号

北京金融法院（2022）京74民终438号民事判决书

2. 案由：营业信托纠纷

3. 当事人

原告（被上诉人）：桑某某

被告（上诉人）：某控股公司

被告：某信托公司

【基本案情】

2021年1月27日，原告桑某某认购被告某信托公司发行的汇鑫5号集合资金信托计划第850期，认购金额为320万元。同日，被告某信托公司向原告桑某某出具《认购/申购确认函》，确认信托份额为320万份，封闭期届满日为2021年5月14日，业绩比较基准6.9%，期间利息分配安排为到期分配。2021年5月7日，原告桑某某向被告某信托公司提交赎回申请书，拟申请赎回信托份额320万份，赎回日期为2021年5月14日。

庭审中，被告某信托公司称案涉信托产品出现流动性风险，信托计划所投资资产目前无法变现，具体兑付时间无法确定。

另查，基于对汇鑫5号底层资产披露情况的分析以及北京银保监局出具的调查意见，法院认定被告某信托公司在接受委托并管理信托资金期间，存在资金运用与推介材料及《信托合同》约定投资方向不一致的情况；存在通过设立开放式集合资金信托计划，滚动发行信托单位，采用多层嵌套投资方式，使由其设立并管理的不同信托计划进行循环互相交易的行为；汇鑫5号逾期未兑付后，存在未按规定进行信息披露的情况。

又查，2021年3月31日，被告某信托公司控股股东被告某控股公司向投资者出具《流动性支持函》，内容为被告某控股公司将以收到的资产变现回款无条件、无期限地对上述信托项目提供流动性支持，直至上述信托项目恢复正常运行，以保障投资者权益。除上述项目之外的民生信托发行管理的资金池项目，如出现类似情况，被告某控股公司将一并提供流动性支持。

原告提出诉讼请求：1. 判令某信托公司归还汇鑫5号信托计划本金320万元；2. 判令某信托公司向原告支付利息（以本金3200000元为基数，按年利率6.9%计算，自2021年1月27日起至实际给付之日止，判决至某信托公司实际履行完毕）；3. 本案诉讼费、律师费4万元、保全费由某信托公司承担；4. 判令被告某控股公司对上述1—3项诉讼请求承担连带责任。被告某控股公司不同意承担连带责任，不认可该函件的真实性，认为其未与原告签订任何合同，流动性支持函不具有法律意义上的保证，不具备连带保证的法律属性。

【案件焦点】

被告某控股公司向投资者出具的《流动性支持函》的法律性质，是债的加入还是保证。

【法院裁判要旨】

北京市东城区人民法院经审理认为：

一、被告某信托公司责任承担的问题

被告某信托公司在处理信托事务时，未能按照法律规定及合同约定，尽到受托人义务，应当赔偿桑某某的损失，现某信托公司并未提交证据证明桑某某封闭期满后信托单位净值，亦无法明确信托单位可赎回的时间，使得桑某某在封闭期满后无法确定其交付的资金是否亏损或者存在收益，原告桑某某的损失在封闭期满后无法赎回资金时已经确定，应为其交付的全部投资本金及自封闭期满后未能赎回本金的资金占用费。

二、被告某控股公司责任承担的问题

本案中，虽然桑某某不能提供流动性支持函的原件，但从流动性支持函的内容来看，其主要面向某信托公司发行相关产品的所有投资人，故桑某某作为自然人个体无法独立获取流动性支持函的原件。结合某信托公司在本院审理的另案中的陈述以及北京监管局的调查意见，某控股公司确于 2021 年 3 月 31 日出具了《流动性支持函》，本院确认桑某某提交的《流动性支持函》的真实性，某控股公司既已向投资人出具增信文件，其应当按照增信文件的承诺履行己方义务。从该《流动性支持函》的内容来看，某控股公司承诺无条件、无期限向特定产品投资人提供流动性支持，该承诺更符合债务加入的意思表示。现本院已确认某信托公司应当赔偿桑某某的损失，某控股公司亦应承担赔偿责任。

北京市东城区人民法院判决如下：

一、被告某信托公司于本判决生效后十日内赔偿原告桑某某投资损失 3200000 元；

二、被告某信托公司于本判决生效后十日内支付原告桑某某资金占用期间的利息损失（以上述第一项本金为基数，自 2021 年 5 月 15 日起至实际给付之日止，按照全国银行间同业拆借中心公布的同期贷款市场报价利率计算)；

三、被告某控股公司对被告某信托公司的上述第一项、第二项债务承担连带赔偿责任；

四、驳回原告桑某某的其他诉讼请求。

被告某控股公司不服一审判决，提起上诉。

北京金融法院经审理认为：同意一审法院裁判意见，但因当事人提交了新的证据，被告某信托公司在一审判决作出后对原告桑某某有新的分配，故需要对具体的赔偿数额进行调整。

北京金融法院依照《中华人民共和国民事诉讼法》第一百七十七条第一款第二项规定，判决如下：

一、撤销北京市东城区人民法院（2021）京0101民初15740号民事判决；

二、某信托公司于本判决生效后十日内赔偿桑某某投资损失3015310.38元；

三、某信托公司于本判决生效后十日内支付桑某某资金占用期间的利息损失（以3015310.38元为基数，自2022年4月27日起至实际给付之日止，按照全国银行间同业拆借中心公布的同期贷款市场报价利率计算)；

四、某控股公司对某信托公司的上述第二项、第三项债务承担连带赔偿责任；

五、驳回桑某某的其他诉讼请求。

【法官后语】

流动性支持通常指的是第三方如债务人的大股东或实际控制人出具的“愿意为债务人履行合同提供流动性支持”等内容的增信文件，司法实践中，针对流动性支持函的法律性质，有保证、债务加入、独立合同三种不同观点，其中以保证与债务加入两种观点最为常见。债务加入与保证都包含了保证债权人债权实现之担保目的，两种制度存在天然的相似性，这就给审判实践的判断带来了难题，如何识别第三人出具的流动性支持函究为债务加入还是保证呢?

《最高人民法院关于适用〈中华人民共和国民法典〉有关担保制度的解释》第三十六条为流动性支持等增信措施法律性质的认定提供了明确的指引规则，

即如果当事人意思表示符合法律关于保证规定的，人民法院应当认定当事人之间成立保证合同关系；具有加入债务或者与债务人共同承担债务等意思表示的，应当认定为债务加入；难以确定是保证还是债务加入的，应当认定为保证。在适用该条规则对当事人的意思表示进行解释时，可结合以下三个标准进行分析：

一、语句文义优先

在个案中判断流动性支持函的性质，应当首先从流动性支持函所使用的文字语句出发，对于文义表达清晰，意思表示无争议的情形只须依照当事人的客观意思表示即可认定。例如，流动性支持函中明确有“保证”“担保”等字样，抑或出现“加入……债务，以保证……债务清偿”“为保证……债务清偿，第三人加入该债务”类似表述的，应当认定为保证，其次，在出现有关债务履行顺位从属性类似表述的情况下，也应当认定为保证。而对于出现“作为借款人，加入债务”等具有明确债务加入意思表示的，应当认定为债务加入，如果当事人选用的词语兼具债务加入和保证，则应结合语境来考察当事人的真意。

二、当事人对履行顺序的约定

债务加入的核心是第三人加入原有债务后，债权人对第三人享有独立的请求权，而保证人往往约定的是承担主债务人不能履行的部分，保证具有从属性和补充性。因此，如果第三人在流动性支持函中限定了履行义务的前提为原债务人“无法履行”“不履行”，体现出履行义务的补充性，应当认定为保证。本案中，某控股公司在该流动性支持函的表述中采用了无条件、无期限的表述，说明被告某控股公司在对其责任承担作出的意思表示中表明其责任的承担既不受保证期间的限制，也没有履行顺位的限制，被告某控股公司作出的承诺更符合债务加入的意思表示。

三、利益标准

该标准是指衡量第三人是否有某种为自己或他人之利益，来识别第三人是否负有法律上履行或担保之义务。通常认为第三人若偏向为原债务人的利益承担责任时，宜认定为保证，第三人自身如果对债务之履行具有直接和实际的经济利益，宜认定为债务加入。事实上，第三人无论是以债务加入还是以保证的方式同意对债务人的债务承担责任，都包含一定程度的利益考量，利益标准只能成为综合考量流动性支持函法律性质的因素，而非基本、必要或独立的标准。本案中，结合前述对流动性支持函文义解释的分析，综合考量被告某信托公司与被告某控股公司之间的关联关系，被告某控股公司为被告某信托公司的最终控制人，案涉信托计划的兑付与履行与被告某控股公司有直接的利益关系，因此本案将认定被告某控股公司出具的流动性支持函认定为债务加入更为适宜。

在上述标准均无法识别流动性支持函的性质为保证还是债务加入时，依《最高人民法院关于适用〈中华人民共和国民法典〉有关担保制度的解释》，应当认定为保证，民法典在立法倾向上的变化，已由注重对债权人的保护向平衡债权人和担保人利益的转变，在无法识别流动性支持函法律性质的情况下，将其推定为保证也更符合民法典的基本精神。

编写人：北京市东城区人民法院　李燕　张烨帅　李冰洁

40

信托法律关系中知情权范围的认定标准

——孙某诉某信托公司营业信托案

【案件基本信息】

1. 裁判书字号

北京金融法院（2021）京74民终686号民事判决书

2. 案由：营业信托纠纷

3. 当事人

原告（上诉人）：孙某

被告（被上诉人）：某信托公司

【基本案情】

孙某与某信托公司于2014年签订《信托合同》。某信托公司2017年第4季报宣布以18亿美金估值不经投资人同意强行卖出信托产品给云锋基金，仅象征找两家单位以相同价格协商，存在暗箱操作、利益输送可能且没有竞价的情形，原告要求查阅复制信托产品招标、开标、评标等信息资料。2018年5月12日，某信托公司邮寄给投资人的清算报告没有费用明细。2018年1月12日，被告披露的财务数据及机顶盒业务与澜起科技招股说明书不符。某信托公司违反合同目的及本质，没有征询投资人意愿强制退出该产品，违反了合同约定投资退出方式。原告需知道卖出决策过程、原因等真实信息。2019年3月4日，原告又向某信托公司指定邮箱发函索要相关资料，某信托公司均不予回复，严重侵害了投资人的知情权。孙某诉至法院，要求公开股权转让协议等21份资料。

【案件焦点】

信托关系中委托人知情权行使的范围如何认定，某信托公司是否侵犯了孙某的知情权。

【法院裁判要旨】

北京市西城区人民法院经一审审理认为：孙某与某信托公司签订的信托合同，是双方当事人的真实意思表示，未违反法律行政法规强制性规定，应合法有效。双方当事人均应按照合同约定行使权利、履行义务。孙某提起本案诉讼，系其行使委托人知情权的权利。关于委托人的知情权，《中华人民共和国信托法》第二十条规定：“委托人有权了解其信托财产的管理运用、处分及收支情况，并有权要求受托人作出说明。委托人有权查阅、抄录或者复制与其信托财产有关的信托帐目以及处理信托事务的其他文件。”《信托公司集合资金信托计划管理办法》第三十五条规定：“受益人有权向信托公司查询与其信托财产相关的信息，信托公司应在不损害其他受益人合法权益的前提下，准确、及时、完整地提供相关信息，不得拒绝、推诿。”委托人的知情权在于了解其信托财产的管理、运用、处分及收支情况，具体到信托项目上主要体现为信托资金管理报告或处理信托事务的完整记录。委托人知情权行使的范围并非是无限的，对知情权的范围应当结合委托人本人的财产权益是否受到影响，信托公司已披露文件是否足以满足委托人的知情权、信托机构的经营管理成本，知情权是否影响他人合法权益等因素综合进行判断。针对孙某21项诉讼请求逐项分析：关于鑫璟宸澜与云锋基金境外美元基金签订的完整版股权转让协议及翻译机构盖章确认的中文版本含附件A-F及各方授权书等几项材料，协议主体并非某信托公司，且对案涉信托资金的退出路径问题，某信托公司已经进行了相应解释，在《清算报告》中亦有信托财产退出后的收益情况，孙某的知情权已经得到相应满足。授权各公司董事会决议受益人签署的转让文书、股东名册、同意卖出的程序性文件、其他股东放弃优先购买权的证明：上述文件系其他主体作出，在缺乏其他主体意思表示的情况下，某信托公司向个别受益人提供上述文件缺乏依据。卖出案涉产品的统一标准，某信托公司与汇桥资本、某信托公司与工银国际的洽谈记录纪要等材料，某信托公司否认存在上述文件，且已经提供尽调文件，向法庭说明了股权转让的询价过程，符合一般商业逻辑，孙某的相应知情权已经得到满足。关于某信托公司入股案涉产品的合同及协议，某信托公司在管理报告中已经披露了信托财产的运作方式，且某信托公司在庭审中提供了两份合伙协议，孙某的该项知情权已经得到满足。关于有关联方交易的尽职调查报告，尽调报告并非信托财产的管理运用、处分及收支的相关文件，孙某的该项请求于法无据。北京市西城区人民法院判决：

驳回原告孙某的全部诉讼请求。

某信托公司不服一审判决，提出上诉。

北京市金融法院经审理认为：《中华人民共和国信托法》第二十条规定："委托人有权了解其信托财产的管理运用、处分及收支情况，并有权要求受托人作出说明。委托人有权查阅、抄录或者复制与其信托财产有关的信托帐目以及处理信托事务的其他文件。"《信托公司集合资金信托计划管理办法》第三十五条规定："受益人有权向信托公司查询与其信托财产相关的信息，信托公司应在不损害其他受益人合法权益的前提下，准确、及时、完整地提供相关信息，不得拒绝、推诿。”

知情权是民事主体依法享有的获得、知悉相关信息的权利。在经济活动中，市场主体之间信息地位本应处于对等状态，但实际处于交易弱势地位的主体往往同时处于信息弱势，为维护实质公平，立法对其向合同向对方获取信息的权利予以保护。信托有效设立之后，信托财产的所有权转移给受托人，委托人（受益人）对受托人的行为是否尽职履责进行监督。有效的监督必须以知情为前提。因此，知情权是委托人（受益人）监督权落实的基础，也是防止受托人违反信托目的、违背信任的必要条件。但委托人（受益人）知情权是有限度的，不应被无限放大。委托人（受益人）的知情权应当以委托人（受益人）能够了解信托财产的管理运用、处分及收支情况为限，应当以不损害其他委托人（受益人）合法权益为限，应当以保护受托人业务相关方商业秘密为限，应以受托人实际掌握的相关文件为限。

本案中，孙某请求某信托公司提供21项相关文件，一审法院根据查明事实逐一审查并分析孙某在知情权合理范围内是否有权、有必要获取上述文件，以及某信托公司在客观上能否提供上述文件。其分析以事实和市场交易规则以及知情权的必要性和有限性为依据，其结论合理、合法，并无不妥之处。北京市金融法院判决：

驳回上诉，维持原判。

【法官后语】

本案系信托知情权纠纷。《中华人民共和国信托法》第二十条、《信托公司集合资金信托计划管理办法》第三十五条规定了委托人对信托财产的管理、运用、处分及收支情况享有知情权。赋予委托人知情权的目的在于削减委托人与受托人之间的信息不对称，有利于信托委托人判断信托产品的风险性和投资可行性，有利于监督受托人是否尽职管理信托财产，处理信托事务。特别是在2018年资管新规打破刚性兑付之后，信托知情权越来越受到投资者的重视，纠纷也逐年增多。

相较于股东知情权有明确的司法解释规定了权利的行使范围，信托知情权并没有相应司法解释规定行权的范围和边界，司法实践中需要结合个案情况予以判断。本案认为，委托人知情权行使的范围并非是无限的，对知情权的范围应当结合委托人本人的财产权益是否受到影响；信托公司已披露文件是否足以满足委托人对信托财产管理、运用情况的了解；信托机构的经营管理成本；知情权是否影响他人合法权益等因素综合进行判断。

在处理信托事务中，受托人掌握的文件包括以自己名义制作和签订的文件，如受托人的内部审批文件、往来邮件、对外签订的合同等；以及第三方形成的与信托事务相关的文件，如标的企业的董事会、股东会决议、对外签订的合同等文件。委托人行使知情权的目的，通常是为了判断信托公司是否履行勤勉审慎的信义义务，为进一步提起侵权或违约之诉积累证据。知情权纠纷要保障的法益是委托人的获取真实交易信息的权利，同时需要平衡好信托公司平稳、效率经营的内在诉求。故在案件处理中，一方面对可能影响信义义务判断的内容，应当要求信托公司进行举证或作出合理的解释和说明，有效保障投资人的合法权益；另一方面对委托人提出的明显欠缺法律依据的要求应当予以限制，避免以知情权纠纷干扰信托公司的正常经营。

具体而言，第一，信托知情权的行权对象是信托事务处理过程中，即信托成立之后产生的文件、信息，对信托成立之前的文件，如尽调报告、信托成立前的相关协议尚无必须披露的法律依据，委托人要求提供的，一般不予支持。

第二，对于信托公司自行制作或其从事信托事务中产生的文件，除季报、年报披露的事项外，对可能影响委托人权利的内容，信托公司应当提供，但不能损害其他委托人的合法权益。对于已公开信息能够满足委托人知情权的，信托公司无须重复提供相关文件。

第三，对于信托公司在处理信托事务中获得的其他主体作出的文件，在缺乏第三方授权的情况下，信托公司无权对外提供，但应当对委托人的质疑进行充分、合理的解释，说明是否依法履行了信托公司的信义义务。鉴于部分信托层层嵌套的复杂设计，委托人在信托关系中获取信息处于极度劣势的地位，必要时，法院应当进行穿透审查，要求信托公司向法院提供底层资产运作时的相关材料以综合判断案件的基本事实，切实保障金融消费者的合法权益。

编写人：北京市西城区人民法院　苏畅

41

关于营业信托保底刚兑条款的认定及刑民交叉案件的处理原则

——某投资管理公司诉某信托公司债权转让合同案

【案件基本信息】

1. 裁判书字号

北京市高级人民法院（2021）京民终222号民事判决书

2. 案由：债权转让合同纠纷

3. 当事人

原告（被上诉人）：某投资管理公司

被告（上诉人）：某信托公司

【基本案情】

2018年，某投资管理公司作为委托人与受托人某信托公司先后签订三份信托合同（简称B-2信托计划），共计认购优先级信托单位3.2亿份，认购金额为3.2亿元，该信托计划底层资产为融资方某医药公司的对外应收账款。信托合同计划成立后，某投资管理公司又作为出让人，某信托公司作为受让人针对上述信托计划另行签订了《信托受益权转让合同》，约定某信托公司在2019年6月，应支付3.2亿元价款的方式向某投资管理公司回购该信托受益权，某信托公司同意到期后无条件支付价款并受让该信托受益权。同时，约定该3.2亿元价款所对应的信托受益权份额届时由双方再行协商确认。

案涉信托计划存续期间，某信托公司先以致函方式向某投资管理公司询证：该信托计划中，某信托公司作为受托人仅承担事务管理类职责，不承担相关风险，双方合同约定中无保底刚兑条款。对此，某投资管理公司复函予以确认。但随后，某信托公司又另行向某投资管理公司第二次致函，说明其前次函询的目的系应对陕西证监局的备案监管要求，并保证某信托公司将继续遵守《信托受益权转让合同》的约定，期满后将无条件支付信托受益权转让价款。

2019 年 6 月，某投资管理公司要求某信托公司依约受让信托受益权并支付相应转让价款。某信托公司表示并未签订过案涉《信托受益权转让合同》，且该转让合同内容与信托计划及首次函询及复函内容相悖。后某投资管理公司依据《信托受益权转让合同》将某信托公司诉至法院，要求其支付 3.2 亿元信托受益权转让价款。

后，某信托公司以《信托受益权转让合同》及相关函件涉嫌伪造印章及合同诈骗等刑事犯罪为由向公安机关报案，公安机关予以立案侦查。一审中，法院委托鉴定机构对上述合同、函件中某信托公司印章进行了司法鉴定，鉴定结论显示某信托公司第二次致函时所用印章与其备案印章一致，《信托受益权转让合同》及第一致函时所用印章与比对样本不一致。

案件审理中，法院查明以下事实：

其一，B-2 信托计划的资金来自案外人某财富公司代销的 B-2 私募基金；其二，经人民法院生效刑事判决认定，在与本案案情相似的 B-3 信托计划中，融资方某医药公司以虚假的底层资产骗取融资款，某信托公司委派的执行经理陈某因明知底层资产造假却促成信托机构放款而犯有合同诈骗罪；其三，陈某负责办理了案涉《信托受益权转让合同》文件的传签工作；其四，上海金融法院审理的（2021）沪 74 民终 148 号案件中，B-2 私募基金投资人原告卢某与被告某财富公司委托理财合同纠纷案中，被告某财富公司在该案二审期间主动提交了本案的《信托受益权转让合同》作为证据，用以证明 B-2 私募基金产品在销售时，某财富公司向投资人披露了后续信托受益权转让的安排，用以保障投资人资金安全；其五，案涉 B-2 信托计划签订后，某财富公司相关人员即联络陈某商议采取传签方式落实订立《信托受益权转让合同》的安排。

【案件焦点】

1. 案涉 B-2 项目《信托受益权转让合同》的真实性；2. 刑民交叉情形下，本案民事诉讼与刑事案件处理间的关系；3. 案涉 B-2 项目《信托受益权转让合同》的法律效力。

【法院裁判要旨】

北京市第二中级人民法院经审理判决如下：

一、某信托公司于本判决生效之日起十日内向某投资管理公司支付信托受益权转让价款 320000000 元，并向某投资管理公司赔偿逾期支付信托受益权转让价款的利息损失（以信托受益权转让价款 320000000 元未偿付部分为基数，自 2019 年 12 月 5 日起至信托受益权转让价款 320000000 元付清之日止，按照全国银行间同业拆借中心发布的贷款市场报价利率计算）；

二、某信托公司于本判决生效之日起十日内赔偿某投资管理公司为实现本案债权所产生的律师费损失 300000 元及诉讼财产保全责任保险保险费损失 256445.16 元。如果未按本判决指定的期间履行给付金钱义务，应当依照《中华人民共和国民事诉讼法》第二百五十三条规定，加倍支付迟延履行期间的债务利息。案件受理费 1686867 元、财产保全申请费 5000 元、鉴定费 368800 元，均由某信托公司负担。

某信托公司不服一审判决，提起上诉。北京市高级人民法院经审理认为：

一、关于案涉信托受益权转让合同的真实性

本院认为，对此应结合本案司法鉴定意见及某信托公司陈某在印文形成过程中的授权情况、具体行为进行综合判断。

对于本案鉴定问题。一审中，某信托公司未在法院指定的期间内对《司法鉴定意见书》提出书面异议，故一审法院未通知鉴定人出庭，并无明显不当。二审审理期间，本院已通知鉴定人出庭接受双方当事人询问，并以专家辅助人出庭的方式便利双方开展质证，已充分保障了各方程序性权利。本院经审查认为，本案司法鉴定程序合法，鉴定人所采取的鉴定方法在可靠性、适当性等方面并无不当，故相关鉴定结论应作为本案的裁判依据。上述鉴定意见认为，《致首金××嘉赢优选 B-2 私募基金管理人某投资管理公司、代销机构××财富管理有限公司的函》上某信托公司公章与某信托公司提供的鉴定样本上某信托公司公章系同一枚印章盖印，即《致首金××嘉赢优选 B-2 私募基金管理人某投资管理公司、代销机构××财富管理有限公司的函》上某信托公司公章为真实印章。该函内容显示，某信托公司确认其与某投资管理公司签订过《信托受益权转让合同》，并承诺将不可撤销、无条件受让相应信托受益权。

此外，从案涉信托计划中某信托公司执行经理陈某的授权情况看，B-2 信托计划中，陈某系某信托公司授权的联络人员及项目执行人员。案涉《信托受益权转让合同》形成过程显示，该合同系某财富公司将文本寄送给陈某，待陈某通过某信托公司内部审批流程加盖印章后再将前述合同文本寄回某财富公司。故陈某在案涉《信托受益权转让合同》传签过程中承担了对外沟通联络及对内发起审批的角色，因此从某投资管理公司及某财富公司等合同相对方角度考量，陈某上述行为并未超越某信托公司授权。

综上，在某信托公司不能提供充分证据反驳某投资管理公司提交的 B-2 项目《信托受益权转让合同》的情况下，本院认为，根据在案证据能够推定，某投资管理公司与某信托公司针对 B-2 项目订立过《信托受益权转让合同》。

二、关于本案与刑事案件处理间的关系

本案中，某信托公司主张，本案不属经济纠纷案件而有经济犯罪嫌疑，应当裁定驳回某投资管理公司起诉并将有关材料移送公安机关。对此本院认为，应结合民事纠纷和刑事案件是否属于同一法律关系，二者审理对象是否为同一事实等进行综合判断。本案当事人及案涉 B-2 项目《信托受益权转让合同》合同主体为某投资管理公司与某信托公司，没有证据显示上述当事人同为刑事案件犯罪嫌疑人，故刑民案件中当事人并不相同。从审理内容看，本案民事纠纷处理的是《信托受益权转让合同》的性质、效力及责任承担问题，而刑事案件解决的是犯罪嫌疑人是否构成犯罪及定罪量刑的问题。对此，根据《全国法院民商事审判工作会议纪要》第一百二十八条之精神，法人或者非法人组织的法定代表人、负责人或者其他工作人员的职务行为涉嫌刑事犯罪或者刑事裁判认定其构成犯罪，受害人请求该法人或者非法人组织承担民事责任的，民商事案件与刑事案件应当分别审理。故本案中某投资管理公司与某信托公司之间的民事纠纷与相关人员涉嫌合同诈骗的犯罪行为不属于同一法律关系，二者诉讼目的、事实基础及法律依据均不相同，民事纠纷与刑事案件应分别处理。

三、关于案涉 B-2 项目《信托受益权转让合同》是否有效

本案中，某投资管理公司主张案涉 B-2 项目《信托受益权转让合同》是独立于信托合同的远期信托受益权转让，系双方依法合规的资金交易安排。某信托公司则抗辩认为该受益权转让合同实质为要求受托人为委托人提供保底或刚兑承诺。对此本院认为，应根据当事人缔约背景、交易目的、履行行为等因素综合判断其真实意思表示，探究当事人真实交易目的，根据真实的权利义务关系认定相关交易的性质与效力。

第一，从时间安排上判断，根据在案证据显示，案涉 B-2 信托计划成立前，资金募集期间，相关参与人员已做出信托受益权的远期转让安排，对此某投资管理公司在庭审中亦不持异议，故相关安排应当视为信托计划的组成部分。

第二，通过对案涉《信托受益权转让合同》内容的文义考察可知，上述合同中，信托收益权转让价款直接约定为 32000 万元，并与 B-2 项目信托产品本金等值，但就交易价款所对应的信托单位数量却未作明确约定。因此该转让合同的订立目的明显在于保障信托产品本金 32000 万元到期实现兑付，而并未反映相关信托产品在受益权转让时的实际净值。

第三，双方业务往来函件内容显示，案涉《业务询证函》及相关《复函》与《致首金××嘉赢优选 B-2 私募基金管理人某投资管理公司、代销机构××财富管理有限公司的函》中对于是 B-2 项目中是否存在保底、刚兑约定冲突，而《致首金××嘉赢优选 B-2 私募基金管理人某投资管理公司、代销机构××财富管理有限公司的函》已明确表达因《信托受益权转让合同》存在保底及刚性兑付

内容而需要对方配合其口径就《业务询证函》进行复函的意图，以达到规避监管的目的。

第四，从《信托受益权转让合同》订立过程看，该合同订立及业务询证主要由基金代销机构某财富公司王某、张甲与某信托公司陈某等人在信托计划成立前协商，并在信托计划成立后直接以相互传签方式签署。同时，张甲、李某等人的证言亦说明，参与相关业务的人员主观上均认为《信托受益权转让合同》系相关信托计划的保底措施。此外，某财富公司在B-2私募基金投资人与其委托理财合同纠纷诉讼中，提交了本案案涉的B-2项目《信托受益权转让合同》，用以证明该私募基金产品存在多项风险缓解措施。本院认为，以上情节相互印证，可以说明该《信托受益权转让合同》从属于B-2信托计划，其订立目的系规避投资风险，以保障资金在到期后能够实现保本退出。

第五，涉某医药公司相关刑事案件中人民法院作出的生效判决显示。在B-4项目中，证人中某信托公司经理张乙、某财富公司经理张甲均陈述与某信托公司签订了信托受益权转让协议目的为控制私募基金风险。此外，人民法院在另案中亦认定“陈某使用某信托用印审批单，在B-2项目《信托受益权转让合同》上加盖某信托公司的公章和法定代表人章，从而满足了某财富公司放款的其中一个必要条件，成为某医药公司使用虚假债权质押融资的重要环节”。以上另案事实可以说明，在交易结构近似，同样由某财富公司负责募集的，以某医药公司应收账款作为底层资产的信托产品中，为私募基金产品提供资金安全保障同样是相关人员促成《信托受益权转让合同》签订的核心目的。

综合以上情节，可以说明案涉B-2项目《信托受益权转合同》从属于信托合同关系，其目的在于保障信托资金的到期实现兑付且本金不受损失。其名为信托受益权转让，实际为对信托计划的保本承诺。对此，某投资管理公司关于该《信托受益权转合同》系某信托公司独立于信托计划的远期受让安排，应属于其正常投资行为的主张，缺乏相关证据佐证，本院不予采信。根据《全国法院民商事审判工作会议纪要》第九十二条之精神，信托公司、商业银行等金融机构作为资产管理产品的受托人与受益人订立的含有保证本息固定回报、保证本金不受损失等保底或者刚兑条款的合同，人民法院应当认定该条款无效。实践中，保底或者刚兑条款通常不在资产管理产品合同中明确约定，而是以“抽屉协议”或者其他方式约定，不管形式如何，均应认定无效。因此，案涉《信托受益权转让合同》基于其保底及刚性兑付性质，违反了《中华人民共和国信托法》第三十四条“受托人以信托财产为限向受益人承担支付信托利益的义务”的规定及《信托公司管理办法》第三十四条、《信托公司集合资金信托计划管理办法》第八条的相关禁止性规定。故案涉 B-2 项目《信托受益权转让合同》依法应认定为无效。

本案中，某投资管理公司要求某信托公司依据 B-2 项目《信托受益权转让合同》支付 32000 万元转让价款，并承担因迟延履行产生的违约责任。其请求权均基于上述《信托受益权转让合同》，该合同无效后，某投资管理公司在本案中的相关诉请于法无据，应予以驳回。其信托计划中的合理损失可基于过错责任依法向某信托公司另案主张。

判决如下：

一、撤销北京市第二中级人民法院（2019）京 02 民初 605 号民事判决；

二、驳回某投资管理公司全部诉讼请求。

【法官后语】

一、金融审判中刑民交叉案件的处理程序

民刑案件是否构成“同一事实”是判断选择刑事程序吸收民事程序还是“刑民并行”程序的核心标准。判断民刑案件是否构成“同一事实”，具体应结合“民事案件与刑事案件的主体是否相同”及“案件基本事实是否相关”等因素进行综合判断。

首先，如民事案件当事人双方与刑事案件的主体不一致的，不能认定为“同一事实”。本案中，《信托受益权转让合同》的当事人为某投资管理公司与某信托公司，上述两公司并非公安局机关立案侦查的合同诈骗罪案件犯罪嫌疑人，因此刑民案件所涉主体并不相同。

其次，刑事案件中具以定罪量刑的事实与民事案件的基本事实无关的，即使主体相同，亦不构成“同一事实”。本案中，民事纠纷要解决的是案涉《信托受益权转让合同》的性质、效力及责任承担问题，而刑事案件解决的是犯罪嫌疑人是否构成合同诈骗犯罪及定罪量刑的问题。对此，《全国法院民商事审判工作会议纪要》第一百二十八条指出，法人或者非法人组织的法定代表人、负责人或者其他工作人员的职务行为涉嫌刑事犯罪或者刑事裁判认定其构成犯罪，受害人请求该法人或者非法人组织承担民事责任的，民商事案件与刑事案件应当分别审理。故本案某投资管理公司与某信托公司之间的民事纠纷与某信托公司工作人员陈某等涉嫌犯罪行为不属于同一法律关系，二者诉讼目的、事实基础及法律依据均不相同，故本案应采用“刑民并行”的处理方式。

最后，在“刑民并行”过程中，如果发现民事案件构成必须以刑事案件的裁判结果为依据，民事案件应当裁定中止审理，采用“先刑后民”模式。其判断依据主要包括：一是民事案件的事实认定或者民事责任承担，需要以行为人所涉刑事案件处理结果为依据。二是民事基本事实明显依赖于刑事诉讼查证的。存在上述情形的，在刑事案件审理结果作出前，民事案件应当中止审理。

本案中，案涉《信托受益权转让合同》等相关往来函件的真实性，通过《司法鉴定意见书》足以作出认定。同时，对于融资方所涉信托产品底层资产造假等涉刑事实，已在法院作出的生效刑事裁判中查明，且案涉《信托受益权转让合同》效力等争议焦点问题能够在已经查明的案情下，结合信托法及相关法律法规、金融监管规定作出最终判断，而刑事案件并不涉及上述民事合同效力的认定。故本案所涉民事与刑事的处理程序并无时间上先后顺位关系，即没有中止审理等待刑事案件处理结果的必要性。

二、信托纠纷中保底刚兑条款的认定

当前，打破刚性兑付，深化金融业供给侧结构性改革，使投资回归其本质已经成为行政监管与司法领域的共识，《全国法院民商事审判工作会议纪要》第九十二条对此也作出了明确规定。实践中，在强监管的背景下，当事人直接在合同中约定刚性兑付的情形很少，多以更为隐蔽的方式出现，司法判断的难度也有所提高。金融机构经常以“债权转让”“保证合同”“第三方增信”之名，行“刚性兑付”之实。因此，在审判实践中需适当运用穿透式审判思维，探究合同背后各方的真实意思表示及真实法律关系，以“实质重于形式”的原则，对相关条款性质作出认定。

对于“刚性兑付”的主体。实践中，进行刚兑的主体有三类：一是信托公司，即信托产品的发行人和管理人；二是结构化信托中的劣后级投资人；三是信托合同以外的其他第三人。“禁止刚性兑付”的主体通常指第一类。

对于“刚性兑付”条款的形成时间。根据约定时信托违约是否已经发生，“刚性兑付”可以分为事前刚兑和事后刚兑。事前刚兑通常属于无效情形。

对于“刚性兑付”的约定形式，常规的方式有出具承诺函、签订差补协议、回购合同等，非常规的方式有滚动发行等。《全国法院民商事审判工作会议纪要》指出，以“抽屉协议”或者其他方式约定，不管形式如何，均应认定无效。

对于“刚性兑付”的认定标准。应聚焦刚兑行为本质进而识别合同条款性质。刚性兑付的实质是脱离金融产品净值基础，虽然免除了投资者应承担的风险，但是违反了信托财产的独立性。

因此，如金融产品提供者在订立合同时即通过一系列事前安排实质上免除投资者风险，审理中就应当引起警惕，并实质审查相关条款是否构成刚性兑付。本案中，某信托公司与某投资管理公司在资金募集阶段即作出安排，到期后由受托人无条件地以信托资产本金等值的对价进行回购，上述交易并未反映信托产品在受益权转让时的实际净值。该转让行为的目的显系实现信托产品到期实现保本退出，具有明显的刚兑性质，应认定无效。

编写人：北京市高级人民法院　施舟骏　郭小宁

八、保险纠纷

42

保险合同投保单部分内容涂改且与保险单内容不一致的，保险人应当证明涂改部分与投保人达成合意

——黎某某诉某保险公司江北支公司保险合同案

【案件基本信息】

1. 裁判书字号

重庆市第一中级人民法院（2022）渝01民终12251号民事判决书

2. 案由：保险合同纠纷

3. 当事人

原告（被上诉人）：黎某某

被告（上诉人）：某保险公司江北支公司

【基本案情】

2019年3月1日，某劳务公司在某保险公司江北支公司处投保团体意外伤害保险并提交《团体建筑施工人员意外伤害保险投保单》（以下简称《投保单》），《投保单》载明投保人、工程名称、投保内容、保障项目、保险期间、计费方式等内容，其中《投保单》计费方式“劳务总造价：860万元”前方框内有手写划勾，其后手写部分内容为“工程造价4300万元”，并排内容为“施

工总面积：33155 平方米”，前有打勾后又涂销打叉的痕迹，手写及涂改内容均无某劳务公司盖章确认。其后，某保险公司江北支公司签发《建筑施工人员团体意外伤害保险保险单》（以下简称《保险单》），《保险单》载明的计费方式为按工程造价 4600 万元计收，其余内容与《投保单》完全一致，某劳务公司签收了《保险单》及保险条款。2020 年 3 月 19 日，黎某某在工作中受伤并住院治疗，产生医疗费 80607. 59 元。同年 6 月 1 日，经重庆两江新区社会保障局认定黎某某受伤为工伤。同年 9 月 10 日，经重庆两江新区劳动能力鉴定委员鉴定黎某某为伤残八级。事故发生后，黎某某向某保险公司江北支公司申请保险理赔未果，诉至法院，要求某保险公司江北支公司支付伤残保险金 120000 元及医疗保险金 30000 元。审理中，某保险公司江北支公司答辩称，某劳务公司没有按工程造价足额投保，对黎某某的赔偿取决于某劳务公司是否增加保费足额投保。若某劳务公司不同意增加保费足额投保，则保险人只应按照保险合同约定进行比例赔付。

【案件焦点】

《投保单》内容有涂改，涂改前内容与《保险单》内容不一致，投保人未对《投保单》涂改内容进行确认的，应以《投保单》内容为准还是《保险单》内容为准。

【法院裁判要旨】

重庆市江北区人民法院审理认为：案涉《投保单》上绝大部分内容均为保险人事先拟定印制，某劳务公司在《投保单》上盖章时双方已就投保工程情况、适用条款、保障内容、劳务总造价、施工总面积、保险期间以及保费金额等内容达成合意，除计费方式外，《保险单》上内容与《投保单》上内容亦完全相符。在双方已协商一致的情况下，计费方式“施工总面积”前方框处明显有涂改痕迹，且计费方式系在“劳务总造价”前方框内打钩，“工程造价：4300 万元”为手写添加，若是双方合意变更计费方式，应当由某劳务公司予以签字盖章确认。某保险公司江北支公司作为专业的保险公司，并未举示证据证明手写部分为何人所写，亦无证据证明该手写添加内容系在某劳务公司盖章前已形成，某劳务公司亦否认为其公司填写，某保险公司江北支公司应当承担双方已合意变更计费方式的举证责任。从《投保单》中载明的计费方式“劳务总造价860万元”及“施工总面积33155平方米”来看，与某劳务公司投保时提交的《建设工程施工劳务分包合同书》载明内容相符，且除《建设工程施工劳务分包合同书》外，某劳务公司陈述未再向某保险公司江北支公司提交其他书面材料，某保险公司江北支公司亦未举示证据证明某劳务公司投保时提交了除《建设工程施工劳务分包合同书》外的其余书面材料中有载明工程总造价为4300万元。因此，按照《投保单》内容所示，某劳务公司系在计费方式“劳务总造价：860万元”前打勾，某保险公司江北支公司举示的证据不足以证明双方对计费方式的约定为按工程总造价4300万元收取，故因《投保单》计费方式有涂改且涂改部分未与投保人达成合意，某保险公司江北支公司对某劳务公司系不足额投保应按比例赔付的辩称未予采信。据此，判决某保险公司江北支公司支付黎某某相应保险理赔款及医疗费。

【法官后语】

一、本案争议焦点及剖析

投保人与保险人订立保险合同应当协商一致，投保单为保险合同的重要组成部分，投保单上内容有涂改，且涂改部分内容未经投保人确认的，保险人应当证明就涂改内容与投保人达成合意，不能证明的，保险人主张以保险单内容为准，人民法院不予支持。

投保单的性质为要约。保险实务中，投保单通常由保险人统一印制，尤其在单位投保时，双方事前已就被保险人、受益人、保险期间、保险费、保障内容等协商一致，保险人提供的投保单上已印制上述内容，仅需投保人盖章确认即可，保险人再据此签发保险单。投保单内容通常具体、确定，亦表明经保险人承诺投保人即受该意思表示约束，是投保人向保险人申请订立保险合同的书面要约。保险人同意投保人要约后签发保险单即为承诺，承诺的内容应当与要约的内容一致。保险人对投保单内容作出实质性变更的，为新要约。新要约应由投保人作出承诺才对投保人发生法律效力。保险合同与一般合同书明显区别在于保险合同并不仅仅指保险人签发的保单。"投保单、保险单以及保险人签发的其他保险凭证均对投保人与保险人的权利义务关系作出了约定，都属于保险合同理赔的凭证和依据"。故保险合同非以投保人与被保险形成时间在后的合同书为准，投保单及其他保险凭证亦是保险合同的重要组成部分，只有在投保单、保险单及其他保险凭证内容相互印证时，保险单才得以成为保险合同内容。

二、保险合同内容的认定规则

《中华人民共和国保险法》第十一条规定，订立保险合同，应当协商一致；《最高人民法院关于适用〈中华人民共和国保险法〉若干问题的解释（二）》第十四条规定，保险合同中记载的内容不一致的，按照下列规则认定……投保单与保险单不一致的，以投保单为准。但不一致的情形系经保险人说明并经投保人同意的，以投保人签收的保险单或者其他保险凭证载明的内容为准。由此可知，保险单是保险人同意承保的意思表示，应当与投保单内容保持一致。若保险人对投保单的内容作出实质性变更的，应当就变更内容与投保人重新达成合意。但在保险业实务操作中，保险人未就变更内容与投保人重新达成合意的现象屡见不鲜。在投保单内容有涂改且与保险合同内容不一致时，认定保险合同内容效力存在以下三种情形。

（一）涂改内容在其他保险凭证上重复记载并经投保人确认。此种情况下，虽然投保人填写的投保单内容被涂改，但通过其他权利凭证上记载的相同内容且内容已经投保人确认，可知保险人与投保人已就投保单上涂改内容达成了变更合意，故涂改内容合法有效，对投保人具有法律约束力。

（二）涂改内容未在其他权利凭证上重复记载，但保险人已就涂改部分向投保人说明并经投保人同意后记载于保险单或其他保险凭证上的，保险合同内容以投保人签收的保险单或者其他保险凭证载明的内容为准。此时，保险人已尽到说明义务，且投保人同意变更投保单内容，保险人据此签发保险单或其他保险凭证，保险单或其他保险凭证载明内容为保险合同内容。

（三）涂改内容未在其他权利凭证上记载，保险人亦未向投保人说明并经投保人同意的，以投保单载明内容为准。保险合同是专业性合同，投保单及保险单所使用文字、表述及概念均有专业性，投保人在投保单上填写内容是保险合同的特别条款的来源及依据，亦是每份保险合同与其他保险合同不同之处，反映投保人最初的投保意愿。若保险人对投保单内容作出实质性变更而未与投保人重新达成合意的，径行签发保险单并将保单及保险条款送至投保人，投保人作为缺乏专业保险知识的消费者，在保险人未明确告知的情况下，通常仅关注保险费金额、保障内容是否与投保单一致，对其他种类繁多的条款一一核对的可能性较小，要求投保人发现投保单与保险单内容不一致并及时向保险人提出书面异议无疑是加重了投保人的责任，免除了保险人的说明义务。一旦发生保险事故引发纠纷，对于保险合同内容产生争议时，投保人方才知晓保险合同内容有所变更，显然对于投保人极为不利。故投保单上内容有涂改的，应当由保险人证明涂改内容与投保人达成合意，否则涂改内容对投保人不发生合同效力。

三、本案的典型意义及延伸思考

随着社会不断发展进步，商业保险已经成为公民个人、市场行业分散风险的重要经济手段。鉴于保险合同大都采取格式合同形式，投保人与保险人是否达成协商一致的意思表示，往往成为当事人之间的争议焦点。投保人在投保单上填写内容是保险合同的特别条款的来源及依据，最能充分反映投保人的投保意愿。投保单、保险单以及保险人签发的其他保险凭证均对权利义务关系作出约定，都属于保险合同理赔的凭证和依据。只有在投保单、保险单及其他保险凭证内容相互印证时，保险单才得以成为保险合同内容。本案中，保险单内容有涂改的，其与投保单上就计费方式的内容记载不一致，应由保险人举证证明已就涂改内容与投保人达成合意，不能证明的，涂改内容对投保人不发生合同效力，保险人主张以保险单内容为准，人民法院不予支持。该案裁判对规范保险活动、保护投保人合法权益、规范保险行业健康有序发展具有较大的参考价值。

编写人：重庆市江北区人民法院　郭雪妍

43

如何认定保险合同特别约定的效力

——吴某某等诉中国某某财产保险股份有限公司重庆分公司人身保险合同案

【案件基本信息】

1. 裁判书字号

重庆市第一中级人民法院（2022）渝 01 民终 8278 号民事裁定书

2. 案由：人身保险合同纠纷

3. 当事人

原告（被上诉人）吴某某、黄某甲、黄某乙、张某某

被告（上诉人）：中国某某财产保险股份有限公司重庆分公司（以下简称某某财险重庆分公司）

【基本案情】

2021 年 3 月 6 日，案外人重庆某某汽车运输有限公司（以下简称某某汽车运输公司）为其所属渝 B×××××货车某某财险重庆分公司投保了某某驾乘意外伤害保险，保险期为 2021 年 3 月 26 日至 2022 年 3 月 25 日，被保险人为驾驶或乘坐该车的人员及被保险人人数 2 人，意外伤害身故保险金额为 10 万元。《非车保险保险单》特别约定第 2 条（2）约定，保险责任仅限于道路交通事故，出险后凭交通管理部门出具的事故证明向保险公司索赔。《某某产险驾乘意外伤害保险条款》第五条约定，被保险人在保险期间内因驾驶保险单载明的机动车辆，在行使过程中或为维护车辆继续运行（包括加油、加水、故障修理、换胎等）的临时停放过程中遭受意外伤害事故，并自事故发生之日起一百八十日

内因该事故身故的，保险人按意外伤害保险金额给付身故保险金。2021 年 7 月 22 日，被保险人黄某丙驾驶货车到案外人刘某某的木料加工场内为其运送木料，装完货物后出发前，黄某丙在给车辆木料盖油布时不慎从车辆摔倒至地面，后经医院抢救无效死亡。某某财险重庆分公司于 2021 年 9 月 22 日出具《拒赔通知书》，认为案涉事故非保单约定的保障范围，并作出不予给付保险金的决定。另查明，四原告为黄某丙的全部法定第一顺序继承人，认为被保险人黄某丙在出发以前给车上木料盖油布是为了维护车辆继续安全运行，其身故属于保险合同约定的理赔范围，某某财险重庆分公司拒赔缺乏依据，遂请求法院判令某某财险重庆分公司向四原告支付意外伤害身故保险金 10 万元。某某财险重庆分公司未作答辩。

【案件焦点】

某某财险重庆分公司应否向四原告支付意外伤害身故保险金 10 万元。

【法院裁判要旨】

重庆市江北区人民法院经审理认为：1. 根据《某某产险驾乘意外伤害保险条款》约定，被保险人在保险期间内因驾驶保险单载明的机动车辆，在行使过程中或为维护车辆继续运行（包括加油、加水、故障修理、换胎等）的临时停放过程中遭受意外伤害事故，并自事故发生之日起一百八十日内因该事故身故的，保险人按意外伤害保险金额给付身故保险金。即保险条款将被保险的车辆行驶及为继续运行的维护等情况均纳入保险范围。虽然《非车保险保险单》特别约定“保险责任仅限于道路交通事故”，但该内容并未在保险条款中予以明确约定，二者并不一致，应从有利于被保险人的角度解释，即被保险人黄某丙在驾驶车辆到达目的地后装货盖油布的行为，应认定为黄某丙为维护车辆继续运行的行为，其从车上不慎摔倒至地面并致重型颅脑损伤，经医院抢救无效死亡，属于在维护车辆继续运行过程中遭受的意外事故。2. 受益人称某某财险重庆分公司未对《非车保险保险单》特别约定第 2 条第（2）款约定不同于《某某产险驾乘意外伤害保险条款》第五条约定之处进行提示和说明，前者约定因某某财险重庆分公司未作提示和说明而无效。因对被保险人和受益人而言，前者约定的条件更加严格，某某财险重庆分公司应当对《非车保险保险单》特别约定第 2 条第（2）款作提示和说明，现无证据表明某某财险重庆分公司对该条款尽到了详细说明义务，故本院对吴某某、黄某甲、黄某乙、张某某的该意见予以采纳。综上，被保险人黄某丙所受意外事故应属于保险公司承担保险责任的理赔范围，同时本案不存在其他保险合同的免责事由，且在被保险人未指定身故保险金受益人的情况下，原告吴某某、黄某甲、黄某乙、张某某作为被保险人黄某丙的第一顺位法定继承人，其主张保险公司支付被保险人黄某丙的身故保险金 10 万元，符合合同约定及法律规定。

重庆市江北区人民法院判决如下：

被告某某财险重庆分公司于本判决生效之日起十日内向原告吴某某、黄某甲、黄某乙、张某某支付意外伤害身故保险金 10 万元。

某某财险重庆分公司不服一审判决，提出上诉。二审中，某某财险重庆分公司提出撤回上诉的请求，重庆市第一中级人民法院认为该撤回上诉的请求不违反法律规定，予以准许。

重庆市第一中级人民法院依照《中华人民共和国民事诉讼法》第一百八十条之规定，裁定如下：

准许某某财险重庆分公司撤回上诉。

【法官后语】

不利解释原则的适用前提是保险当事人就同一保险格式条款的含义产生了分歧且存在两种以上的合理解释。特别约定条款原则属于保险双方协商作出的约定，不属于格式条款，应优先于保险格式合同条款。但现实中一些保险公司经营不规范，特别约定内容并非双方协商的结果，特别约定如何定性，非格式条款与格式条款不一致如何取舍等问题，直接关系到被保险人能否获得保险赔付。

一、特别约定条款是否当然为格式条款

保险经纪人员与投保人签订保险合同时，会根据被保险人的具体情况，对保险条款内容进行变更或补充，此时针对这种具体情况达成的约定通常记载于保险单或其他保险凭证的“特别约定”中。出险后，投保人/被保险人对该特别约定内容及效力不予认可，纠纷由此而生。

非格式条款在保险单或其他保险凭证上常以“特别约定”条款的面目出现，既然称之为特别约定，应当是缔约双方当事人经过磋商后特别作出的约定。然而，司法实践中，特别约定的内容并非全部都是经磋商后达成的一致意见，如果对特别约定当然认定为非格式条款，可能存在保险人以特别约定之名行免责实而损害被保险人利益的情况。由于特别约定强调磋商的结果，因此对特别约定原则定性为非格式合同条款，但针对保险人利用特别约定系非格式条款而规避责任的情形时，宜进行穿透式审查。

二、特别约定与格式条款不一致的认定问题

保险公司可以凭借其优势地位或利用消费者不了解情况等，将不公平的内容以非格式条款的方式载入特别约定，因此，即便以前的《中华人民共和国合同法》第四十一条后半段以及当前的《中华人民共和国民法典》第四百九十八条后半段均规定“格式条款和非格式条款不一致的，应当采用非格式条款”，法院不宜机械适用前述规定直接确认特别约定即非格式条款，并进而认定非格式条款有效，此种认定显然违背立法目的。在个案审理中，法官应采限缩解释的方式进行平衡，对《合同法》第四十一条后段设定但书，确认非格式条款明显不利于消费者并与格式条款不一致时，认定格式条款有效，而非格式条款无效。当然，如果特别约定条款是真实的双方协商的结果，且投保人充分了解并知晓相应后果，后果又对被保险人并不过分不利，仍然可以认定特别约定有效并优先。

三、非格式条款与格式条款不一致，以非格式条款为准的适用前提条件

非格式条款多存在于保险单等特别约定中，但并非所有的特别约定都为非格式条款。当认定特别约定的内容并非协商的结果，无法体现投保人的真实意思，且与保险合同格式条款冲突时，则不能以“格式条款和非格式条款不一致的，应当采用非格式条款”的规定进行认定。该规定的适用需同时满足以下两

个前提条件。

第一，非格式条款体现投保人的真实意思表示。一般而言，特别约定是双方当事人经磋商后达成的约定，应当最能体现当事人的真实意思表示，也正因如此，特别约定条款才具有了优于其他条款的效力之正当性基础。但实践中，特别约定成了一些保险公司规避己方责任、限制被保险人权利等的方式，特别约定不能真实反映双方磋商的结果。特别约定应当忠实反映保险双方当事人磋商的结果，如果投保人或被保险人不认可特别约定内容，保险公司应当举证证明特别约定是双方协商的结果，或者至少征得投保人的同意。此处的征得同意，并不能以投保人在保险单或其他保险凭证上签章来倒推，而需举出其他证据明确证明特别约定是双方协商的结果，或者举出保险公司对该特别约定改变保险条款内容及产生的后果明确告知投保人并进行详细说明的证据。否则这种特别约定有名无实，无法体现投保人的真实意思表示。既然不是投保人的真实意思表示，也不是保险合同的内容，自然对投保人不发生法律效力，也自然不能适用特别约定即非格式条款，依据“格式条款和非格式条款不一致的，应当采用非格式条款”的规定进行认定。因此，当特别约定内容是双方磋商的结果，才能认定为非格式条款，才符合适用“格式条款和非格式条款不一致的，应当采用非格式条款”的条件。

第二，非格式条款与格式条款实质冲突。不能机械理解非格式条款与格式条款不一致时，一律适用非格式条款优先。非格式条款与格式条款不一致，只有在两者有实质冲突，必须作出取舍时，才能适用优先采用非格式条款。如果特别约定限缩了保险条款的内容，限缩后的内容对投保人不利，但保险公司并不能证明系经双方特别磋商达成的意见，或者不能证明限缩的系投保人为减少保费等，则违反了第一个前提条件，即不能认定特别约定系投保人的真实意思表示，该特别约定无效，当然不能认定二者同时适用，仅能适用对投保人有利的保险条款。

编写人：重庆市江北区人民法院　邓忠明

44

无创产前基因检测事故的保险责任认定

——李某某诉某保险公司深圳分公司保险案

【案件基本信息】

1. 裁判书字号

云南省昆明市五华区人民法院（2022）云0102民初10523号民事判决书

2. 案由：保险纠纷

3. 当事人

原告：李某某

被告：某保险公司深圳分公司

【基本案情】

原告在产前检查时应医院建议购买了无创产前基因检测医疗保险，并与被告签订了知情同意书。检测后，结果显示为低风险。婴儿出生后，因重症肺炎、低氧血症、混合性酸碱平衡失调等多达11种症状住院。经医院委托送检，结果显示婴儿存在多达3处染色体异常，该结果与婴儿表型较吻合。原告据此向被告索赔无果，遂诉至法院请求判令：1. 被告立即向原告支付保险赔偿金40万元；2. 被告承担本案之诉讼费用。

被告某保险公司深圳分公司辩称：原告签署的知情同意书已列明承保的染色体区段，李某涵检测出的3个区段染色体异常不在承保范围内，不属于保险责任，请求驳回。

法院经审理查明，2020年3月，李某某在孕检过程中接受了胎儿染色体异常无创产前基因检测，并签字确认知晓检测范围（包含“17p13.3重复综合征

8Mb”）。同日，李某某签字确认了知情同意书，该同意书载明由××基因作为投保人在被告处为受检者办理投保手续并交纳保险费用。若检测结果为低风险，但受检者的婴儿出生后一年内经二级及以上医院专科医生明确诊断患有检测范围内疾病，由被告依约给付受检者保险金 40 万元。检测后，结果显示 88 种缺失/重复综合征检测区域及精度范围内未检测出异常，为低风险。2020 年 8 月，李某某的儿子李某涵出生。2021 年 6 月，李某涵因生长发育迟缓（中度）、佝偻病（初期）等临床表现至其他医院就诊，并由医院委托医学检验所对其进行全外显子基因分析，结果显示为“与患者表型较吻合，但治病证据不充分，不排除其发病可能的变异”。另，北京海思特医学检验实验室出具的报告显示：李某涵 17p13.3 区带的染色体异常，异常类型为缺失，异常大小为 1.02Mb，临床意义为可能致病性改变［临床主要表现为无脑回畸形、小头畸形、面部畸形（前额突出、眼距过宽、睑裂上斜、朝天鼻等）、心脏畸形、生长迟缓、智力缺陷、癫痫及脑电图异常等］。李某某据此向某保险公司深圳分公司索赔无果后，遂诉至本院。

【案件焦点】

李某某之子李某涵检出的染色体异常是否属于约定保险范围？

【法院裁判要旨】

云南省昆明市五华区人民法院经审理认为：本案保险系由××基因投保，鉴于投保人与保险人之间存在胎儿染色体异常无创产前基因检测的合作关系，其投保目的应是为受检孕妇的检测服务提供保险保障。为此，××基因与被告之间签订的《保险合作协议》应作为涉案保险的一部分，该协议保险方案明确载明包含 88 种染色体缺失/重复综合征在内的检测结果为低风险或阴性的受检者，其胎儿在出生后一年内经县级及以上医院专科医生明确诊断患有 88 种染色体缺失/重复综合征，保险人即根据《阳光关爱母婴平安团体特定疾病保险条款》给付受检者特定疾病保险金人民币 40 万元，上述条款也被纳入被保险人李某某签字确认的知情同意书的保险责任范围中。现原告李某某的检测结果均为低风险，其子（李某涵）在出生后被诊断出包含于88种染色体检测范围内的17p13.3染色体异常（异常类型为缺失，异常大小为1.02Mb），符合保险责任情形，构成保险事故，被告作为保险人应向原告李某某赔付40万元。至于被告提出案涉17p13.3染色体仅能检测重复，不能检测缺失，且检测区段大小为8Mb，与本案检测异常的区段大小1.02Mb不符，超出保险责任范围的抗辩，本院认为，按照常理，检测基因是否重复的前提为确认该基因是否存在，仅能检测重复，无法检测缺失有悖常理，且双方均无法举证证明告知书中载明的检测区段大小8Mb是否包含异常区段1.02Mb的情况下，根据《保险法》第三十条"采用保险人提供的格式条款订立的保险合同，保险人与投保人、被保险人或者受益人对合同条款有争议的，应当按照通常理解予以解释。对合同条款有两种以上解释的，人民法院或者仲裁机构应当作出有利于被保险人和受益人的解释"之规定，本院对被告的该项抗辩依法不予支持。

判决如下：

被告在本判决生效之日起十日内赔付原告保险金40万元。如果未按本判决指定的期间履行给付金钱义务，应当依照《中华人民共和国民事诉讼法》第二百六十条之规定，加倍支付迟延履行期间的债务利息。

减半收取的案件受理费3650元，由被告负担。

【法官后语】

一、背景意义

随着二胎、三胎时代的到来，生育逐渐趋于高龄化，无创产前基因检测成为越来越多孕期女性的选择。巨大的需求带来巨大的市场，在商业利益的驱动下，无创产前基因检测的保险捆绑销售已成为行业常态，由此引发的纠纷、矛盾日益凸显。

二、受检者在保险合同中法律地位

本案涉及的无创产前基因检测保险类似于团体保险。有区别的地方在于，团体保险通常由单位出资，单位员工属于纯受利益的个体，而无创产前基因检测的保险费用形式上虽由基因公司支付，但实际支付主体却值得深究。毕竟，从基因公司庞大的现金流中，受检者向其支付的检测费中是否包含保险费用难以厘定。如若保险费用出自受检者，从实体权利义务的内容分析，基因公司仅为名义投保人，属代为投保性质，不承担合同义务，作为被保险人的受检者才是真正的投保人。综合考量此类保险的投保目的、运营模式等因素，笔者认为更应认定受检者为实际的投保人。

三、受检者在基因领域的认知局限

此类保险的实际投保人若为受检者，根据《中华人民共和国保险法》第十七条第二款“对保险合同中免除保险人责任的条款，保险人在订立合同时应当在投保单、保险单或者其他保险凭证上作出足以引起投保人注意的提示，并对该条款的内容以书面或者口头形式向投保人作出明确说明；未作提示或者明确说明的，该条款不产生效力”之规定，保险公司对免责的保险范围负有提示说明义务。但在现实情况中，形式上的投保人是基因公司，其作为专业检测公司，对于保险范围即检测范围、精度等内容必然十分了解，更有可能是保险范围的制定者，提示说明对其来说并不必要。相反，对于受检者而言，基因检测是专业性很强的复杂领域，医生的简单说明尚且难以了解皮毛，更何况是细致到区段、点带、基因重复与缺失等专业术语。由此，受检者在基因领域的认知局限，造成了其在合同签订时的弱势地位。

四、有利于被保险人解释原则的运用

如前文所述，在此类案件中，受检者的法律地位难以认定，签订合同时处于弱势地位，无论从法理、情理还是社会效果的角度出发，都应当结合多种因素谨慎考虑，而不是片面的、机械化的认定保险责任。本案中，从形式上看，受检者作为被保险人，保险公司对其并无提示说明义务，受检者对保险范围可谓是不知所以甚至是一无所知，在保险公司以此为由抗辩的情况下，若受检者因此败诉，法律效果、社会效果及价值评判均有缺失。反之，依照《中华人民共和国保险法》第三十条“采用保险人提供的格式条款订立的保险合同，保险人与投保人、被保险人或者受益人对合同条款有争议的，应当按照通常理解予以解释。对合同条款有两种以上解释的，人民法院或者仲裁机构应当作出有利于被保险人和受益人的解释”之规定，以不具备基因专业知识的普通人的认知标准对条款作出有利于受检者的解释，更为妥当。

编写人：云南省昆明市五华区人民法院　何雅蓉

九、票据纠纷

45

电子商业承兑汇票中对前手追索权的判定

——温州某电气公司诉安装公司等票据案

【案件基本信息】

1. 裁判书字号

广西壮族自治区柳州市中级人民法院（2022）桂02民终4863号民事判决书

2. 案由：票据纠纷

3. 当事人

原告（被上诉人）：温州某电气公司

被告（上诉人）：安装公司

被告：地产公司、工贸公司、柳州某电气公司、湖南某电气公司

【基本案情】

2020年6月11日，地产公司向安装公司出具一份电子商业承兑汇票，票据金额为人民币200000元，收票人为安装公司，承兑人为地产公司，承兑汇票到期日为2021年6月11日。之后该商业承兑汇票连续背书转让给温州某电气公司，背书人依次分别为：安装公司、工贸公司、柳州某电气公司、湖南某电气公司。温州某电气公司于2021年6月1日向承兑人地产公司提示付款，被拒

绝付款，理由为商业承兑汇票承兑人账户余额不足，拒付日期为2021年6月4日；同月9日，温州某电气公司第二次向承兑人地产公司提示付款，又被拒绝付款，理由为商业承兑汇票承兑人账户余额不足，拒付日期为2021年6月11日；2021年8月9日温州某电气公司第三次提示付款，仍被拒绝付款，理由为商业承兑汇票承兑人账户余额不足，拒付日期为2021年8月11日。温州某电气公司遂将地产公司、安装公司、工贸公司、柳州某电气公司、湖南某电气公司诉至法院，请求地产公司支付票据款200000元以及相应利息，安装公司、工贸公司、柳州某电气公司、湖南某电气公司对以上诉请承担连带责任。安装公司辩称温州某电气公司未在法定提示付款期限内提示付款，丧失对前手的追索权。

【案件焦点】

温州某电气公司未在法定提示付款期限内提示付款，是否丧失对前手的追索权。

【法院裁判要旨】

广西壮族自治区柳州市城中区人民法院经审理认为：《中华人民共和国票据法》第五十三条第一款第二项规定，定日付款、出票后定期付款或者见票后定期付款的汇票，自到期日起十日内向承兑人提示付款，本案的商业汇票提示付款期间为到期日起十日内。根据《电子商业汇票业务管理办法》第六十六条规定："持票人在票据到期日前被拒付的，不得拒付追索。持票人在提示付款期内被拒付的，可向所有前手拒付追索。持票人超过提示付款期提示付款被拒付的，若持票人在提示付款期内曾发出过提示付款，则可向所有前手拒付追索；若未在提示付款期内发出过提示付款，则只可向出票人、承兑人拒付追索。"持票人是否丧失对前手的追索权，关键取决于承兑人拒绝付款的时间。本案中，温州某电气公司第二次提示付款时间为2021年6月9日，为该汇票到期日前两日，但该次提示付款承兑人拒绝付款的时间为2021年6月11日，即汇票到期日当天，表明承兑人地产公司是在提示付款期内作出拒绝付款的意思表示，故持票人温州某电气公司并不丧失对所有前手即安装公司、工贸公司、柳州某电气公司、湖南某电气公司的追索权，安装公司、工贸公司、柳州某电气公司、湖南某电气公司应对地产公司债务承担连带清偿责任。

广西壮族自治区柳州市城中区人民法院依照《中华人民共和国票据法》第二十六条、第四十四条、第六十八条、第七十条，《电子商业汇票业务管理办法》第五十九条、第六十六条，《中华人民共和国民事诉讼法》第一百四十七条的规定作出判决：

一、地产公司于判决生效之日起十日内向温州某电气公司支付票据款200000元；

二、地产公司于判决生效之日起十日内向温州某电气公司支付逾期付款利息2331.39元（暂计至2021年9月30日，之后利息以200000元中未付款部分为基数，按年利率3.85%计至实际付款之日止）；

三、安装公司、工贸公司、柳州某电气公司、湖南某电气公司对地产公司上述第一项、第二项债务承担连带清偿责任；

四、驳回温州某电气公司的其他诉讼请求。

安装公司不服一审判决，提起上诉。广西壮族自治区柳州市中级人民法院经审理后判决：

驳回上诉，维持原判。

【法官后语】

票据是市场经济主体间进行交易的重要支付手段，在经济迅速发展的今天，纸质票据使用越来越少，票据交易的载体则以电子票据为主要表现形式。因《中华人民共和国票据法》制定时电子票据尚未兴起，对电子票据有关的规定相对较少，而《电子商业汇票业务管理办法》的出台对规范电子商业汇票流通，保障电子商业汇票活动中当事人的合法权益起到重要作用。

本案中涉案票据即为电子商业承兑汇票，持票人温州某电气公司三次向承兑人地产公司提示付款，均被以账户余额不足为由拒绝付款，地产公司作为承兑人需承担票据款给付义务自不待言，本案的关键为温州某电气公司未在法定提示付款期限内提示付款，是否丧失对前手的追索权。第二次提示付款时间为2021年6月9日，而该承兑汇票的到期日为2021年的6月11日。根据《中华人民共和国票据法》的相关规定，商业汇票的提示付款期为票据到期日起十日内，可得出温州某电气公司提示付款并不在提示付款期内的结论。但第二次提示付款因承兑人在提示付款期内作出拒绝付款的意思表示而使得温州某电气公司并不丧失对票据前手的追索权。之所以会得出此种结论则是依据《电子商业汇票业务管理办法》中六十六条的规定，“持票人在提示付款期内被拒付的，可向所有前手拒付追索。”即持票人是否享有追索权不在于持票人是否在提示付款期内提示付款，而在于承兑人是否在提示付款期内拒付。结合本案，虽然温州某电气公司提示付款并不在提示付款期内，但2021年6月11日既是涉案汇票的到期日，也是提示付款期的开始日，二者之间并不冲突。由于承兑人地产公司在2021年6月11日作出了拒绝付款的意思表示，从而使得持票人温州某电气公司享有对于前手的追索权，故票据前手都应当对地产公司的给付票据款的义务承担连带责任。

《电子商业汇票业务管理办法》中以承兑人拒付的时间为依据来认定持票人是否享有追索权，逻辑在于民法中对于意思表示效力的规定。从表面上看，票据法是规范票据行为的法律，但其更是民法中的特别法，仍旧处于民法这一大类之中。对于票据关系中双方当事人意思表示若票据法中无相关规定，则适用民法中的一般规定。《中华人民共和国民法典》中有对双方以非对话方式作出的意思表示效力的规定，即到达相对人时该意思表示发生效力。持票人提示付款的意思表示自进入承兑人特定系统时生效，持票人意思表示的效力仍在持续。承兑人作出拒绝付款的意思表示则是在持票人已经生效的意思表示的基础上作出，是对持票人生效意思表示的承接，故以承兑人拒付的意思表示生效时间为界点来认定持票人是否享有追索权。

编写人：广西壮族自治区柳州市城中区人民法院　韦钧壬

46

电子商业汇票线下追索权的效力审查

——某建材公司诉某工程公司等票据追索权案

【案件基本信息】

1. 裁判书字号

广西壮族自治区柳州市中级人民法院（2022）桂02民终4557号民事判决书

2. 案由：票据追索权纠纷

3. 当事人

原告（上诉人）：某建材公司

被告（被上诉人）：某工程公司、龙某某、杨某某、房地产柳江公司、房地产南宁公司、房地产集团

【基本案情】

2020年9月11日，房地产柳江公司作为出票人、承兑人向某工程公司出具一份电子商业承兑汇票，票据金额为572938.59元，汇票到期日2021年9月11日，票面载明“可转让、到期无条件付款承兑”。2020年10月19日，某工程公司将该汇票背书转让给臻某公司，同日，臻某公司背书转让给文某公司。2020年10月20日，文某公司背书转让至某建材公司。某建材公司于2021年9月13日向承兑人发出提示付款指令，同日被拒付，拒付理由为“商业承兑汇票承兑人账户余额不足”。某建材公司在汇票被拒付后诉至法院，通过线下诉讼方式向票据债务人进行追索，并基于票据前手即臻某公司被注销，杨某某、龙某某系该公司股东，以及房地产柳江公司系房地产南宁公司的全资股东，房地产南宁公司系房地产集团的全资股东，诉请上述主体承担相应责任。

【案件焦点】

电子商业汇票的追索行为是否必须通过电子商业汇票系统办理，如未经线上追索而直接以线下诉讼方式，是否导致持票人丧失对前手的追索权利。

【法院裁判要旨】

广西壮族自治区柳州市柳北区人民法院经审理认为：案涉电子商业承兑汇票记载事项真实、完整，背书连贯，具备《中华人民共和国票据法》规定的形式要件，为合法有效的票据。某建材公司为持票人，在没有证据证明其非法持有时，其依法享有票据的相关权利。对于追索行为是否有效的问题。首先，《电子商业汇票业务管理办法》（以下简称《电票管理办法》）并未限定持票人未经线上追索即丧失起诉权；其次，在票据法没有规定线上追索是持票人起诉的前置程序的情况下，持票人被拒付后直接向人民法院起诉并不违反法律的强制性规定；最后，持票人即使经过线上追索未获得付款后，以起诉的方式的行使追索权仍然是对自身权利救济而进行的必要、有效的途径。因此，某建材公司作为案涉票据的合法持有人，在案涉票据到期日后提示付款期内提示付款被拒绝承兑，通过向人民法院起诉的方式行使追索权符合法律的规定，应予以支持。该院判决：

一、房地产柳江公司向某建材公司支付电子商业承兑汇票金额 572938.59 元并支付利息；

二、某工程公司、龙某某、杨某某、房地产南宁公司、房地产集团对房地产柳江公司的上述第一项债务承担连带责任。

龙某某不服提出上诉，广西壮族自治区柳州市中级人民法院经审理认为：《电票管理办法》第五条关于电子商业汇票的追索“必须通过电子商业汇票系统办理”的规定，并非是对票据行为效力的限制规定。故持票人在承兑人或付款人拒绝付款后未在电子商业汇票系统行使追索权，直接向法院起诉行使追索权的，应认定该追索行为合法有效，故二审法院同意一审法院裁判意见。判决如下：

驳回上诉，维持原判。

【法官后语】

2009年10月，中国人民银行制定出台《电票管理办法》，其批准建设的电子商业汇票系统（Electronic Commercial Draft System，以下简称ECDS或电票系统）上线运行。由于电子票据与纸质票据在载体、签章、出示等方面有显著不同，电子商业汇票是出票人依托于电票系统，以数据电文形式制作的票据，故电子商业汇票追索权的行使，能否沿用纸质汇票通过线下诉讼方式行使，在司法实践中存在较大争议，存在两种截然相反的判决观点。本案的审理难点，是在票据法对电子商业汇票未进行规定的情况下，如何正确理解适用《电票管理办法》第五条规定。本文从当前司法实践的争议出发，从法律体系解释、文义解释的角度对《电票管理办法》第五条规定作出理解，厘清票据追索权行使要件，对该类案件审理具有重要意义。

一、司法实践争议，目前主要有两种观点：第一种认为线下行使电子商业汇票追索权的，不产生追索效力；第二种认为持票人未通过电票系统发起追索，并不因此丧失追索权。两种裁判观点分歧主要在于：1.《电票管理办法》是否能作为裁判依据，《电票管理办法》第五条规定追索“必须通过电子商业汇票系统办理”，是属于对业务办理方式作出的规范，还是限定持票人未经线上追索即丧失追索权。2. 线下追索是否会导致票据行为不符合要式性要求而无效。3. 是否会影响再追索权行使、脱离电票系统监管、破坏电票规则、威胁票据金融市场安全等不利后果。

二、《电票管理办法》第五条规定的理解。首先，《电票管理办法》系由中国人民银行为统一规范电子商业汇票业务制定，性质属于部门规章，部门规章在没有法律、行政法规的依据时，“不得设定减损公民、法人和其他组织权利或者增加其义务的规范”，是在管理性规范范围内细化具体实施办法，其适用不得与上位法如票据法等法律、行政法规相抵触、冲突。因此，对《电票管理办法》第五条的理解适用，不能偏离其法律性质定位，对票据追索权的审查，更应对比票据法第六节“追索权”行使的要件规定。而票据法中并未以追索权的行使方式限定追索权效力，因此，将第五条关于追索规定的“必须”理解为业务管理规范，更加符合票据法体系的规定和部门规章的定位。

其次，对于票据行为，出票、承兑、背书、保证、提示付款行为与追索行为是否具有同等性。根据票据法第四条第二款的规定，票据的出票、承兑、背书、保证、提示付款行为，确实需要按照法定程序在票据上签章、出示，符合票据要式性要求。电子商业汇票区别于纸质票据，签章只能通过ECDS审核电子签名，不能为实物印章，故电子承兑汇票的背书、拒付证明均是通过ECDS记录的票据信息，以保证其唯一性、完整性和安全性。但票据追索权的行使，票据法第六节中并未规定需另行签章，仅在第六十六条规定持票人应将被拒绝事由书面通知其前手。因此，以线下追索行为不符合票据行为要式性要求为由，认为该追索行为无效的观点，显然难以成立。

三、票据追索权行使要件。行使票据追索权需具备实质要件和形式要件。实质要件即持票人的付款请求权得不到实现；形式要件即持票人应提供被拒绝承兑或被拒绝付款的证明。故追索权是否有效的关键在于是否需具备实质要件和形式要件，持票人是通过ECDS还是线下诉讼方式，属于行使权利的方式，只要能够提供符合规定的拒绝证明，均应被认定具有追索权实质要件。追索行为的效力认定，应重点审查持票人能否提供符合规定的拒绝证明，而非限于行使方式。

本案中，通过当事人登录电票系统审查案涉电子商业承兑汇票记载事项的真实、完整以及背书连贯，符合票据形式要件。对追索权行为的效力，并未限于《电票管理办法》规范的行使方式，严格按照上位法票据法关于行使票据追索权的实质要件和形式要件审查，在ECDS已明确记载持票人在提示付款期限内进行提示付款，且被拒绝承兑的情况下，依法认定持票人通过线下诉讼进行票据追索权的行为有效，充分保障持票人行使票据权利，充分发挥追索权制度的法律价值。

编写人：广西壮族自治区柳州市中级人民法院　黄杉杉

47

持票人期前提示付款承兑人始终未予应答的不丧失对前手的追索权

——科技公司诉工程公司、混凝土公司票据追索权案

【案件基本信息】

1. 裁判书字号

四川省成都市中级人民法院（2022）川01民终17696号民事裁定书

2. 案由：票据追索权纠纷

3. 当事人

原告（被上诉人）：科技公司

被告（被上诉人）：工程公司

被告（上诉人）：混凝土公司

第三人（被上诉人）：房地产公司

【基本案情】

2021年2月4日，房地产公司作为出票人、承兑人，工程公司作为收票人，开具电子商业承兑汇票一张，汇票到期日为2022年2月3日。承兑人承诺："本汇票请予承兑，到期无条件付款"，承兑日期2021年2月4日。2021年2月8日，工程公司将上述汇票背书转让给混凝土公司，同日混凝土公司又将该汇票背书转让给科技公司。科技公司于2022年1月27日通过电子商业汇票系统发出提示付款申请，房地产公司未予付款亦未拒绝。2022年2月11日，科技公司向房地产公司发出《催款公司函》，要求房地产公司支付票面金额及逾期利息，房地产公司仍未予应答。

庭审中科技公司主张其为涉案票据合法持有人，享有票据权利。现票据到期后被拒付，其依法有权向所有前手行使追索权。混凝土公司辩称：一方面，科技公司在票据到期日前向承兑人提示付款，而未依据票据法第五十三条第一款第二项的规定在票据到期日后10日内提示付款，其丧失了对前手的追索权；另一方面，根据票据法第六十二条规定，持票人行使追索权时应提供被拒绝承兑或拒绝付款的有关证明，科技公司未提供拒绝证明，其应先向承兑人请求付款，被拒后再行使追索权。

【案件焦点】

1. 持票人期前提示付款，承兑人截至票据付款期未予应答的，持票人是否因未按期提示付款丧失对前手的追索权；2. 持票人因承兑人未出具拒绝付款证明而未履行拒绝事由通知义务的，是否丧失对前手的追索权。

【法院裁判要旨】

四川省成都市金堂县人民法院经审理认为：针对持票人期前提示，承兑人始终未予应答时是否丧失对前手追索权的问题。生效判决认为：行使票据追索权需具备实质要件和形式要件，其中实质要件是持票人的付款请求权得不到实现，形式要件是指持票人应提供被拒绝承兑或被拒绝付款的证明。涉案汇票载明到期日，房地产公司亦承诺到期无条件付款。科技公司于2022年1月27日发出提示付款申请并成功到达电子商业汇票系统，但直至法定提示付款期（2022年2月3日至2022年2月12日）届满，房地产公司未予兑付、亦未作拒付处理。科技公司于涉案汇票到期日后的法定提示付款期内即2022年2月11日向承兑人房地产公司发出《催款公司函》，要求承兑人房地产公司支付涉案汇票载明的金额300万元及相应利息。房地产公司仍未作应答也未向科技公司出具拒绝付款证明，且房地产公司认可涉案汇票到期日后未予承兑也未向科技公司出具拒绝付款证明的事实，房地产公司的行为已构成拒绝承兑及拒绝付款。依照票据法第六十一条第一款、第六十八条的规定，科技公司作为持票人有权向房地产公司（出票人、承兑人）、背书人工程公司、混凝土公司主张票据权利。

针对持票人未在三日内向前手履行拒绝事由通知义务，是否丧失对前手追索权的问题。生效判决认为：科技公司未向其前手混凝土公司履行法定通知义务的原因是，承兑人房地产公司对付款提示采取消极态度，始终未作应答，致使科技公司未取得拒绝付款的事由及证明。即使科技公司未履行前述法定通知义务并给混凝土公司造成了损失，混凝土公司可依照票据法相关规定另行主张权利，但并不妨碍本案科技公司依法主张权利。

判决如下：

一、被告工程公司、混凝土公司于本判决生效之日起十日内连带向原告支付 300 万元及利息（利息计算方式：以 300 万元为本金，从 2022 年 2 月 3 日起至清偿之日止，按同期一年期贷款市场报价利率计算）；

二、被告工程公司、混凝土公司于本判决生效之日起十日内连带向原告支付发出通知的费用 21 元。

混凝土公司不服一审判决，提出上诉。四川省成都市中级人民法院经审理认为：上诉人混凝土公司在收到缴纳上诉费用通知书后，未在指定的期间预交二审案件受理费，也未提出缓、减、免交申请，依照《中华人民共和国民事诉讼法》第一百五十七条第一款第十一项、《最高人民法院关于适用〈中华人民共和国民事诉讼法〉的解释》第三百一十八条规定，裁定如下：

本案按上诉人混凝土公司自动撤回上诉处理。一审判决自本裁定书送达之日起发生法律效力。

【法官后语】

本案的核心争议焦点是电子汇票持票人期前提示付款，承兑人截至法定付款期未予应答时，持票人是否因未按期提示付款丧失对其前手的追索权。实践中存在两种观点：一种是认为在电子汇票系统内进行的付款提示具有持续性，当期前提示持续至到期日后可发生到期提示的效力，承兑人不予应答构成拒绝，持票人可向前手追索；[①] 另一种是认为承兑人对期前提示未予应答时，持票人

① 参见上海市嘉定区人民法院（2019）沪 0114 民初 11631 民事判决书。

应在票据到期日后再次提示，否则丧失对其前手的追索。[①] 笔者认为对该问题的回答涉及以下四个方面，详述如下：

一、电子商业汇票持票人行使追索权的一般与特殊程序

追索权，亦称偿还请求权，是指持票人在汇票到期不获付款、期前不获承兑或者出现其他法定事由时，对其前手享有的请求偿还汇票金额、利息及费用的权利。作为持票人付款请求权不能实现时的备位性权利，其必须在付款请求权被拒绝或者出现其他事由导致第一次请求权不能实现时行使。根据票据法第六十二条至第六十七条的规定，持票人行使追索权必须遵循提示承兑或付款、作成拒绝证书、通知拒绝事由的一般程序。但不同于传统纸质汇票，电子商业汇票表现为数据电文，其票据行为与电子系统挂钩，电子汇票持票人在行使追索权时除应遵循一般程序外，还应根据《电子商业汇票管理办法》（以下简称《管理办法》）第五条的规定，在电子商业汇票系统内进行票据行为。

二、持票人期前提示付款时间瑕疵的补正

对于电子汇票持票人期前提示付款的时间瑕疵能否补正以及如何补正的问题，《管理办法》未忠实表述票据法。具体表现在两个方面：一是能否补正问题。票据法第五十三条规定持票人未按期提示付款的，作出说明后承兑人或付款人仍应承担付款义务。可见票据法对能否补正持肯定观点，且规定补正方式为“作出说明”。反观《管理办法》第五十九条规定持票人期前提示付款，承兑人拒绝付款或未予应答的，持票人可待票据到期后再次提示付款。可见《管理办法》对能否补正持否定观点。二是补正形式问题。票据法并未对持票人需以何种方式“作出说明”进行规定，而《管理办法》第五条基于电子汇票数据数据电文的表现形式，规定出票、承兑、追索等业务必须通过电子商业汇票系统办理。

对此笔者认为：票据法是法律，《管理办法》是部门规章，仅是对前者未尽事宜的补充。当两者规定一致时，《管理办法》有明确细化规定的应适用其

---

① 参见北京金融法院（2021）京74民终162号民事判决书。

规定，没有的应遵照适用票据法等法律法规。在两者规定存在冲突时，应适用上位票据法的规定。此种情形《管理办法》排除了票据法赋予的行为自由，不应适用《管理办法》关于期前提示付款时间瑕疵补正的规定。对于补正形式，笔者认为持票人对期前提示付款作出的说明不必须在电子汇票系统进行。原因有二：一方面，《管理办法》第五条是对电子汇票票据行为的规定，“作出说明”仅是对持票人期前提示付款的补正，其本身非系票据行为；另一方面，期前提示付款需补正的是时间瑕疵而非形式瑕疵，“作出说明”不改变期前提示付款的内容和效力，在持票人期前已通过电子汇票系统提示付款的，不应再对其补正时间瑕疵在到期日后的说明行为作形式要求。

三、承兑人未予应答构成实质拒绝

票据法第六十二条第二款规定承兑人拒绝付款的应出具拒绝证明或退票理由书，可见承兑人的拒绝行为应通过明示的方式作出。但从追索权“提示付款—拒绝付款—通知前手”的行权顺序上看，该条对承兑人拒绝意思表示形式的规定主要系出于保障持票人履行拒绝通知义务的目的，而非确保承兑人意思表示的真实性。票据法第六十三条规定的其他有关证明表明拒绝证明或退票理由书仅是认定承兑人拒绝意思的证据之一，推定承兑人未予应答为实质拒绝不违背立法目的。

《管理办法》第五十九条规定，承兑人对期前提示虽享有拒绝权，但在电子汇票系统中发起的付款提示能在承兑人汇票系统中长期存储。当期前提示付款持续至到期日，且持票人催告承兑人履行时，宜认定期前提示付款发生到期提示付款的效力，承兑人不应再以提示付款系在期前发出为由拒绝。且票据具有无条件支付的特点，对于持票人的提示付款，承兑人要么无条件付款、要么拒绝，未予应答显然不能推定为承兑人无条件付款，在持票人债权请求权确未实现的语境下推定付款人拒绝付款具有合理性。

且从立法目的上看。设定汇票提示付款期限的目的系敦促持票人及早行使票据权利、消灭票据权利义务关系，提高交易效率。将承兑人未予应答推定为拒绝，利于票据责任主体尽早确定，使承兑人以外的前手能够合理预期其票据责任是否解除，避免其权益长期陷于不确定状态。

四、持票人未依法履行拒绝事由通知义务的责任承担

票据法第六十五条规定持票人未出示拒绝证明的，丧失对前手的追索权。可见我国对未通知拒绝事由采取要件主义的观点，持票人未向前手通知拒绝事由的，丧失对前手的追索权。但在本案中未履行拒绝事由通知义务并非持票人本意，其系因承兑人未履行拒绝证书制作义务，自始未取得拒绝付款的证明，而无法通知。此非持票人所能抗拒，因此认定持票人丧失对前手的追索权，对持票人过于苛刻，有违公平原则。且持票人将拒绝事由通知前手的目的系使其得知被追索的原因事实已经成就，以便事先做好准备，若仅因持票人未履行通知义务而认定其丧失追索权，难免在理论上有失衡之嫌。

票据法第六十六条规定持票人未按期通知拒绝事由造成损失的，在汇票金额内承担赔偿责任。可见我国对未按期通知拒绝事由采取义务主义的观点，持票人未按期履行拒绝事由通知义务并不阻却其追索权的行使。[①] 在本案语境下，票据法第六十六条第一款规定的持票人未在三日内向前手书面通知拒绝事由，给前手及出票人造成的损失，应与承兑人未出具拒绝证明或退票理由书间具有法律上的因果关系，此处的损失应属于票据法第六十二条第二款规定的民事责任，持票人承担赔偿责任后可向承兑人追偿。

本案对电子汇票持票人期前提示付款，承兑人未予应答时能否对前手行使追索权的问题予以明确，进一步理顺了电子汇票两次付款请求权间的行权逻辑。在有效规范电子汇票票据行为的同时，有力推动了以电子汇票为主要支付方式的跨域、跨境大宗商事贸易的规范运作与良性发展，为全域经济复苏提供了司法助力，具有较强的指导意义和示范效果。

编写人：四川省成都市金堂县人民法院　肖振宇

① 曹守晔：《票据法理适用指南—审理票据纠纷案件规定理解与适用》，法律出版社 2022 年版，第 163 页。

48

持票人追索权的行使

——荆州某某公司诉湖北甲公司等票据追索权案

【案件基本信息】

1. 裁判书字号

湖北省鄂州市中级人民法院（2022）鄂07民终904号民事判决书

2. 案由：票据追索权纠纷

3. 当事人

原告（被上诉人）：荆州某某公司

被告（上诉人）：湖北甲公司、天津某某公司

被告：东营某某公司

第三人：湖北乙公司

【基本案情】

荆州某某公司持有电子商业承兑汇票。该票的出票人和承兑人为湖北乙公司，收款人为苏某公司，金额为50万元，出票日期为2021年2月1日，到期日为2021年8月1日。苏某公司将前述票据背书转让给被告天津某某公司，之后该票据又依次背书转让给东营某某公司、湖北甲公司，荆州某某公司为最后持票人。荆州某某公司于2021年8月2日通过电子商业汇票系统对案涉票据进行提示付款，电子商业汇票系统于2021年8月10日拒付。荆州某某公司向所有前手追索引起本纠纷。

另查明，荆州某某公司一审时提交的平安银行荆州分行业务受理章《电子商业承兑汇票》转让背书栏载明，背书人湖北甲公司，被背书人荆州某某公

司，背书时间2021年2月10日。提示付款栏载明，提示付款人荆州某某公司，提示付款时间2021年8月2日，拒付日期2021年8月6日。提示付款时间2021年8月10日，拒付日期2021年8月16日。该票据同时载明，提示付款已拒付（可以追索所有人）。

还查明，2021年12月6日，荆州某某公司向梁子湖区人民法院提起诉讼。该院于2021年12月29日裁定将本案移送广东省广州市中级人民法院处理。2022年5月20日，广州市荔湾区人民法院以该案不属于最高人民法院规定集中管辖的范围为由，将案件退回梁子湖区人民法院，该院于2022年6月14日立案，继续审理此案。

【案件焦点】

荆州某某公司是否享有票据追索权。

【法院裁判要旨】

湖北省鄂州市梁子湖区人民法院经审理认为：本案所涉汇票到期日为2021年8月1日，提示付款期为该日起10日内，该汇票在2021年8月10日被拒付，系提示付款期内，根据《电子商业汇票业务管理办法》第六十六条的规定，持票人荆州某某公司可向所有前手拒付追索。荆州某某公司于2021年12月6日向该院提起票据追索权诉讼，其行使拒付追索权在被拒绝付款之日起六个月内，符合《中华人民共和国票据法》第十七条的规定。荆州某某公司可以选择汇票的出票人、背书人、承兑人等追索清偿，被追索人应当支付全部票据金额，并承担相应利息。荆州某某公司要求湖北甲公司、天津某某公司、东营某某公司支付汇票金额及利息的诉讼请求符合法律规定，该院予以支持。湖北甲公司、天津某某公司、东营某某公司辩称意见，没有事实和法律依据，该院不予采纳。依照《中华人民共和国票据法》第六十八条、第七十条，《中华人民共和国民事诉讼法》第一百四十七条的规定，判决如下：

湖北甲公司、天津某某公司、东营某某公司在判决生效之日起五日内向荆州某某公司支付票据金额50万元及利息（以50万元为基数自2021年8月2日起至清偿日止按年利率3.85%计算利息)。

湖北甲公司、天津某某公司不服一审判决，提起上诉。

湖北省鄂州市中级人民法院经审理认为：湖北甲公司、天津某某公司的上诉理由不能成立，应予驳回；一审判决认定事实清楚，适用法律正确，判决结果客观公正，法院依法予以支持。依据《中华人民共和国民事诉讼法》第一百七十七条第一款第一项规定，判决如下：

驳回上诉，维持原判。

【法官后语】

本案涉及持票人追索权行使的问题。票据追索权是指在票据到期未获付款或其他法定原因出现时，持票人请求其前手支付票据金额、法定费用的权利。对于票据追索权，票据法第六十一条规定："汇票到期被拒绝付款的，持票人可以对背书人、出票人以及汇票的其他债务人行使追索权。汇票到期日前，有下列情形之一的，持票人也可以行使追索权：（一）汇票被拒绝承兑的；（二）承兑人或者付款人死亡、逃匿的；（三）承兑人或者付款人被依法宣告破产的或者因违法被责令终止业务活动的。"根据上述规定，票据追索权是在付款请求权不能实现的情形下，票据法赋予持票人对债务人进行追偿的权利。相较于付款请求权，票据追索权系第二顺位权利，属于典型的期待权。只有在付款请求权行使未果，或者出现阻碍付款请求权行使情形的条件下，持票人方能行使。实践中，在审查持票人追索权时，应当注意以下三个方面：

一是持票人行使票据追索权以付款请求权不能实现为条件。持票人行使追索权时，应当提供被拒绝承兑或者被拒绝付款的有关证明。持票人提示承兑或者提示付款被拒绝的，承兑人或者付款人必须出具拒绝证明，或者出具退票理由书。未出具拒绝证明或者退票理由书的，应当承担由此产生的民事责任。持票人因承兑人或者付款人死亡、逃匿或者其他原因，不能取得拒绝证明的，可以依法取得其他有关证明。承兑人或者付款人被人民法院依法宣告破产的，人民法院的有关司法文书具有拒绝证明的效力。承兑人或者付款人因违法被责令终止业务活动的，有关行政主管部门的处罚决定具有拒绝证明的效力。本案中，持票人天津某某公司在付款提示期限内请求付款被拒的事实客观存在，在此情况下其向前手背书人、出票人、承兑人行使追索权符合法律规定。

二是不具有法定贴现资质的主体进行票据贴现取得票据的，无权行使票据追索权。民间票据贴现是否有效的问题，司法实务中一直存在争议，存在有效和无效两种不同的观点。无效论认为，票据贴现属于国家特许经营业务，不具有法定贴现资质的主体进行票据贴现，违反了国家关于金融业务特许经营的强制性规定，危害了国家的金融管理秩序，违背了公序良俗，当事人之间的票据贴现行为应当无效。有效论认为，尽管民间票据贴现缺少真实的交易基础，但票据行为的效力不因此无效。根据票据无因性原理，票据关系与票据基础关系相分离，并在效力上不受票据基础关系的影响。依照《最高人民法院关于审理票据纠纷案件若干问题的规定》第十三条规定："票据债务人以票据法第十条、第二十一条的规定为由，对业经背书转让票据的持票人进行抗辩的，人民法院不予支持。"票据持有人依票据主张权利，只需证明背书之连续即可。只要汇票真实有效、背书连续，以票据贴现行为无效为由抗辩法院不予支持。对于该问题，2019 年最高人民法院印发的《全国法院民商事审判工作会议纪要》第一百零一条规定："票据贴现属于国家特许经营业务，合法持票人向不具有法定贴现资质的当事人进行'贴现'的，该行为应当认定无效……"该会议纪要采用无效论，票据贴现属于国家特许经营业务，合法持票人向不具有法定贴现资质的当事人进行"贴现"的，该行为无效。此时，不具有法定贴现资质的当事人不是合法持票人，无权行使票据追索权，只能请求其前手返还贴现款。

三是票据追索权请求数额范围不限于票面金额。票据追索权与付款请求权均属票据权利，但两者请求支付的数额不同。付款请求权请求支付的金额一般为票据所载金额。追索请求权请求支付的金额，则不仅限于此。根据票据法第七十条关于"持票人行使追索权，可以请求被追索人支付下列金额和费用：（一）被拒绝付款的汇票金额；（二）汇票金额自到期日或者提示付款日起至清偿日止，按照中国人民银行规定的利率计算的利息；（三）取得有关拒绝证明和发出通知书的费用。被追索人清偿债务时，持票人应当交出汇票和有关拒绝证明，并出具所收到利息和费用的收据”之规定，付款请求权的金额在票据所载金额的基础上还要加上规定期限以内的法定利息和有关费用。

编写人：湖北省鄂州市华容区人法院　郭培培

49

电子商业汇票“被拒绝付款之日”以实质拒付之日为认定标准

——泰某公司诉凯某公司等票据追索权案

【案件基本信息】

1. 裁判书字号

重庆市第一中级人民法院（2021）渝 01 民初 26 号民事判决书

2. 案由：票据追索权纠纷

3. 当事人

原告：泰某公司

被告：凯某公司、财务公司、商贸公司、矿产品公司、某世纪公司、某丰商行、农业公司、蒋某某、恒某公司、科技公司、实业公司

【基本案情】

2018 年 4 月 28 日，商贸公司作为出票人开具收款人为矿产品公司的电子银行承兑汇票一张，票据金额为 100 万元，承兑人为财务公司，到期日为 2019 年 4 月 28 日。出票人承诺：本汇票请予以承兑，到期无条件付款。承兑人承诺：本汇票已经承兑，到期无条件付款，承兑日期 2018 年 4 月 28 日。矿产品公司收票后，案涉票据又依次背书转让给实业公司、科技公司、恒某公司、天某公司、农业公司、某丰商行、某世纪公司、凯某公司，并由凯某公司于 2018

年9月12日背书转让给泰某公司。

2019年4月16日，持票人泰某公司向承兑人财务公司提示付款，案涉汇票的票据状态显示为“票据已结清”。庭审中，泰某公司自认财务公司于2019年9月29日向其付款2万元，于2020年1月21日付款20万元，余款未再支付。

2020年8月21日，重庆市第五中级人民法院裁定受理财务公司、矿产品公司和商贸公司的破产重整申请。

泰某公司认为其作为合法持票人向承兑人提示付款，但承兑人财务公司没有完全履行付款义务，其有权要求其前手凯某公司支付剩余票据款78万元以及从2019年4月28日起至付清时止按法定标准计算的逾期付款利息，其他票据债务人对上述债务承担连带责任。遂于2020年7月向山东省新泰市人民法院提起诉讼，后该案被移送至重庆市第一中级人民法院审理。

【案件焦点】

泰某公司对前手的票据追索权利时效是否经过。

【法院裁判要旨】

重庆市第一中级人民法院经审理认为：财务公司签收案涉票据但未足额付款的行为构成实质拒付，因财务公司已进入破产重整程序，根据《中华人民共和国企业破产法》第四十六条第二款规定，附利息的债权自破产申请受理时停止计息，故确认泰某公司对财务公司的债权为票据款78万元以及按照法定利率计算的从2019年4月28日起至2020年8月21日止的利息。商贸公司作为出票人与承兑人也即付款人财务公司之间系委托付款关系，根据《中华人民共和国票据法》第二十六条规定，商贸公司作为出票人自签发汇票后也应承担保证该汇票承兑和付款的责任，故对泰某公司要求商贸公司与财务公司连带向其给付票据款和相应利息的请求予以支持。

《中华人民共和国票据法》第十七条第一款第三项规定票据权利人对前手的追索权，自被拒绝付款之日起六个月不行使而消灭。泰某公司作为合法持票人依法提示付款后被承兑人实质拒付，可在规定期限内行使追索权，追索时效应从拒付之日即票据到期日2019年4月28日开始起算，但现有证据表明泰某公司于2020年7月才向山东省新泰市人民法院提起诉讼，已经超过法律规定的六个月追索时效，故对泰某公司要求前手即案涉汇票背书人向其连带支付票据款和相应利息的请求不予支持。

重庆市第一中级人民法院判决如下：

一、确认原告泰某公司对被告财务公司、商贸公司的债权为票据款78万元以及利息（利息以78万元为基数，自2019年4月28日起至2019年8月19日止按中国人民银行同期同类贷款基准利率计算，自2019年8月20日起至2020年8月21日止按同期全国银行间同业拆借中心公布的贷款市场报价利率计算）；

二、驳回原告泰某公司的其他诉讼请求。

判决后，双方当事人均未上诉，本判决现已生效。

【法官后语】

被拒绝付款之日系票据追索权利时效的起算日，其司法认定关系到持票人追索权的实现。在传统纸质汇票活动中，“被拒绝付款之日”通常被认定为承兑人向持票人出具拒绝付款证明之日①，这是因为在拒绝证明作出前，持票人仅具备行使追索权的实质要件，而法定的形式要件尚不完备，追索时效期间自然也不能起算②。然在电子商业汇票视野下，司法实务中对其认定标准存在争议，故厘清被拒绝付款之日的司法认定，对类案裁判具有参考意义。

一、“被拒绝付款之日”的认定分歧

票据当事人依托电子商业汇票系统进行票据行为。然而实际操作中，持票人存在无法取得拒付证明的情形：一是承兑人收到提示付款指令“不予应答”，票据状态为“提示付款待签收”。二是承兑人对提示付款指令予以“签收”表

① 参见（2015）雁民初字第04192号、（2016）皖01民终529号民事判决书。

② 参见陈运雄：《对〈票据法〉第十七条的解读和思考》，载《法学杂志》2007年第4期。

明同意付款但实际却未付款，票据状态为“票据已结清”。因未予以“驳回”，拒付理由自然不予显示。此时持票人既无法得到兑付也无法线上追索，转而通过诉讼方式行使追索权。基于没有拒付证明的事实，有法院判决驳回诉讼请求或裁定驳回起诉①，被拒绝付款之日无从谈起；有法院将其他有关证明视为拒绝证明②，以承兑人发布关于兑付的公告之日、公证机关出具公证文书之日为拒绝付款之日；有法院则放弃既有标准，以承兑人实际拒付之日认定被拒绝付款之日③。

二、“被拒绝付款之日”的认定标准

被拒绝付款之日的认定标准，在承兑人拒绝作出明确拒绝付款意思表示、怠于出具拒绝证明时，应为持票人实质被拒绝付款之日，方可契合立法意旨。

承兑人不应从其怠于履行法定义务的行为中获益。票据的生命在于流通，自被拒绝付款之日开始计算追索时效，旨在督促持票人知道被承兑人拒绝付款后即付款请求权无法实现时，及时向票据债务人行使第二顺位的追索权。在承兑人怠于作出明确拒绝付款意思表示的情况下，仍以承兑人出具拒绝证明之日认定被拒绝付款之日，则追索时效无法起算，持票人承担因承兑人违约所产生的不利后果，票据权利义务关系无法消灭，导致票据信用降低，流通成本过高，背离票据时效的立法目的。

承兑人出具拒绝证明仅系其拒绝付款的表现形式。拒绝付款的实质在于付款请求权无法实现，持票人非因自身原因无法取得拒绝证明时，承兑人以其实际行动表明拒绝付款，构成实质上的拒绝付款。承兑人对提示付款请求予以签收却不兑付票据款，其作出的表面意思表示与其客观行为相互矛盾；承兑人对提示付款指令未予应答，违反到期付款义务，结合诚实信用原则推定前述情形中承兑人真实意思表示，系以实际行动表明拒绝付款，持票人的付款请求权无法实现。

---

① 参见（2018）湘1381民初3174号、（2019）内0205民初151号民事判决书。

② 参见（2019）鄂08民终1170号、（2019）川03民终1121号民事判决书。

③ 参见（2020）沪74民终46号、（2022）鲁02民终1121号民事判决书。

三、“被拒绝付款之日”的认定规则

具体判定持票人被实质拒绝付款之日即持票人应当知道被拒绝付款之日，需结合承兑人应当付款的期限予以认定。现行电子商业汇票承兑人收到法定提示付款请求后的付款期限分为三种：一是中国人民银行制定的2009年《电子商业汇票业务管理办法》（以下简称《电票管理办法》）规定，电子银行承兑汇票为“提示付款当日至迟次日”；二是《电票管理办法》规定，电子商业承兑汇票为“提示付款次日起第三日”；三是中国人民银行制定的2016年《票据交易管理办法》规定，银行及非银行金融机构的电子商业汇票也即电子银行承兑汇票为“提示付款当日”。更短的付款期限加重了承兑人的付款义务，故银行间票据市场参与者须另行签订《票据交易主协议（2016年版）》，以合同方式承诺当日付款义务①。因此，由银行及非银行金融机构承兑的电子银行承兑汇票适用新的规定，付款期限为“提示付款当日”，由此推之，未在提示付款当日足额付款，构成实质拒绝付款，被拒绝付款之日为提示付款日。

本案中，持票人提示付款的节点在电子银行承兑汇票到期日前，但承兑人并未拒绝付款，则持票人的期前提示付款在电子商业汇票系统持续发生提示付款效力。汇票到期后，若承兑人一直对提示付款不予应答或者予以签收但实际未付款的，因电子银行承兑汇票的承兑人应于到期日付款但未履行付款义务，持票人应当知道被拒绝付款，此时被拒绝付款之日为到期日。

编写人：重庆市第一中级人民法院　毕汇林

---

① 赵慈拉：《电子商业汇票规制在司法裁判中的适用与解析》，载《上海金融》2021年第9期。

50

电子商业汇票到期被拒付后持票人通过诉讼方式发起追索的行为是否有效

——混凝土公司诉建设公司、企业管理公司票据追索权案

【案件基本信息】

1. 裁判书字号

福建省厦门市思明区人民法院（2022）闽0203民初15439号民事判决书

2. 案由：票据追索权纠纷

3. 当事人

原告：混凝土公司

被告：建设公司、企业管理公司

【基本案情】

票据尾号1409的电子商业承兑汇票，票据金额为500000元，出票日期2021年8月9日，汇票到期日2022年2月10日，承兑日期2021年8月9日。票据号码尾号7101的电子商业承兑汇票，票据金额为301596.32元，出票日期2021年8月25日，汇票到期日2022年2月25日，承兑日期2021年8月25日。两张票据出票人、承兑人均为企业管理公司，收票人为建设公司；票据性质为可转让，承兑信息为“出票人承诺：本汇票请予以承兑，到期无条件付款；承兑人承兑：本汇票已经承兑，到期无条件付款”，票据状态均为拒付追索待清偿。

2020年12月18日，混凝土公司与建设公司签订《厦门预拌商品混凝土买卖合同》。2021年8月27日，建设公司向混凝土公司出具《承诺函》，承诺将

案涉两张商业汇票交付给混凝土公司，并确认仍欠混凝土公司货款771181.8元，交付给混凝土公司的汇票金额为801596.32元，差额作为利息。此外，建设公司还承诺，若汇票到期无法兑换，建设公司愿意7日内支付801596.32元现金给混凝土公司，并取回汇票。

2021年8月31日，两张电子汇票经建设公司背书转让给混凝土公司；同日，混凝土公司将汇票背书转让给侨某公司，侨某公司又将汇票背书转让给科某公司；2022年2月14日至2022年4月1日，科某公司向承兑人提示付款均被拒付，拒付时间分别为2022年2月21日、2022年3月7日、2022年4月7日。拒付理由均为“商业承兑汇票承兑人账户余额不足”。2022年5月13日，科某公司向侨某公司进行线上追索，侨某公司于2022年6月7日清偿后，于2022年6月8日向混凝土公司提起线上追索，混凝土公司于同日清偿。

混凝土公司、建设公司、企业管理公司均确认庭前已核对案涉两张票据的电票系统，电票信息与混凝土公司提交的纸质证据内容相一致。混凝土公司在庭审中陈述侨某公司与混凝土公司之间转让票据的行为未约定相应的对价，系关联企业的票据赠与关系。本院于2022年8月4日立案受理混凝土公司诉建设公司、企业管理公司票据追索权一案。

【案件焦点】

本案原告通过诉讼方式发起电子商业汇票票据追索的行为是否有效?

【法院裁判要旨】

福建省厦门市思明区人民法院经审理认为：本案票据记载的内容符合法律规定，且背书连续，系有效票据。建设公司与混凝土公司因商品混凝土买卖关系，欠付混凝土公司货款771181.8元，建设公司出具承诺函，承诺将案涉两张汇票交付给混凝土公司，差额作为利息，且若汇票无法兑付，将在7日内支付801596.32元现金。建设公司应当对案涉两张票据承担清偿责任。混凝土公司从侨某公司处受让案涉两张票据后，建设公司系混凝土公司的前手，与建设公司之间不仅是票据前后手的关系，还是基础交易即混凝土买卖合同的直接相对方。因此，混凝土公司是案涉两张票据的合法持票人。现票据到期后提示承兑遭拒付，依据《票据法》第六十一条之规定，企业管理公司作为案涉票据的出票人及承兑人，均应当对案涉两张票据承担清偿责任。故法院依照《中华人民共和国票据法》第十一条第一款、第六十一条、第六十八条、第七十一条，《中华人民共和国民事诉讼法》第六十七条第一款之规定，判决如下：

一、建设公司、企业管理公司应于本判决生效之日起十日内向混凝土公司支付电子商业承兑汇票金额 801596.32 元及利息（利息以 801596.32 元为基数，自 2022 年 6 月 7 日起按照同期全国银行间同业拆借中心发布的一年期贷款市场报价利率计算至实际付清之日）；

二、驳回混凝土公司其他诉讼请求。

判决后，双方当事人均未上诉，本判决现已生效。

【法官后语】

本案是一起比较典型的电子商业汇票追索权案件。随着电子商业汇票的普及和电子商业汇票系统的运行推广，电子商业汇票线下追索的法律效力认定问题引发广泛争议，本案例的争议点之一也在于此。

一、法律适用：电子商业汇票追索权的法律适用位阶

《最高人民法院关于审理票据纠纷案件若干问题的规定》第六十二条规定："人民法院审理票据纠纷案件，适用票据法的规定；票据法没有规定的，适用《中华人民共和国民法典》等法律以及国务院制定的行政法规。中国人民银行制定并公布施行的有关行政规章与法律、行政法规不抵触的，可以参照适用。"电子商业汇票追索权应当依次适用《票据法》《票据管理实施办法》，在与上位法不相冲突的情况下，参照适用《电子商业汇票业务管理办法》这一部门规章。

票据追索权的形式需要具备实质要件和形式要件。实质要件即存在引起票据追索权的客观事实，具体包括《票据法》第六十一条规定的几类情形。形式要件即是行使票据追索权必须依法律规定为一定行为。根据《票据法》第六十二条、第六十五条规定，行使票据追索权应当提供"被拒绝承兑或者被拒绝付

款的有关证明”。具体到电子商业汇票领域，也即行使票据追索权应当提供“拒付证明”或“票据信息和相关法律文件”。此外，票据法并未对票据追索权的行使方式进行明确限制。

有观点认为根据《电子商业汇票业务管理办法》第五条规定，电子商业汇票的追索业务“必须通过电子商业汇票系统办理”，据此认为线下行使追索权的行为无效。本文认为，在上位法票据法并未限定票据追索权行使方式的前提下，不宜引用《电子商业汇票业务管理办法》这一部门规章，对持票人的追索权利进行限制。《电子商业汇票业务管理办法》系对电子商业汇票的业务办理方式作出规范，并不属于对持票人行使票据追索权的限制性规定，该规定也并未排除向法院提起诉讼等线下追索行为的有限性。

二、价值选择：应谨慎认定电子商业汇票持票人的票据失权

电子商业汇票的高流通性是其效率价值的体现，但其效率价值的减损应当在诉讼中予以衡平。在票据权利中，付款请求权是第一顺位请求权，追索权是第二顺位请求权。追索权作为补救性权利，承担着维持票据制度公平性的责任。因此，为保护持票人的票据利益，司法对于追索权利丧失的认定应当保持谨慎态度。不宜扩大适用《电子商业汇票业务管理办法》，否认线下追索行为的效力。

三、规则适用：电子商业汇票追索权的司法认定

在电子商业汇票票据追索权案件审理中，应当认可持票人通过诉讼方式发起追索的效力。电子商业汇票到期未获付款后，判断持票人追索权是否有效，可以从实质要件和形式要件两个维度予以判断：

实质要件即存在票据到期不拒绝付款的情形。形式要件即提供拒付证明。持票人提供打印版电子商业汇票证明存在拒付情形的，可以认定持票人已经完成初步举证责任。被追索人对打印件真实性存在异议的，法院可以引导双方登录电子商业汇票系统查验票据状态，或通过公证认证的形式对票据状态予以认证。

编写人：福建省厦门市思明区人民法院　林鸿　杨聪惠

51

电子商业汇票记载信息与实际不符的，应当以实际查明为准

——医药公司诉房地产公司、建设公司等票据追索权案

【案件基本信息】

1. 裁判书字号

广东省深圳市福田区人民法院（2022）粤 0304 民初 4531 号民事判决书

2. 案由：票据追索权纠纷

3. 当事人

原告：医药公司

被告：房地产公司、建设公司等

【基本案情】

被告房地产公司向被告建设公司出具了一份电子商业承兑汇票：出票日期为 2020 年 10 月 26 日，汇票到期日为 2021 年 10 月 26 日，票据金额为 100000 元，承兑人为房地产公司。该票据于 2020 年 10 月 27 日由被告建设公司背书转让给被告商贸公司，被告商贸公司于 2020 年 10 月 28 日将该票据背书转让给被告实业公司，被告实业公司于 2020 年 11 月 6 日将该票据背书转让给案外人志某公司，案外人志某公司于 2020 年 11 月 10 日将该票据背书转让给案外人药业公司，案外人药业公司于同日将该票据背书转让给案外人某泽公司，案外人某泽公司于同日将该票据背书转让给原告，该票据显示案外人某银行股份有限公司广州分行分别于 2021 年 10 月 26 日、2021 年 11 月 2 日提示付款，拒付理由均为商业承兑汇票承兑人账户余额不足。2021 年 10 月 26 日，该票据显示被背书人为原告，背书类型为拒付追索同意清偿。票据现状态为拒付追索同意清偿

已签收，签收日期为2021年11月22日。原告主张已于2021年11月10日偿还了某银行股份有限公司广州分行的涉案票据款项共计96185.04元并据此取得了涉案票据，现以持票人身份向本案被告主张票据权利。

原告提交了一份某银行股份有限公司广州分行普惠金融业务部出具的情况说明，内容为原告向该行申请票据E贷融资，向该行质押若干商业承兑汇票，涉案票据亦质押给该行。涉案票据到期后，由于承兑人未回款，原告以自有资金进行还款，目前上述借款已结清。因票交所系统原因，未回款票据不能办理解质押手续，故包括涉案票据在内的商票在银行系统内部仍处于质押状态，原告系涉案票据的持有人。

另查，原告向本院提交了原告与案外人某泽公司签署的购销合同、对账单、发票作为证据。

【案件焦点】

医药公司是否为案涉商业汇票的合法持票人。

【法院裁判要旨】

深圳市福田区人民法院经审理认为：《中华人民共和国票据法》第七十一条规定，被追索人依照前条规定清偿后，可以向其他汇票债务人行使再追索权，请求其他汇票债务人支付下列金额和费用：（一）已清偿的全部金额；（二）前项金额自清偿日起至再追索清偿日止，按照中国人民银行规定的利率计算的利息；（三）发出通知书的费用。行使再追索权的被追索人获得清偿时，应当交出汇票和有关拒绝证明，并出具所收到利息和费用的收据。

本案中，原告通过向质押权人某银行股份有限公司广州分行清偿票据款项的方式取得涉案电子商业承兑汇票，虽然汇票信息记载质押权人仍为某银行股份有限公司广州分行，但案涉汇票的信息显然与法院查明的事实不符，应当认定为案涉汇票记载信息有误，原告有权向其他汇票债务人行使再追索权。各被告作为涉案票据的前手背书人，经原告在法定期间内追索，依法应承担连带向原告支付汇票金额100000元及利息的责任，利息应自清偿之日，即2021年11

月10日起计至实际清偿日止，按照同期全国银行间同业拆借中心公布的贷款市场报价利率标准计算。根据法律规定，汇票的出票人、背书人、承兑人和保证人对持票人承担连带责任。原告作为持票人可以不按照汇票债务人的先后顺序，对其中任何一人、数人或者全体行使追索权。

深圳市福田区人民法院依照《中华人民共和国票据法》第十七条、第六十一条、第六十八条、第七十条、第七十一条，《中华人民共和国民事诉讼法》第六十七条第一款、第一百四十五条、第一百四十七条之规定，判决：

被告建设公司、房地产公司、商贸公司、实业公司应于本判决生效之日起十日内连带向原告医药公司支付票据款项100000元及利息（利息以100000元为基数，自2021年11月10日起，按照同期全国银行间同业拆借中心公布的贷款市场报价利率计算至实际清偿之日止）。

判决后，双方当事人均未上诉，本判决现已生效。

【法官后语】

电子商业汇票是出票人依托电子商业汇票系统，以数据电子形式制作的，委托付款人在制定日期无条件支付确定金额给收款人或者持票人的票据。近年来，随着互联网金融的快速发展和业务结算方式的不断创新，电子商业汇票作为一种新型支付手段已大量出现在企业的日常生产经营活动中。与传统纸质汇票相比，电子商业汇票的优势在于通过数据电文形式签发、流转，并以电子签名取代实体签章，降低乃至消除了票据伪造、变造、丢失和毁损等操作风险；票据交割和资金划拨可同步实时完成，提高了资金使用效率；全程电子化处理，突破了地域限制，降低了交易成本。然而电子商业汇票也存在汇票系统功能不完善，规则不健全的现实，如果一味以电子商业汇票系统设定的运行规则为准，机械适用部门规章，则有可能违背了实质的公平，损害合法持票人的票据权利。

目前关于电子商业汇票适用问题的规范文件有《电子商业汇票业务管理办法》，同时也适用《中华人民共和国票据法》以及《最高人民法院关于审理票据纠纷案件若干问题的规定》《票据管理实施办法》等法律、司法解释以及部门规章文件。有观点认为《电子商业汇票业务管理办法》作为电子商业汇票业务领域的特别规定，应当优先适用。笔者认为，“特别法优于一般法”的适用前提是同一机关制定的相同位阶的法规，法律位阶不相同时，应当适用“上位法优于下位法”的基本原则。因此，尽管《电子商业汇票业务管理办法》针对电子商业汇票的管理作出了规定，但由于其仅系中国人民银行制定公布的部门规章，即使在电子商业汇票纠纷案件中也并无优先适用性。只有在票据法以及相关司法解释对电子商业汇票适用问题没有规定的情况下，才能适用《电子商业汇票业务管理办法》。

在本案中，案涉汇票信息显示该汇票仍质押登记在案外人某银行股份有限公司广州分行名下，某银行股份有限公司广州分行为案涉汇票的质押权人以及名义持票人，虽然《电子商业汇票业务管理办法》第十一条规定电子商业汇票信息以电子商业汇票系统的记录为准，但案涉汇票记录并非不可推翻，从本院结合案件查明的事实和当事人陈述可以得知案涉汇票在电子商业汇票系统中有关信息记载不实，原告已经通过向质押权人某银行股份有限公司广州分行清偿票据款项的方式取得了涉案电子商业承兑汇票，即原告为案涉汇票的实际持有人，若此时仍要求原告按照《电子商业汇票业务管理办法》的规定涤除票据的质押登记之后才能行使再追索权，对于事实查明已无必要，只会增加原告的维权成本。法院对原告行使再追索权予以支持，既符合票据法的立法本意，也符合诉讼经济原则。而且电子商业汇票系统内的记录实际可归结为技术问题，完全可以借助技术手段进行修改，并不影响案涉汇票的其他债务人在履行债务之后行使再追索权。

本案在审理过程中并未僵硬基于电子系统的记载来认定权利状态，而是以客观事实为准，并且以司法判决的形式推翻系统的不实记载，对规范和完善电子商业汇票的运行方式和操作模式具有重要参考意义。

编写人：广东省深圳市福田区人民法院　黄文勇

52

电子商业汇票期前提示付款对追索权的影响

——甲公司诉乙公司、丙公司票据追索权案

【案件基本信息】

1. 裁判书字号

江苏省江阴市人民法院（2022）苏 0281 民初 5320 号民事判决书

2. 案由：票据追索权纠纷

3. 当事人

原告：甲公司

被告：乙公司、丙公司

【基本案情】

2021 年 1 月甲公司因业务往来从乙公司处取得电子商业承兑汇票二张，汇票一的出票人和承兑人为廊坊某公司，收票人为大连某公司，出票日期为 2020 年 12 月 17 日，到期日为 2021 年 12 月 17 日，金额为 156883.61 元；该汇票由大连某公司背书给丙公司，丙公司背书给乙公司，乙公司 2021 年 1 月 8 日背书给甲公司；甲公司在到期日期前 2021 年 12 月 1 日提示付款，汇票票据状态显示为“提示付款待签收”。汇票二的出票人和承兑人为华夏某公司，收票人为河南某公司，出票日期为 2020 年 12 月 9 日，到期日为 2021 年 12 月 9 日，金额为 137486.48 元；该汇票背书流转给丙公司，丙公司背书给乙公司，乙公司 2021 年 1 月 8 日背书给甲公司；甲公司在到期日期前 2021 年 12 月 1 日提示付款，汇票票据状态显示为“提示付款已拒付（可拒付追索，可以追所有人）”。

甲公司因未能实现票据权利，诉至法院，请求判令乙公司、丙公司连带支付票据款294370.09元及利息。

【案件焦点】

关于汇票一，甲公司在到期日前提示付款，对非出票人的乙公司、丙公司是否享有追索权。

【法院裁判要旨】

江苏省江阴市人民法院经审理认为：持票人可以对背书人、出票人以及汇票的其他债务人行使追索权，票据的出票人、背书人、承兑人和保证人对持票人承担连带责任，持票人可以不按照汇票债务人的先后顺序，对其中任何一人、数人或者全体行使追索权；持票人行使追索权，可以请求被追索人支付被拒绝付款的汇票金额，支付汇票金额自到期日或者提示付款日起至清偿日止，按照中国人民银行规定的利率计算的利息。本案中，关于汇票一，到期日为2021年12月17日，尽管甲公司在到期日前的2021年12月1日提示付款，票据状态显示为“提示付款待签收”，但一方面，根据法律解释原理，对《电子商业汇票业务管理办法》第五十九条规定应当理解为：持票人有权在票据到期日前提示付款，但是承兑人对持票人的提示付款请求可以决定付款、拒绝付款或者到期日付款，如果持票人未在到期日获得付款，持票人有权在票据提示付款期内再次向承兑人提示付款，进而提醒和督促承兑人付款，但是这是对持票人权利而非义务的规定；另一方面，甲公司在期前提示付款，期间内并未撤回付款请求，应当视为提示付款的状态持续至到期日及以后，而承兑人始终未在系统上应答，亦未拒绝付款，应当视同拒绝付款而构成实质上拒付，故甲公司可以向所有前手追索。关于汇票二，汇票显示“提示付款已拒付（可拒付追索，可以追所有人）”，故甲公司有权向所有前手追索。现甲公司主张乙公司、丙公司支付承兑汇票金额及利息，符合法律规定。

江苏省江阴市人民法院依照《中华人民共和国票据法》第十条、第六十一条第一款、第六十八条、第七十条第一款，《中华人民共和国民事诉讼法》第一百四十七条之规定，判决如下：

乙公司、丙公司于本判决发生法律效力之日起十日内连带向甲公司支付票据款294370.09元及该款自2021年12月17日起至实际给付之日止按全国银行间同业拆借中心公布的贷款市场报价利率标准计算的利息。

判决后，双方当事人均未上诉，本判决现已生效。

【法官后语】

2016年以来，电子商票开始大规模在房地产行业运用，房产企业通过电子商票达到变相融资的效果，从而解决企业资金流动性问题。但近年来，一些房地产企业现金流紧张或进入破产程序，导致巨额商票无法按期兑现，由此导致最后持票人行使追索权的案件日益增多。

实践中，有些持票人在票据到期日前提示付款，没有在到期后再次提示付款，票据处于“提示付款待签收”状态，此时，持票人对出票人、承兑人之外的前手是否享有追索权，存在分歧。

《电子商业汇票业务管理办法》（以下简称《管理办法》）第五十八条规定：“……持票人应在提示付款期内向承兑人提示付款。提示付款期自票据到期日起10日……”第五十九条规定：“持票人在票据到期日前提示付款的，承兑人可付款或拒绝付款，或于到期日付款。承兑人拒绝付款或未予应答的，持票人可待票据到期后再次提示付款。”第六十六条规定：“持票人在票据到期日前被拒付的，不得拒付追索……”《票据法》第五十三条第二款规定：持票人未按照前款规定期限提示付款的，在作出说明后，承兑人或者付款人仍应当继续对持票人承担付款责任。

从以上规定文义看，并没有明确期前提示付款待签收状态下，持票人对出票人、承兑人之外的前手是否享有追索权。有观点认为：若赋予期前提示付款具有票据法上提示付款的积极效力，则票据债务人将面对不可捉摸的交易对手与变化无常的交易模式，电子商业汇票法律关系的稳定性与可预测性将受到冲击……故期前提示付款行为不具有期内提示付款的效力。

我们认为，持票人在期前提示付款，承兑人未予应答的，提示付款效力持续至到期日后的提示付款期间，承兑人未及时应答视同拒付，持票人可以向所有前手追索，主要理由为：第一，《管理办法》第五十九条规定应当理解为：

持票人有权在票据到期日前提示付款，但是承兑人对持票人的提示付款请求可以决定付款、拒绝付款或者到期日付款，如果持票人未在到期日获得付款，持票人有权在票据提示付款期内再次向承兑人提示付款，进而提醒和督促承兑人付款，但是这是对持票人权利而非义务的规定。第二，与传统票据提示付款需要面对面完成的形式不同，电子商业汇票的提示付款等操作均在电子商业汇票系统中完成，相应的电文具有可持续性，在未接收到撤回提示付款的新指令前，应当视为提示付款的状态持续至到期日及以后，同时上海票据交易所 2022 年《票交所关于规范电子商业承兑汇票提示付款应答的通知》明确“在到期日前提示付款的，如承兑人在到期日次日起三日内仍未应答，票据状态将变更为拒付状态”，故期前提示付款效力持续至到期日后，承兑人始终未在系统上应答，亦未拒绝付款，应当视同拒绝付款而构成实质上拒付，持票人可以向所有前手追索。本案中，甲公司在期前提示付款，期间内并未撤回付款请求，应当视为提示付款的状态持续至到期日及以后，而承兑人始终未在系统上应答，应当视为拒付，故甲公司可以向包括乙公司、丙公司在内的所有前手追索。

编写人：江苏省江阴市人民法院　潘亚伟　王莹　任金花

53

电子商业汇票期前提示付款具有延伸效力，如承兑人在法定提示付款期内拒绝付款的，持票人有权向全部票据前手行使追索权

——苏州某某公司诉西安某某公司、广汉某某公司票据案

【案件基本信息】

1. 裁判书字号

四川省德阳市中级人民法院（2022）川 06 民终 600 号民事判决书

2. 案由：票据纠纷

3. 当事人

原告（被上诉人）：苏州某某公司

被告（被上诉人）：广汉某某公司

被告（上诉人）：西安某某公司

【基本案情】

2018年5月，苏州某某公司与西安某某公司签订《购销合同》，2021年2月4日西安某某公司将票据背书转让给苏州某某公司用以支付欠苏州某某公司的货款。2018年5月9日，苏州某某公司与案外人江西省某某公司签订《融资租赁合同》，2021年3月15日，苏州某某公司将该票据背书转让给江西省某某公司，2021年6月9日再由江西省某某公司背书给苏州某某公司。该汇票出票日期为2020年7月28日，汇票到期日为2021年7月27日，出票人为广汉某某公司，票据金额合计为213428.47元，承兑方式为到期无条件付款，该票据可以转让，背书连续。苏州某某公司于2021年7月1日向（出票人）广汉某某公司提示付款，但至2021年8月4日，该票据状态显示“提示付款已拒付”。此后，苏州某某公司未再对该票据进行过背书或转让，广汉某某公司、西安某某公司也未向苏州某某公司支付过费用。

【案件焦点】

持票人在到期日前提示付款，在承兑人不做拒绝付款操作的情况下，汇票到期后能否发生到期日提示付款的法律效力。

【法院裁判要旨】

四川省广汉市人民法院经审理认为：苏州某某公司于2021年7月1日向（出票人）广汉某某公司提示付款，汇票到期日为2021年7月27日，即利率的起算时间应从2021年7月27日起，故对广汉某某公司辩称的苏州某某公司主张的利息起算时间应当自2021年8月2日起算抗辩意见不予采纳。持票人可以不按照汇票债务人的先后顺序，对其中任何一人、数人或者全体行使追索权。

四川省广汉市人民法院判决如下：

一、广汉某某公司、西安某某公司于判决发生法律效力之日起十日内连带向苏州某某公司支付汇票本金213428.47元及利息；

二、驳回苏州某某公司其他诉讼请求。

西安某某公司不服一审判决，提出上诉。四川省德阳市中级人民法院经审理认为：

关于苏州某某公司在汇票到期日前的提示行为。本案中，苏州某某公司持有的是电子商业汇票，系统显示持票人在2021年7月1日提示付款，虽早于汇票到期日，属于“在票据到期日前提示付款”。但电子汇票是以数据电文形式制作和记载的凭证，可以在承兑人的信息系统持续储存，使得持票人的提示付款行为具有持续性。苏州某某公司虽在汇票到期日前提示付款，但期间没有撤回付款请求，发生了“到期日提示付款”的效力，至2021年8月4日，该票据状态显示“提示付款已拒付”。本案满足持票人“在提示付款期内发出过提示付款”的条件，持票人苏州某某公司有权向所有前手拒付追索。

关于未提供被拒绝付款证明的问题。法律规定并未将“被拒绝承兑或被拒绝付款的证明”限定为书面的“退票理由书”或“拒绝证明”，也未将取得拒绝证明或退票理由书规定为持票人的义务，而是规定由承兑人或付款人承担因未出具拒绝证明或者退票理由书而产生的民事责任。承兑人未向持票人出具拒绝证明或退票理由书，但票据状态现为“提示付款已拒付（可据付追索，可以追所有人）”，即承兑人的拒付行为是可查实的，持票人无须再另行提供证明。

四川省德阳市中级人民法院依照《中华人民共和国民事诉讼法》第一百七十七条第一款第一项规定，作出如下判决：

驳回上诉，维持原判。

【法官后语】

中国人民银行于2009年制定《电子商业汇票业务管理办法》，并建立了电子商业汇票系统（ECDS）。随着互联网金融经济的发展，电子商业票据俨然成为市场重要的新型支付手段，正逐步替代传统纸质商业汇票。与传统纸质汇票相比，电子商业汇票具有以数据电文代替纸质凭证、以计算机录入代替手工书写、以电子签章代替人工签章、以网络传输代替人工传递等特点，但是其发展过程中也存在着准入门槛低、电子商业汇票系统功能不完善等缺陷，给票据交易、司法裁判带来了较大的挑战。

本案主要争议为持票人在电子汇票到期日前通过电子汇票系统向承兑人提示付款，在承兑人不做拒绝付款操作的情况下，汇票到期后能否发生到期日提示付款的法律效力。根据《中华人民共和国票据法》第五十三条第一款第二项规定，定日付款、出票后定期付款或者见票后定期付款的汇票，自到期日起10日内向承兑人提示付款。对于持票人在到期日前提示付款会产生怎样的法律效果，并没有作出相关规定。《电子商业汇票业务管理办法》第五十九条规定，持票人在票据到期日前提示付款的，承兑人可付款或拒绝付款，或于到期日付款。承兑人拒绝付款或未予应答的，持票人可待票据到期后再次提示付款。该条款虽意图解决期前提示付款效力问题，但由于立法表述存在歧义，对该规定“可”存在理解分歧。因此，司法实践中对电子商业汇票持票人期前提示付款的效力认定亦存在不同认识。本案审理中合议庭以电子商业汇票数据电文可以在承兑人的信息系统持续储存的特点以及与纸质汇票的实质差异为切入点，确认了持票人的提示付款行为可具有持续性，认定持票人在到期日前提示付款行为在承兑人不做拒绝付款操作的情况下，汇票到期后发生到期日提示付款效力，依法对票据当事人的合法权益予以了公平保护。本案的审判兼顾了电子商业汇票交易流转现实以及票据权利的实质平等，维护了电子商业汇票流通性和交易确定性，对规范电子商业汇票的运行方式和操作模式，促进金融市场的交易安全，具有积极的司法引导意义。

编写人：四川省德阳市中级人民法院　杨静静

54

民间贴现抗辩的举证责任分配问题

——甲公司诉乙公司等票据追索权案

【案件基本信息】

1. 裁判书字号

山东省济南市钢城区人民法院（2022）鲁 0117 民初 627 号民事判决书

2. 案由：票据追索权纠纷

3. 当事人

原告：甲公司

被告：乙公司、丙公司、丁公司、戊公司

【基本案情】

2021 年 9 月 8 日，甲公司与某某公司签订《工业品买卖合同》，约定某某公司购买甲公司的支架、侧导板产品，价税合计为 1572050 元。该合同履行过程中，甲公司向某某公司开具了增值税专用发票，某某公司于 2021 年 12 月 1 日背书转让给甲公司一张电子商业承兑汇票。该承兑汇票出票日期为 2020 年 12 月 24 日，到期日为 2021 年 12 月 24 日，出票人及承兑人均为乙公司，收款人为丙公司，票据金额为 150 万元，票面显示“本汇票已经承兑，到期无条件付款，可再转让”。经过丙公司、丁公司、戊公司、某某公司的连续背书转让，甲公司成为最后持票人。2021 年 12 月 24 日，甲公司通过电子商业汇票系统提示付款，后又多次提示付款，均被以承兑人账户余额不足为由拒绝签收。2022 年 2 月 3 日，票据状态显示为拒付追索待清偿。甲公司提起本案诉讼后申请财产保全，为提供担保而支出保险服务费 1320 元。

诉讼过程中，乙公司未到庭，但庭前提交书面答辩状辩称，持票人基于票据贴现行为取得案涉票据，不具有真实的交易关系和债权债务关系。1. 经查询国家企业信用信息公示系统，甲公司及前手某某公司社保缴纳人数为零，无实际业务，未实际经营，不具有产生真实交易关系的基础。2. 甲公司取得案涉商票时，恒大暴雷已经众所周知，任何一家正常的企业或一笔正常的交易，都不可能接受恒大的商票。甲公司在明知案涉商票兑付存在极大风险的情况下取得票据，明显属于无真实交易关系和债权债务关系的票据贴现行为。3. 根据《中华人民共和国票据法》第十条、《最高人民法院关于审理票据纠纷案件若干问题的规定》第八条的规定，持票人对持票的合法性应当负责举证。甲公司并无证据证明其基于合法原因取得案涉票据，且要求乙公司支付保全保险费并无法律依据。4. 票据贴现属于国家特许经营业务，甲公司并无法定贴现资质，根据《最高人民法院关于在审理经济纠纷案件中涉及经济犯罪嫌疑若干问题的规定》第十一条的规定，应裁定驳回起诉，并将有关材料移送公安机关或检察机关。

【案件焦点】

持票人应否对所持票据的合法性承担举证责任。

【法院裁判要旨】

山东省济南市钢城区人民法院经审理认为：根据《中华人民共和国票据法》第三十一条第一款的规定，以背书转让的汇票，持票人以背书的连续证明其汇票权利；非经背书转让，而以其他合法方式取得汇票的，才需依法举证证明其汇票权利。本案中，案涉票据合法、标记可再转让、转让时汇票未到期、背书连续，且甲公司也提交了工业品买卖合同、增值税专用发票进一步证实了其取得汇票的交易基础。乙公司作为非直接前手，主张甲公司应当举证证明其与直接前手之间存在真实交易关系，但未提供证据证明案涉票据的背书涉嫌欺诈、偷盗、胁迫、恐吓、暴力等非法行为，不予支持。甲公司是合法持票人，依法享有票据权利。

案涉汇票到期被拒绝付款，甲公司有权对出票人及承兑人乙公司，背书人丙公司、丁公司、戊公司行使追索权，该四公司依法应承担连带责任。追索范围除被拒绝付款的汇票金额，还依法包括汇票金额自到期日或者提示付款日起至清偿日止，按照中国人民银行规定的利率计算的利息。本案系因汇票到期被拒绝付款引起的纠纷，甲公司支出的诉讼财产保全保险服务费 1320 元，系实现债权的合理、必要费用，应由票据债务人承担。

山东省济南市钢城区人民法院依照《中华人民共和国票据法》第三十一条、第六十一条第一款、第六十八条第一款、第七十条，《中华人民共和国民事诉讼法》第六十七条第一款、第一百四十七条规定，判决如下：

一、乙公司、丙公司、丁公司、戊公司于本判决生效之日起十日内连带支付甲公司汇票金额 150 万元及汇票利息（以 150 万元为基数，按全国银行间同业拆借中心公布的一年期贷款市场报价利率，自 2021 年 12 月 24 日起计算至清偿日止）；

二、乙公司、丙公司、丁公司、戊公司于本判决生效之日起十日内支付甲公司诉讼财产保全保险服务费 1320 元。

判决后，双方当事人均未上诉，本判决现已生效。

【法官后语】

近年来，“民间贴现”之风在商业汇票流转中盛行。这在一定程度上丰富了民间金融，弥补了金融机构贴现供给不足，解决了部分中小微企业的当下资金问题。但是，随之而来的因其产生的票据追索权案件也层出不穷。在诉讼中，票据债务人往往会以怀疑持票人存在“民间贴现”为由或持票人无法举证证明存在“真实的交易关系及债权债务关系”为由进行抗辩，对于此情形也是目前商票追索权纠纷中比较常见的争议焦点之一。

一、民间贴现行为的效力及后果

《中华人民共和国票据法》以及《票据管理实施办法》均未对票据贴现作出规定。2009 年中国人民银行制定的《电子商业汇票业务管理办法》第四十二条第一款规定，贴现是指持票人在票据到期日前，将票据权利背书转让给金融机构，由其扣除一定利息后，将约定金额支付给持票人的票据行为。所谓民间贴现，就是指持票人向非金融机构进行贴现的行为。

2019年《全国法院民商事审判工作会议纪要》（以下简称《九民纪要》）出台前，各地法院对民间贴现行为的性质存在有效和无效两种截然不同的观点，甚至更多的判例认为民间贴现行为有效。《九民纪要》第一百零一条第一款规定，“票据贴现属于国家特许经营业务，合法持票人向不具有法定贴现资质的当事人进行‘贴现’的，该行为应当认定无效，贴现款和票据应当相互返还。当事人不能返还票据的，原合法持票人可以拒绝返还贴现款。人民法院在民商事案件审理过程中，发现不具有法定资质的当事人以‘贴现’为业的，因该行为涉嫌犯罪，应当将有关材料移送公安机关”。自此，对于民间贴现行为基本上有了统一的认识，即应当认定无效。

二、民间贴现事实的举证责任分配

《九民纪要》虽然规定“民间贴现”行为无效，但在其条文及理解与适用中既未明确持票人应当对持有票据的合法性承担举证责任，也未将民间贴现纳入《中华人民共和国票据法》第十二条规定的“恶意或重大过失取得票据”的范围。众所周知，票据行为具有无因性，持票人以背书的连续证明其汇票权利。《九民纪要》理解与适用提出“坚持票据行为无因性原则，并不意味不需要审理持票人取得票据手段是否合法的问题”。毕竟，《中华人民共和国票据法》第十条规定：“票据的签发、取得和转让，应当遵循诚实信用的原则，具有真实的交易关系和债权债务关系。票据的取得，必须给付对价，即应当给付票据双方当事人认可的相对应的代价。”但是，“审理持票人取得票据手段是否合法”并不能成为改变票据合法来源应按举证责任倒置的法律规定。根据《最高人民法院关于审理票据纠纷案件若干问题的规定》中关于举证责任的规定，票据的出票、承兑、交付、背书转让涉嫌欺诈、偷盗、胁迫、恐吓、暴力等非法行为的，持票人对持票的合法性负有举证责任。也就是说，只有在有初步证据表明持票人系通过上述非法手段取得系争票据时，持票人才对其持有票据的合法性负有举证责任。如果票据债务人仅怀疑持票人系通过民间贴现取得票据，却未提供持票人通过民间贴现从前手取得系争票据的任何证据，就不能仅凭怀疑来否定持票人持有票据的合法性。根据“谁主张谁举证”的民事诉讼证据规则，票据债务人应当对其主张的事实提供相应的证据予以证明，未能提供的应承担举证不能的不利后果。

三、民间贴现的抗辩限制

同时，票据行为具有独立性，票据基础关系的抗辩仅适用于直接当事人之间。《最高人民法院关于审理票据纠纷案件若干问题的规定》第十三条规定："票据债务人以票据法第十条、第二十一条的规定为由，对业经背书转让票据的持票人进行抗辩的，人民法院不予支持。"《九民纪要》第一百零一条第二款也规定："根据票据行为无因性原理，在合法持票人向不具有贴现资质的主体进行'贴现'，该'贴现'人给付贴现款后直接将票据交付其后手，其后手支付对价并记载自己为被背书人后，又基于真实的交易关系和债权债务关系将票据进行背书转让的情形下，应当认定最后持票人为合法持票人。"依据上述规定，持票人与其前手之间是否存在民间贴现行为，不影响持票人行使票据追索权，即使前手通过民间贴现转让票据，也不能以此对抗持票人，除非能证明持票人明知该抗辩事由。

编写人：山东省济南市钢城区人民法院　苏友芹

55

票据质权的保护路径

——典当公司诉建筑公司等票据追索权案

【案件基本信息】

1. 裁判书字号

上海市松江区人民法院（2022）沪0117民初6542号民事判决书

2. 案由：票据追索权纠纷

3. 当事人

原告：典当公司

被告：建筑公司、实业公司、置业公司

【基本案情】

2020年9月28日，被告置业公司作为出票人出具电子商业承兑汇票一张，票据金额为1100000元，收票人为被告建筑公司，承兑人为被告置业公司，汇票到期日为2021年9月28日，承兑日期2020年9月28日。2020年11月13日被告建筑公司背书转让给物资经营部，2021年9月22日物资经营部背书转让给被告实业公司，2021年9月22日被告实业公司背书质押给原告。2021年9月28日原告提示付款，2021年10月9日被拒付，拒付理由显示“商业承兑汇票承兑人账户余额不足”。案涉票据状态显示为“拒付追索待清偿”。

原告认为，原告与被告实业公司签订《质押借款协议》，约定被告实业公司向原告借款200000元，并将本案票据质押给原告。后原告向被告实业公司交付出借款并办理质押背书。借款期满后被告实业公司未能还款，原告提示付款被拒付，故诉至法院，请求3被告连带偿付票据款1100000元及相应利息。

被告建筑公司辩称：1.《质押借款协议》不符合质押借款及典当业务的特征，协议在内容上明确是质押票据借款，但又约定借款期限内不收取利息，同时，未约定汇票赎回，缺乏典当业务一般要件，在质押票据金额远大于债权金额的情况下也未对超出债权的票据金额部分作处理约定。因此原告与被告实业公司的质押合同关系不成立。2.案涉汇票票面金额为1100000元，原告实际出借金额仅199500元，远远小于票面金额，原告取得的汇票并非基于真实合法的交易关系，且未支付合理对价，其取得票据的行为违反了票据法第十条之规定。因此，原告取得票据的方式“名为质押、实为贴现”，以质押合同的表面形式掩盖票据贴现的实质行为。根据民法典第一百四十六条、第一百五十三条和《全国法院民商事审判工作会议纪要》相关规定，该行为应认定为无效。因原告取得票据系基于无效的贴现行为，故原告不属于合法持票人，不享有票据追索权。

被告置业公司辩称：不同意原告诉讼请求。1.原告与被告置业公司不存在买卖合同关系、不存在借贷关系、不存在票据关系，原告仅与被告实业公司存在借款关系，原告仅享有质押权，并非合法背书受让人，不享有追索权。2. 被告置业公司未向原告借款，也未提供担保，不应承担利息。

被告实业公司辩称：对原告诉请和事实无异议。

【案件焦点】

1. 原告取得票据的方式系票据质押还是票据贴现；2. 若为票据质押，在实现票据质权时，原告是仅可以依据民法典物权编的质押权实现质权，还是可以依据票据法行使票据追索权。

【法院裁判要旨】

上海市松江区人民法院经审理认为：根据票据法规定，汇票可以设定质押，质押时应当以背书记载“质押”字样，被背书人依法实现其质权时，可以行使汇票权利。本案电子商业承兑汇票记载事项合法，背书连续，被告实业公司将汇票质押给原告，且履行了背书手续，在电子商业汇票系统中有质押背书记录，故，原告作为经质押背书后的被背书人，成为票据法意义上的合法持票人，可依据质押背书就案涉汇票实现质权，即行使汇票权利。原告提示付款被拒付后，可据此行使追索权。

关于被告置业公司认为原告仅享有票据质权，不享有票据追索权的意见，本院认为，案涉汇票经质押背书，原告作为质权人可享有票据法保护，区别于担保法和物权法意义上的权利质押，故对上述意见不予采信。

关于被告置业公司、建筑公司对原告与被告实业公司间基础关系提出的抗辩，本院认为，票据行为具有无因性，只有存在直接债权债务关系的票据当事人之间方能进行基础关系抗辩，现原告与被告实业公司均确认双方成立典当关系，且原告提供了《商业承兑汇票质押借款协议》、当票、银行电子回执等证据，并办理了质押背书，被告置业公司、建筑公司的意见未提供证据佐证，且于法无据，本院不予采纳。

判决如下：

被告建筑公司、实业公司、置业公司于本判决生效之日起十日内连带支付原告典当公司票据款1100000元及利息（以1100000元为基数，自2021年9月29日起计算至实际清偿之日止，按同期全国银行间同业拆借中心公布的贷款市场报价利率LPR计付）。

如果未按本判决指定的期间履行给付金钱义务，应当依照《中华人民共和国民事诉讼法》第二百六十条之规定，加倍支付迟延履行期间的债务利息。

判决后，双方当事人均未上诉，本判决现已生效。

【法官后语】

一、票据贴现与票据质押之分

关于民间票据贴现，法学理论界和司法实践存在“有效论”和“无效论”之争，但《全国法院民商事审判工作会议纪要》持有“无效论”[①] 观点。票据质押与票据贴现虽均有背书转让和交付的行为，但从行为构成要件来看二者存在很大的区别：其一，票据质押本身是一种担保行为，票据贴现是票据本身的买卖行为；其二，票据质押需要具备真实的交易关系和债权债务关系，票据贴现不具有基础法律关系；其三，票据质押记载有“质押”字样，票据贴现未记载“质押”字样。

本案中，原告与被告实业公司均确认双方成立典当关系，典当关系是原告与被告契伟公司之间票据质押行为的原因关系，且双方票据质押背书记载“质押”字样，这一切均符合票据质押行为的构成要件而非票据贴现。在市场经济条件下，票据作为最重要的一种融资工具，对于企业以票据作为质押担保进行资金融通，应当依法予以保护，才能更好地提升和改善营商环境。

二、票据法票据质权与民法票据质权之分

我国民法典和票据法对于票据质押都有规定，如果当事人在票据流转时背书“质押”字样，票据质权人作为合法持票人，可以行使包括付款请求权和追

---

① 《全国法院民商事审判工作会议纪要》第一百零一条规定，票据贴现属于国家特许经营业务，合法持票人向不具有法定贴现资质的当事人进行‘贴现’的，该行为应当认定无效，贴现款和票据应当相互返还……

索权在内的票据权利；如果没有通过背书“质押”方式行使，只是单纯将票据交付给质权人，尽管不能构成票据法上的票据质押，如若质押合同和票据本身都有效，符合民法典物权编关于票据质权相关规定的，质权人仍然可以行使民法上的票据权利。

尽管如此，二者在运行机制上还是存在很大差别的。其一，权利行使对象不同，票据法质权人作为持票人，既可以行使付款请求权，也可以行使追索权；物权法质权人行使的质权标的是一般民事债权，其只是付款请求权，而不包括追索权。其二，权利行使方式不同，票据法质权人既可以直接请求付款及发起追索，也可以提起票据质权纠纷之诉；物权法质权人是按照民法典和民事诉讼法关于实现担保物权的程序行使质权。其三，举证责任难度不同。票据法质权人，以背书的连续，证明其汇票权利；而物权法质权人，需要证明自己取得票据的合法方式，证明享有汇票权利。其四，能否对抗第三人不同。物权法质权人因缺乏权利外观，不得对抗善意第三人。其五，是否享有抗辩切断保护不同。票据行为具有无因性，一经作出且经过流转，即与原有抗辩脱离，故票据债务人不得以自己与出票人或者与持票人的前手之间的抗辩事由，来对抗持票人。由此可见，票据法质权人享有抗辩切断保护，物权法质权人则不然。

本案电子商业承兑汇票记载事项合法，背书连续，被告实业公司将汇票质押给原告，且履行了背书手续，故原告作为经质押背书的被背书人，系合法持票人，在被告实业公司未按约履行债务时，可以依据质押背书就案涉汇票实现质权。在提示付款被拒付后，可以行使追索权。

综上，票据法质权人在行使质权时，在举证责任、抗辩限制、诉讼成本、法律风险等方面都显著优于物权法质权人。当事人通过背书“质押”方式行使票据权利，更为高效安全，也更有利于保护自身合法权益。

编写人：上海市松江区人民法院　周倩　郝白婷

56

期前提示付款未签收可行使票据追索权

——某灯饰行诉商贸公司等票据追索权案

【案件基本信息】

1. 裁判书字号

广东省深圳市福田区人民法院（2022）粤0304民初29552号民事判决书

2. 案由：票据追索权纠纷

3. 当事人

原告：某灯饰行

被告：商贸公司、驻马店住宅公司、住宅集团、建设公司、消防公司、钢材公司、宝某公司

【基本案情】

原告基于与被告商贸公司之间买卖合同关系背书转让取得一张电子商业承兑汇票，汇票载明：票据号码略；出票人为被告驻马店住宅公司；承兑人为被告住宅集团；收款人为被告建设公司；票据金额为200000元；出票日期为2021年6月25日；汇票到期日为2021年12月25日；承兑信息栏出票人承诺：本汇票请予以承兑，到期无条件付款；承兑人承诺：本汇票已经承兑，到期无条件付款。2021年12月21日，原告就案涉汇票首次申请提示付款，承兑人一直未应答。2022年4月28日，原告再次申请提示付款，于2022年5月6日被拒付，拒付理由为商业承兑汇票承兑人账户余额不足。现票据状态为拒付追索待清偿。

【案件焦点】

1. 原告期前提示付款是否享有追索权；2. 各被告应承担何种票据责任。

【法院裁判要旨】

广东省深圳市福田区人民法院经审理认为：该涉案汇票记载事项完整、背书连续，系合法、有效票据，原告依法享有票据权利。根据《中华人民共和国票据法》第五十三条第一款第二项规定，持票人应当按照下列期限提示付款：（二）定日付款、出票后定期付款或者见票后定期付款的汇票，自到期日起十日内向承兑人提示付款。《电子商业汇票业务管理办法》第五十九条规定，持票人在票据到期日前提示付款的，承兑人可付款或拒绝付款，或于到期日付款。承兑人拒绝付款或者未予应答的，持票人可待票据到期后再次提示付款。根据该规定可知，持票人在票据到期日前提示付款的，对于承兑人来说在其享有期限利益的情况下，有权选择向持票人在票据到期日前付款、拒绝付款或者到期日进行付款。如果承兑人在票据到期日前拒绝付款或者未予应答的，那么持票人可以待票据到期后再次付款，但这里并未要求持票人必须或者应当在提示付款期内再次提示付款。换言之，持票人期前提示付款，票据到期日后 10 日内承兑人可以以一种消极的不作为的行为即未予应答来表明拒绝付款，而非必须以一种积极的拒绝行为来表明拒绝付款。原告在期前提示付款，在被告住宅集团未签收未付款的情况下，已经提示付款未签收未付款的状态一直持续到票据到期日后 10 日内，并未因票据到期或期满而消除，故其提前提示付款的效力及于票据到期日后，应视为在提示付款期限内进行了提示付款。本案中，原告作为持票人，其持有的汇票到期，原告在提示付款期限前申请提示付款一直未被签收，后又于 2022 年 4 月 28 日再次申请提示付款，被告住宅集团并未在票据到期日付款，是以其实际的不作为行为表明拒绝付款，即原告的票据付款请求权被拒绝。原告在提示付款期限内提示付款被拒付，依法可向背书人、出票人等依法行使追索权，且可以不按照汇票债务人的先后顺序，对其中任何一个、数个或全体行使追索权，汇票的出票人、背书人、承兑人应依法对持票人承担连带责任。判决如下：

各被告向原告连带支付票据款200000元及利息（利息以200000元为基数，按照全国银行间同业拆借中心公布的贷款市场报价利率，自2021年12月26日起计算至实际清偿之日止）。

判决后，双方当事人均未上诉，本判决现已生效。

【法官后语】

根据《中华人民共和国票据法》及《电子商业汇票业务管理办法》的规定，电子商业承兑汇票的持票人应在提示付款期内向承兑人提示付款，若持票人在期前提示付款，承兑人也在期前拒绝，法律明确规定应在提示付款期内重新向承兑人提示付款，否则将丧失向前手的追索权。但在实践中经常存在持票人在票据到期前提示付款，而承兑人未应答或在提示付款期限内拒付的情况。针对此种情况，法律并未对此作出明确规定，实践中亦存在不同观点。司法实践中对期前提示付款的裁判标准分歧主要产生于期前提示付款的效力是否具有持续性的认定。

笔者认为，从提示付款制度的立法目的、电文可持续性特征、意思表示生效的时间等方面进行考虑，持票人在到期日前提示付款，承兑人不进行拒付操作的，应当认定该期前提示付款的效力具有持续性，可延伸到票据到期日后。

一、汇票设立提示付款期的目的

首先，提示付款期限的创设主要是为了督促持票人及时行使付款请求权，使票据法律关系及时消灭，提高市场交易效率。其次，票据的流通性决定了票据可随时背书转让，票据到期后10日的提示付款期能够让承兑人及时知悉票据权利人的身份，以便承兑人向票据权利人履行义务。最后，设立提示付款期限内，明确未提示付款或逾期提示付款的法律后果，可以让出票人、承兑人之外的票据前手对票据责任有合理的预期。因此，提示付款期设立的目的本是方便承兑人识别持票人身份、督促票据权利人及时行使权利，提高市场交易效率，持票人在提示付款期前积极行使权利而带来不利的后果有悖于提示付款期的设立目的。

二、电子商业汇票系统电文的可持续性特征

电子商业汇票通过数据电文的形式在电子商业汇票系统（以下简称ECDS

系统）中提示。一般由持票人在其系统接入点发出申请，系统自动生成提示付款操作，并通过汇票系统发送给承兑人。ECDS系统对该申请进行检查，检查通过后将该提示信息入库，票据状态即更改为“提示付款待签收”。持票人到期后未再次提示付款的，且承兑人一直未应答时系统将一直保持“提示付款待签收”的状态（上海票据交易所2022年3月规范电子商业承兑汇票提示付款应答规则前），持票人在期前提示的状态能够一直延续至提示付款之日及之后。期前、期内提示付款均能产生法律效力。因此，提示付款期前提示付款可视为提示付款期内提示付款。

三、意思表示生效时间要件

根据《中华人民共和国民法典》第一百三十七条第二款的规定，以非对话方式作出的采用数据电文形式的意思表示，相对人指定特定系统接收数据电文的，该数据电文进入该特定系统时生效。当持票人在作出票据到期日前发出提示付款的指令时，该意思表示自数据电文进入ECDS系统即发生法律效力。该意思表示在作出即生效，在持票人未撤回前都持续产生提示付款的法律后果。

编写人：广东省深圳市福田区人民法院　徐海玉

57

票据利益返还请求权诉讼时效起算点的认定

——科技公司诉置业公司票据利益返还请求权案

【案件基本信息】

1. 裁判书字号

北京市通州区人民法院（2022）京0112民初6296号民事判决书

2. 案由：票据利益返还请求权纠纷

3. 当事人

原告：科技公司

被告：置业公司

第三人：贸易公司

【基本案情】

第三人贸易公司承包被告置业公司开发的“台湖一号”项目相关货物的采购和安装工程，贸易公司与原告科技公司签订买卖合同为该项目采购龙头、花洒等厨卫产品。

2019 年 6 月 13 日，出票人（同时亦为承兑人）置业公司向收票人贸易公司签发电子商业承兑汇票一张，到期日 2019 年 12 月 12 日，票据号略，票面金额为 549310.85 元。2019 年 6 月 25 日，贸易公司将上述票据背书转让给科技公司。汇票到期后，科技公司对上述票据提示付款，但科技公司未收到相应款项。上述票据状态目前为提示付款已拒付。科技公司称诉争票据系贸易公司用于支付科技公司厨卫产品货款。

另查，2021 年 10 月 15 日，科技公司以买卖合同纠纷为由将贸易公司诉至本院。同年 11 月 3 日，双方达成调解协议并由本院出具（2021）京 0112 民初 37122 号民事调解书，调解内容为：一、贸易公司给付科技公司货款 549310.85 元，于 2022 年 1 月 25 日前给付清；二、此后，双方就本案再无其他纠纷。此调解书已生效。

庭审中，科技公司表示，因贸易公司未按上述调解书确定的内容向其支付货款，科技公司已向本院申请强制执行，但贸易公司无可供执行的财产。贸易公司表示因公司资金周转困难，确未向科技公司支付过货款。科技公司、贸易公司均表示，双方在调解时并未明确约定科技公司就涉案票据不再主张权利。置业公司表示，（2021）京 0112 民初 37122 号民事调解书第二条“此后，双方就本案再无其他纠纷”即表明科技公司与贸易公司已约定科技公司不得就涉案票据取得相关权利。

科技公司认为，其作为持票人，享有汇票权利。虽汇票已超过票据权利时效，但其仍享有民事权利，可以请求置业公司返还票面金额 549310.85 元，故提起诉讼。

置业公司、富力公司均不同意科技公司的诉讼请求。理由如下：《中华人民共和国票据法》第十七条规定，对出票人主张票据的权利自票据到期日两年，涉案票据到期日为 2019 年 12 月 12 日，而科技公司主张票据权利的起诉时间为 2022 年 2 月 22 日，在此期间，科技公司未向置业公司主张过票据权利，票据权利已经丧失。票据利益返还请求权是指持票人的票据权利丧失后享有的权利，但前提是票据有效存在，且当事人未依据基础法律关系向合同相对方主张过权利。在本案中，科技公司已通过买卖合同纠纷解决票据未兑付事宜，且已与贸易公司在调解书中约定“双方就本案再无其他纠纷”，因此，科技公司并不享有票据利益返还请求权，也就不存在所谓的诉讼时效问题。

【案件焦点】

对于票据利益返还请求权纠纷，科技公司的起诉是否超过诉讼时效。

【法院裁判要旨】

北京市通州区人民法院经审理认为：持票人对票据出票人和承兑人享有的票据权利，自票据到期日起二年内不行使而消灭，因超过票据权利时效而丧失票据权利的，持票人仍享有请求出票人或承兑人返还与未支付票据金额相当利益的民事权利。本案中，案涉票据到期日为 2019 年 12 月 12 日，科技公司享有的票据权利自 2019 年 12 月 12 日起两年后消灭。虽科技公司未在票据权利时效内向置业公司主张票据权利，但科技公司在丧失票据权利后，仍可向置业公司主张票据利益返还请求权这一民事权利，该民事权利自票据权利消灭之日起开始计算三年的诉讼时效。科技公司于 2022 年 4 月 2 日提起本案诉讼，并未超过诉讼权利时效。因此，对于置业公司所述“科技公司在丧失票据权利后，不享有票据利益返还请求权且不存在诉讼时效问题”的答辩意见，本院不予采纳。

案涉电子商业承兑汇票系由出票人置业公司签发，票据记载的内容符合法律规定，为有效票据。置业公司作为出票人的汇票到期日为 2019 年 12 月 12

日，被背书人科技公司虽未在票据权利时效内向置业公司主张票据权利，但其在丧失票据权利后依法享有对出票人置业公司的民事权利，故对于科技公司要求置业公司支付电子商业承兑汇票票面金额549310.85元的诉讼请求，本院予以支持。

北京市通州区人民法院判决如下：

被告置业公司在第三人贸易公司不能清偿的范围内支付原告科技公司549310.85元，于本判决生效之日起七日内执行清。

判决后，双方当事人均未上诉，本判决现已生效。

【法官后语】

本案是关于票据利益返还请求权诉讼时效的起算点问题。我国《票据法》第十七条规定的票据权利时效仅约束付款请求权和追索权这两项票据权利。而票据利益返还请求权并非票据权利，因此不能适用第十七条关于票据权利时效的规定。关于票据利益返还请求权的性质，我国《票据法》第十八条在立法上采“民事权利说”，规定票据利益返还请求权属于民事权利。

关于票据利益返还请求权诉讼时效的起算点问题，通过检索相关案例，目前司法实践中主要存在以下两种裁判规则：

一、自票据权利消灭之日起算

这一观点认为，票据利益返还请求权的性质是一般的民事权利，诉讼时效期间自权利人知道或者应当知道权利受到损害以及义务人之日起计算。据此，诉讼时效的起算时间不仅应当包含权利人主观上实际知道权利受到损害的时间，还应包含权利人“理应知道权利受损”这一客观情形。根据我国票据法第十七条规定，持票人的票据权利因自票据到期日起二年期限内不行使即消灭。票据作为一种由出票人签发的、约定自己或者委托付款人在见票时或指定的日期向收款人或持票人无条件支付一定金额的有价证券，对于商事交往中理性的持票人而言，其应当知道所持票据的到期日期。换言之，持票人自票据到期日起满二年时即应当知道所持票据项下的票据权利已受到损害，此时其已丧失票据权利。此种情形下，理性的持票人应积极行使票据利益返还请求权，依据这一民事权利向相关义务人主张付款义务。因此，票据利益返还请求权的诉讼时效应自票据权利消灭之日起计算。

二、自持票人被拒付之日起算

这一观点认为，持票人提示付款，向承兑人要求承兑时才可得知所持票据项下款项仍被承兑人持有，但承兑人拒绝付款，此种情况下，持票人的权利已受到侵害，因此持票人可主张票据利益返还请求权的诉讼时效起算点为持票人提示付款被拒之日，而非持票人主张票据权利期限届满次日。

我们认为，票据利益返还请求权的诉讼时效应从票据权利消灭之日起计算，主要理由有：

首先，票据作为一种支付结算手段是除了现金外最易流通转让的工具，在现代民商事交往中，越来越多的商事主体倾向于使用票据作为结算工具。对于理性的商事主体，其选择票据作为结算方式即在一定程度上表明其对于票据权利消灭所引发的法律后果及相应救济途径有所了解。以票据权利消灭之日起计算票据利益返还请求权的诉讼时效有利于促使持票人积极行使权利，维护自身合法权益。

其次，票据利益返还请求权的诉讼时效如果自持票人被拒付之时起算，则意味着持票人可在票据权利消灭之后无限期的任意时点主张权利，这显然与诉讼时效制度“促进法律关系安定，及时结束权利义务关系的不确定状态，稳定法律秩序，降低交易成本”的立法目的相违背。

票据利益返还请求权并非票据权利，而是一项民事权利，该民事权利自票据权利消灭之日起计算三年的诉讼时效。持票人因超过票据权利时效或者因票据记载事项欠缺而丧失票据权利的，可以票据利益返还请求权为基础，请求出票人或者承兑人返还其与未支付的票据金额相当的利益。

编写人：北京市通州区人民法院　闫晗

十、其他

58

绝当后典当行不应继续收取综合费用

——典当公司诉宋某某、李某某典当案

【案件基本信息】

1. 裁判书字号

新疆维吾尔自治区乌鲁木齐市中级人民法院（2022）新01民终1375号民事判决书

2. 案由：典当纠纷

3. 当事人

原告（上诉人、再审申请人）：典当公司

被告（上诉人、再审被申请人）：宋某某、李某某

【基本案情】

2019年12月23日，典当公司与宋某某、李某某签订《房地产抵押典当借款合同》，约定宋某某、李某某以房产作为抵押担保，典当65万元，期限自2019年12月23日至2020年1月22日，月利率0.2%，月综合费率2%，滞纳金3‰/日。当日，双方办理了抵押登记。2019年12月26日，典当公司支付当金65万元，并签署《当票》。2020年3月10日至2020年12月18日，典当公

司出具九份《续当凭证》，最后一份期限至 2020 年 10 月 20 日。典当到期后，因宋某某、李某某未还款，典当公司诉至法院，要求偿还当金 65 万元，支付综合费、利息、滞纳金直至清偿完毕，并对抵押房产享有优先受偿权。宋某某、李某某认为，2020 年 1 月 22 日典当到期，双方未续当，绝当后不应再支付综合费、利息、滞纳金。

【案件焦点】

绝当后，典当行能否按照合同约定继续向当户收取综合费用、利息、滞纳金。

【法院裁判要旨】

新疆维吾尔自治区乌鲁木齐市天山区人民法院经审理认为：典当公司与宋某某、李某某之间形成了合法有效的典当关系，双方续当至 2020 年 10 月 20 日。绝当前的综合费用和利息为 142921.64 元（65 万元×2.2%/月×12 个月÷365 天×304 天）。按照《典当管理办法》，典当行收取综合费用是基于其提供的管理和服务行为。绝当后，典当行不必再向当户提供服务，故不应继续收取综合费用。当户未赎回当物的，典当行有权按照约定处置当物。典当行继续收取综合费用，既缺乏法律依据，又违反公平合理原则。本案中，典当公司专门从事典当业务，应当了解相关法律规定，及时处置当物以实现债权，避免损失扩大。考虑到所涉不动产变现周期较长，酌情认定处理当物的期间为三个月，故后续利息为 3900 元（65 万元×0.2%/月×3 个月）。宋某某、李某某已支付 143000 元，尚欠 3821.64 元（146821.64 元-143000 元）。关于滞纳金，双方约定典当到期之日第二天起至实际支付之日止，按日支付典当金额 3‰的滞纳金，现典当公司要求按照年利率 3.85%的标准计算，不违反法律规定。因利息收取至 2021 年 1 月 26 日，故滞纳金为 6650.48 元（65 万元×3.85%/年÷365 天×97 天，自 2020 年 10 月 21 日起至 2021 年 1 月 26 日止）。

新疆维吾尔自治区乌鲁木齐市天山区人民法院依照《中华人民共和国合同法》第六十条第一款、第一百零七条、第一百一十三条第一款，《中华人民共和国担保法》第五十三条第一款，《典当管理办法》第三条第一款、第三十条、第三十八条第一款及第三款、第四十条规定，作出如下判决：

一、被告宋某某、被告李某某归还原告典当公司当金65万元；

二、被告宋某某、被告李某某支付原告典当公司综合费用及利息3821.64元；

三、被告宋某某、被告李某某支付原告典当公司滞纳金6650.48元；

四、被告宋某某、被告李某某支付原告典当公司律师费13000元；

五、若被告宋某某、被告李某某未按期履行上述第一项、第二项、第三项、第四项付款义务，则原告典当公司有权就被告李某某名下某房产以折价或拍卖、变卖方式所得价款优先受偿；

六、驳回原告典当公司要求被告宋某某、被告李某某支付保全申请费3020元的诉讼请求。

典当公司不服一审判决，提出上诉。

新疆维吾尔自治区乌鲁木齐市中级人民法院经审理认为：涉案房屋经行使抵押优先权后，是否足以确保典当公司的债权实现，具有不确定性，保全申请费属于合理支出和实际损失。一审法院对保全申请费承担的认定有误，二审予以纠正。其余部分认定事实清楚，适用法律正确，依照《中华人民共和国合同法》第一百零七条、《最高人民法院关于适用〈中华人民共和国民法典〉时间效力的若干规定》第一条第二款、《中华人民共和国民事诉讼法》第一百七十七条第一款第二项规定，作出如下判决：

一、维持新疆维吾尔自治区乌鲁木齐市天山区人民法院（2019）新0102民初13775号民事判决第一项、第二项、第三项、第四项、第五项；

二、撤销新疆维吾尔自治区乌鲁木齐市天山区人民法院（2019）新0102民初13775号民事判决第六项；

三、宋某某、李某某支付典当公司保全申请费3020元。

典当公司不服二审判决，申请再审。

新疆维吾尔自治区高级人民法院经审查认为：典当公司的再审申请不符合《中华人民共和国民事诉讼法》第二百零七条第六项规定的情形，依照《中华人民共和国民事诉讼法》第二百一十一条第一款、《最高人民法院关于适用〈中华人民共和国民事诉讼法〉的解释》第三百九十三条第二款规定，作出如下裁定：

驳回典当公司的再审申请。

【法官后语】

典当是一种传统的融资方式，典当行基于向当户提供服务和管理的行为可收取综合费用，双方亦常在当票或合同中对利息、滞纳金作出约定。但对于绝当后典当行能否继续收取综合费、利息、滞纳金，法律无明确规定，司法实践中争议较大。

一、不同裁判意见的分析

目前主要有三种观点：肯定说，否定说，折中说即部分支持或予以调整。折中说又有三种意见：第一，支持合理期间的利息；第二，不支持综合费，仅支持利息和滞纳金；第三，对利息按照LPR四倍的标准予以调整，而在支持期间上，又分为支持至清偿完毕和仅支持合理期间两种。(详见下表)

不同裁判观点一览表

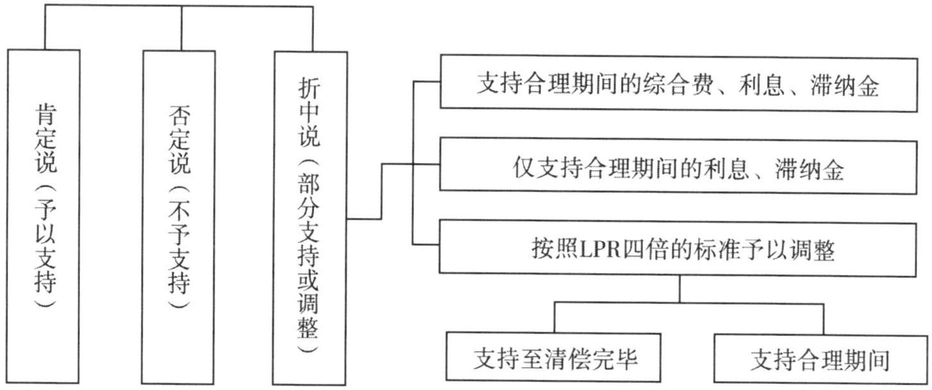

裁判意见的分歧折射出“意思自治原则”与“公平合理原则”的价值冲突。

（一）肯定说——秉持意思自治原则

典当行与当户对收取息费的约定系双方的真实意思表示，不违反法律规定，应受到法律保护。支持后续息费，体现了对契约精神的尊重和对诚实守信的认同。

（二）否定说——偏重公平合理原则

绝当后，典当行不再为当户提供服务，应及时处理当物以实现债权。若允许其继续收取综合费，典当将无异于民间借贷，不符合其法律特性，也扩大了当户损失。

（三）折中说——二者兼顾

此说力图在价值冲突中寻求平衡。对典当行而言，息费是其主要经营收入，若不支持绝当后的息费，则不利于保护守约方权益；对当户而言，绝当后丧失对当物的赎回权，典当行可通过处置当物实现债权，继续计算息费有失公平。故法院仅支持部分款项，或予以调整。

应当肯定，三种裁判观点系弥补法律漏洞的有益尝试，均有其合理性。相较之下，折中说更好地兼顾了“意思自治原则”和“公平合理原则”，在社会效果上略胜一筹。但折中说缺乏明确的认定标准，存在滥用自由裁量权之嫌。因此，有必要界定综合费用、利息和滞纳金的法律性质，为统一裁判尺度奠定基础。

二、不同款项的法律属性

（一）综合费用的法律属性

《典当管理办法》第四十条规定：“……当户于典当期限或者续当期限届满至绝当前赎当的，除须偿还当金本息、综合费用外，还应当根据中国人民银行规定的银行等金融机构逾期贷款罚息水平、典当行制定的费用标准和逾期天数，补交当金利息和有关费用。”据此，综合费用是发生在典当期间或续当期限届满至绝当前的服务和管理费用。绝当后，典当行不再提供管理和服务行为，典当行可按照约定处置当物，继续收取综合费既缺乏法律依据，又违反公平合理原则。同时，作为专门从事典当业务的机构，典当行应当了解相关法律规定，绝当后及时处置当物，避免损失扩大。否则，典当行可能怠于处置当物，加重当户负担。

（二）利息和滞纳金的法律属性

利息是法定孳息，而滞纳金缘起于公法之债的不履行，借用到私法领域中实为“违约金”。绝当意味着典当关系结束，典当行不再提供服务。由于当户未偿还当金，典当行又很难立即处置当物，必然会产生资金占用期间的利息。同时，如果双方对滞纳金有约定，则当户未按期偿还当金，构成违约，典当行主张的滞纳金相当于约定违约金。

三、权利行使的边界

权利的行使应有边界，否则将导致权利被滥用。对绝当后的利息和滞纳金，法院可对金额和期限设置边界。

（一）设定金额上限。典当行主张金额过高的，法院可予以调整。

（二）设定合理期限。可根据当物价值及类型予以区分：绝当物估价金额不足3万元的，典当行应立即处置；金额在3万元以上的，予以合适的处置期间，如一个月；对于变现周期较长的不动产，可予以更长的处置期间，如三个月。

正是基于上述考虑，本案对绝当后的综合费用未予支持，酌情认定处理当物的期间为三个月，对此期间的利息和滞纳金予以支持。典当不同于民间借贷，为回归典当本源，应在厘清法律关系的基础上，规范裁判尺度，以同案同判维护司法公信力。

编写人：新疆维吾尔自治区乌鲁木齐市天山区人民法院　刘文欣

59

有追索保理中的追索权上限约定效力认定

——甲公司诉乙公司保理合同案

【案件基本信息】

1. 裁判书字号

江苏省无锡市中级人民法院（2022）苏02民终5552号民事判决书

2. 案由：保理合同纠纷

3. 当事人

原告（被上诉人）：甲公司

被告（上诉人）：乙公司

【基本案情】

甲公司与乙公司于2016年12月至2018年5月陆续签订32份《应收租赁款保理业务协议》，所涉金额不同，权利义务约定基本一致，每份协议后均附有对应《应收租赁款转让明细表》。

双方约定：基于乙公司与电信公司共同开展的针对个人租户的信用租机项目进行有追索权的保理业务；乙公司将其在租赁合同项下未到期的应收租赁款转让给甲公司，甲公司提供融资等服务，融资年利率为7%，均从发放之日起计息；由乙公司代收应收租赁款，并及时付至甲公司指定账户；若承租人不能按约足额偿付应收租赁款，甲公司有权向乙公司追索，追索权最大值为《应收租赁款转让明细表》中对应应收租赁款转让金额总额的11%；“应收租赁款转让金额”定义为基于租赁合同产生的，应由承租人支付但尚未偿付给乙公司的应收租赁款。

32份保理协议应收账款转让总额为62631889.92元，甲公司累计发放保理融资款41986082元，双方滚动结算，乙公司累计偿还42605634.33元。乙公司自2018年2月后未足额付款，甲公司诉至法院，请求判令乙公司立即支付保理款本息余款5258499.15元［41986082×（1+7%×2年）－42605634.33］，并要求承担律师费损失和财产保全保险费损失。

乙公司辩称：其系因个人租户未按约支付租赁款而未足额支付给甲公司，因与甲公司对追索权上限进行了约定，说明甲公司应当承担因承租人违约无法回收应收租赁款的部分风险，无权主张保理款本息余额。结合协议中对“应收租赁款转让金额”的定义，认为追索金额上限为违约承租人欠付租赁款总额的11%即1498995.82元。请求驳回甲公司全部诉讼请求。

【案件焦点】

如何理解双方在有追索保理中对追索权上限进行的约定，保理人是否还有权主张保理融资款本息。

【法院裁判要旨】

江苏省无锡市锡山区人民法院经审理认为：甲公司与乙公司之间签订的《应收租赁款保理业务协议》系双方真实意思表示，应收账款真实、明确，且不违反法律、行政法规的禁止性规定，应为合法有效。无论根据法律规定或双方约定，甲公司作为保理人均有权向乙公司主张返还保理融资款本息余额。在此基础上，关于追索权上限，当事人对协议条款的理解有争议的，应当结合其他条款、行为的性质和目的、习惯以及诚信原则，确定条款含义。协议约定追索权上限条款中的“应收租赁款转让金额”首先应系转让金额，在协议签订当时，“应由承租人支付但尚未偿付”系基于保理合同的性质针对“应收”所作的解释，而不应断章取义理解“转让金额”为违约金额。现甲公司主张的融资款本息余额未超出双方约定之追索上限，且低于乙公司认可之欠付本息款总额，应予以支持。

江苏省无锡市锡山区人民法院作出判决：

一、乙公司于判决生效后十日内向甲公司返还保理融资款本息 5258499.15 元并承担律师费损失 25 万元，合计 5508499.15 元；

二、驳回甲公司其他诉讼请求。

乙公司不服一审判决，提出上诉。江苏省无锡市中级人民法院经审理认为：双方约定追索权上限并不否定案涉保理为有追索权保理。乙公司转让的应收租赁款债权金额高于保理融资金额，甲公司要求乙公司支付尚欠的保理融资款本息并未损害乙公司权益。“应收租赁款转让金额”总额应系双方达成协议附件《应收租赁款转让明细表》时即已确定的金额，而非在合同履行过程中，按租机用户是否违约再行确定的金额。乙公司的主张缺乏合同依据，与合同文义解释严重不符。乙公司的上诉请求不能成立，应予驳回。一审判决认定事实清楚，适用法律正确，应予维持。

江苏省无锡市中级人民法院依照《中华人民共和国民事诉讼法》第一百七十七条第一款第一项的规定，判决如下：

驳回上诉，维持原判。

【法官后语】

我国保理业虽然起步较晚，但是发展迅速。随着保理业的发展，业务类型多样，保理业务主体针对具体需要进行独特性的约定，在司法实践中尚需不断探索。本案中，保理人和应收账款债权人在合同中对追索权上限进行了约定，产生纠纷时对该约定的理解存在争议。本案对追索权上限约定的理解处理，对同类型案件具有指导意义。

首先，当事人对追索权上限的约定系双方真实意思表示，应属合法有效。市场主体基于交易需求进行的约定，当约定于法无悖时，应属合法有效。我国法律并未禁止当事人对追索权的行使附加条件，当事人可以自行约定追索权的行使条件，也可以对追索权的上限进行约定，当约定系双方真实意思表示，未违反法律、行政法规的禁止性规定和公序良俗时，约定应属合法有效。司法尊重合法基础上的意思自治，本案双方通过对追索金额上限进行约定，对应收账款的风险承担进行了合理分配。

其次，对追索权上限的约定并不改变有追索保理的性质。有追索保理和无追索保理是依照保理人是否承担债务人的信用风险而进行的分类，我国民法典对该区别予以了吸收，并认可了有追索保理的保底性质，具体体现于民法典第七百六十六条的规定。在有追索保理中，保理人同时享有向债务人的求偿权和向债权人的追索权，可以择一行使也可以同时行使。实践中，保理合同中对行使追索权的表述方式不一，有“返还保理融资款”“支付溢价回购款”“回购应收账款”“偿还融资本金”等，目的都是要求债权人返还保理融资款本息。本案中，双方协议中明确“进行有追索权的保理业务”，并约定了在符合条件时保理人有权追索，交易性质为有追索保理。对追索权上限的约定应系基于有追索权的基础，案中被告抗辩因此保理人不再具备追索保理融资本息余额的权利，并无法律和事实依据。

再次，对追索权上限约定的理解应当符合合同目的。保理是以应收账款转让为核心的综合性金融服务，具有较强的金融属性。保理人交易目的为回收保理款、获得收益，应收账款债权人转让债权目的是为更早获得流通资金。文义解释应当符合合同目的。双方约定追索权上限，是在缔结合同时对实现债权的风险进行预估后约定的风险分担比例，以常理推断，保理人不会将自己置于无法回收保理款本金的境地，更不可能以约定追索权上限的方式排除自身追索保理融资本息的权利。

最后，当事人对追索权上限约定的理解亦应当遵循诚信原则。当事人对合同条款的理解有争议的，应当结合其他条款、行为的性质和目的、习惯以及诚信原则，确定条款含义。本案中，双方在其他条款中对追索权上限的基数“应收租赁款转让金额”进行了定义，双方还在协议后附明细表中对每份协议的转让金额进行了明确，合同签订之时双方对该定义和总额具有一致认知，追索权上限的计算基数应当是签订之时确定的应收租赁款转让总额。并且，本案应收账款债权人获得保理融资款后，实际回收的租赁款已超过应付保理人的本息，按约还本付息并不损害其利益，却在发生纠纷后故意曲解约定，意图将损失全部转嫁给保理人，有违诚信原则。

综上，当事人有权在有追索保理中约定追索权上限，对该约定的理解应当符合合同目的和诚信原则，保理人基于有追索保理主张保理融资本息余额，未超出该约定上限的，人民法院应当予以支持。

编写人：江苏省无锡市锡山区人民法院　骆文文

60

期货居间人的法律地位及责任承担

——张某某诉陶某某、期货公司期货交易案

【案件基本信息】

1. 裁判书字号

北京市高级人民法院（2021）京民终288号民事判决书

2. 案由：期货交易纠纷

3. 当事人

原告（被上诉人）：张某某

被告（上诉人）：陶某某

被告（上诉人）：期货公司

【基本案情】

2020年10月16日，张某某将陶某某、期货公司诉至法院，请求判令陶某某、期货公司连带赔偿其损失1931792.78元及至支付日止的利息。陶某某辩称，其作为居间人，从未向张某某提供、传播虚假或者误导其进行期货交易的信息，也从未诱导张某某进行不必要的期货买卖，亦不存在与期货公司共同侵权的行为。张某某应对自己操作的期货账户的盈亏承担责任。期货公司辩称，张某某开设期货账户系其个人真实意思表示，应自行承担风险。期货公司与陶某某为居间合同关系，且期货公司对居间人履行了审核、管理义务。陶某某不是期货公司的员工，其作为独立主体，从事任何违法、违规或违约的活动，均由其独立承担责任，期货公司不应承担连带责任。期货公司未参与张某某诉称的喊单、刷单行为，积极协调处理张某某的投诉，不应承担赔偿责任。

法院查明如下事实：陶某某于2019年1月16日参加居间培训测试，并在当日出具《首创期货居间人培训确认单》。在期货公司提交的《居间培训测试试题2018版》中，陶某某存在错误作答，但试卷上显示测试分数为满分。同日，陶某某签署《期货居间人自律承诺书》，并与期货公司签订《居间合同》，约定了双方的权利义务。

2019年5月，张某某经“A+B布局交流群”中“韩某”介绍，联系“吴某”，并在期货公司开设期货账户。“吴某”指示张某某将居间人填写为“陶某某”，并称陶某某为其“总监”。2019年6月3日，张某某签署《普通投资者适当性匹配意见告知书》《期货交易手续费确认书》《期货委托理财特别风险提示及居间业务明示》等文件。上述文件显示张某某为C4类风险承受能力投资者。其中载明：“（二）居间人非期货公司员工，其居间活动仅限于为期货公司介绍客户，独立承担基于居间法律关系所产生的民事责任，不得开展期货委托理财（又称代客理财）活动……（四）居间人不得存在下列行为：……4. 提供、传播虚假或者误导客户的信息，或者诱使客户进行不必要的期货买卖；……11. 损害客户、期货公司合法权益或者扰乱市场秩序的其他行为。”同日，张某某签署《互联网开户风险揭示》《期货交易风险说明书》及《客户须知》，与期货公司签订《期货经纪合同》。期货公司就张某某的开户进行了视频验证，在视频验证中再次对期货投资风险、居间人身份等事项进行告知。在开设前述期货账户后，张某某跟随“韩某”在“A+B布局交流群”中的指令进行螺纹钢期货交易。张某某共计入金323万元，出金1298207.22元，差额1931792.78元。平仓盈亏-791740元，支付手续费1140052.78元。2019年9月5日，张某某与期货公司签署《销户确认书》，载明本人终止与贵公司的期货代理关系，双方签署的《期货经纪合同》撤销。

期货交易损失发生后，张某某将期货公司举报至北京证监局。2020年1月22日，北京证监局对期货公司出具《关于对期货公司采取责令改正监管措施的决定》，载明：“你公司在居间人管理方面存在未有效执行公司制度的问题。上述行为违反了《期货公司监督管理办法》第五十六条的规定，按照《期货公司监督管理办法》第一百零九条的规定，我局决定对你公司采取责令改正的行政监管措施。”2020 年 2 月 28 日，北京证监局对张某某的投诉作出答复，主要内容为：“经查，未发现北京首创及其工作人员存在举报所提参与喊单、刷单行为的证据；您已书面确认期货交易手续费收取标准，您的交易结算信息未见异常；经调取公司留存记录，未见北京首创在处理您投诉过程中存在违法违规行为；期货公司存在未有效执行公司制度等行为，我局已依规对公司进行了处理。”

一审中，陶某某称其并不认识张某某及“韩某”，吴某为其前女友，通过吴某提供的信息促成张某某与期货公司签订《期货经纪合同》。另查，张某某的风险评测结果显示，其进行投资的首要目标是“产生较多的收益，可以承担较大的投资风险”。张某某称其有大学本科学历，在财产保险公司做管理工作，购买过银行理财产品，投资过股票。张某某支付的手续费 1140052. 78 元，其中陶某某可获得的居间报酬为客户手续费净收入的 95%，可获得的总收入共计 803018. 17 元。因陶某某存在其他风险事件，期货公司扣发陶某某当月合计收入金额的 20%作为风险金，涉及张某某期货交易扣发的金额分别为：77138. 88 元、1305. 01 元、4839. 81 元。

【案件焦点】

1. 期货居间人的法律地位及其应承担法律责任的性质；2. 陶某某、期货公司是否应当承担法律责任。

【法院裁判要旨】

北京市第二中级人民法院经审理认为：本案为期货经营机构及期货经营机构居间人在向期货投资者提供服务的过程中引发的侵权纠纷，法院应对各方当事人是否存在过错以及过错的性质、大小，过错和损失之间的因果关系进行认定，进而确认陶某某、期货公司应承担的民事责任及承担责任的方式。陶某某未履行“适当性义务”，对张某某的损失发生存有过错，期货公司在居间人管理方面存在问题，应就张某某的损失与陶某某承担连带责任。各方的过错程度及原因力大小方面，张某某的损失发生直接源于期货交易市场的波动，并与张某某采取的操作方式相关，但陶某某未履行适当性义务与张某某的损失发生亦具有法律上的因果关系，期货公司怠于对居间人进行管理的行为，客观上扩大了居间人不当行为对投资者自主决策产生的作用力，期货公司的过错行为与张某某的损失之间亦构成法律上的因果关系。综合考虑期货交易中投资者的风险责任、各方在期货交易中过错程度及陶某某未履行适当性义务对于损害结果发生的原因力等因素，酌定陶某某、期货公司连带赔偿张某某损失的40%。法院判决如下：

一、陶某某、期货公司于本判决生效之日起十日内向张某某连带赔偿损失772717元；

二、驳回张某某的其他诉讼请求。

陶某某、期货公司不服一审判决，向北京市高级人民法院提起上诉。北京市高级人民法院经审理认为：

一、关于期货居间人的法律地位及其应承担的法律责任性质

《最高人民法院关于审理期货纠纷案件若干问题的规定》第十条规定："公民、法人受期货公司或者客户的委托，作为居间人为其提供订约的机会或者订立期货经纪合同的中介服务的，期货公司或者客户应当按照约定向居间人支付报酬。居间人应当独立承担基于居间经纪关系所产生的民事责任。"同时参照中国期货业协会《期货公司居间人管理办法（试行）》（2021年9月10日起施行）（以下简称《居间人管理办法》）第二条"本办法所称居间人，也称为中介人，是指受期货公司委托，为期货公司提供订立期货经纪合同的中介服务，独立承担基于中介服务所产生的民事责任，期货公司按照约定向其支付报酬的机构及自然人"之规定可知，期货居间人是指受期货公司或者客户的委托，作为居间人为其提供订约的机会或者订立期货经纪合同的中介服务，并收取期货公司或者客户依约支付的报酬的机构或者自然人主体，期货居间人应当独立承担基于居间经纪关系所产生的民事责任。特别是自然人期货居间人，其不隶属于任何机构，应以自己的名义开展居间业务，并独立承担基于居间等行为产生

的一切法律后果。因此，期货居间人的法律地位及应承担的法律责任性质，不同于代理人及代理法律关系的性质。一审判决参照适用《中华人民共和国民法总则》第一百六十七条等有关代理法律制度的规定认定陶某某及期货公司的法律责任，属于适用法律有误，应予纠正。

一审判决认定本案为期货经营机构及期货经营机构居间人在向期货投资者提供服务的过程中引发的侵权纠纷正确。《中华人民共和国侵权责任法》第六条第一款规定："行为人因过错侵害他人民事权益，应当承担侵权责任。"《最高人民法院关于审理期货纠纷案件若干问题的规定》第三条规定："人民法院审理期货侵权纠纷和无效的期货交易合同纠纷案件，应当根据各方当事人是否有过错，以及过错的性质、大小，过错和损失之间的因果关系，确定过错方承担的民事责任。"据此，本案应根据对各方当事人是否存在过错、过错的性质及大小、过错和损失之间的因果关系，认定当事人应承担的民事责任及承担责任的方式。

二、关于陶某某、期货公司是否应当承担法律责任

（一）陶某某是否应当承担法律责任

本案中，陶某某受期货公司委托，为期货公司提供订立期货经纪合同的中介服务，期货公司按照约定向其支付报酬，故陶某某属于自然人期货居间人。根据《期货交易管理条例》《证券期货投资者适当性管理办法》等行政法规、部门规章中规定，并参照《居间人管理办法》第十一条之规定："期货公司与居间人签订居间合同时，应当要求居间人签署《期货居间人承诺书》（附件1），并要求居间人坚持投资者利益优先原则，在投资者与期货公司签订期货经纪合同前履行下列程序：（一）居间人应当全面了解投资者的投资需求和目标、财务状况、投资经验、流动性偏好和风险承受能力等情况，对投资者的投资能力进行鉴别，将合格的投资者介绍给期货公司。居间人履行合格投资者确认程序并不免除期货公司履行投资者适当性义务。（二）居间人应当如实向投资者告知居间身份，充分揭示期货交易风险，解释期货公司、投资者、居间人三者之间的权利义务关系，告知期货保证金安全存管要求。不故意隐瞒期货投资的

风险或者故意夸大期货投资的收益，不做不实、误导的广告与宣传，不进行欺诈活动。居间人履行风险揭示程序并不免除期货公司履行期货交易风险揭示义务。”因此，作为期货居间人的陶某某应严格履行“投资者适当性义务”，同时对投资者应当负有诚实守信、勤勉尽责的义务。虽然本案现有证据不足以证明陶某某存在张某某主张的“提供、传播虚假或者误导客户的信息，或者诱使客户进行不必要的期货买卖”的行为，亦无证据证明陶某某与微信群中的“韩某”及其喊单等行为具有直接关系，但是陶某某自认吴某系其前女友，在开设期货交易账户过程中，吴某指示张某某将居间人填写为“陶某某”，并称陶某某为其“总监”的事实，且陶某某已经从张某某的期货交易中获取了高比例的返佣报酬。因此，陶某某应当知道张某某被“韩某”、吴某介绍在期货公司开立期货交易账户进行期货交易。在此情况下，陶某某不仅没有向张某某披露其与吴某、“韩某”之间的关系；披露其作为期货居间人的身份；披露其居间报酬的来源；甚至没有与张某某联系过，而是自称其并不认识张某某。据此可以认定，陶某某未履行“投资者适当性义务”，而且放任“韩某”、吴某对张某某操作期货交易的影响。陶某某违反适当性义务，导致张某某在对期货投资的高风险认知不充分的情况下进行了投资，增加了张某某经济损失发生的客观可能性，且高风险随后被现实化。同时，陶某某因为张某某跟随“韩某”指令进行交易，而获取高额比例的居间报酬。陶某某的行为有违诚实守信、勤勉尽责义务，其对于张某某期货交易损失的发生具有较大的主观过错，该过错与损失之间具有法律上的因果关系。因此，陶某某应当承担相应的赔偿责任。

（二）期货公司是否应当承担法律责任

自然人期货居间人不是期货公司的从业人员，更不是期货公司的委托代理人，而是独立于投资者与期货公司之间的中介经纪人，但是期货公司与期货居间人（包括机构及自然人）之间并非“绝对隔离”。《居间人管理办法》属于行业协会自律规则，于2021年9月10日起开始施行，其是对期货公司应当承担的期货居间人管理主体责任的进一步总结性完善、细化及严格规范。在目前我国的法律法规及司法解释对期货公司与期货居间人之间的责任关系尚无相关规定的情况下，可参照《居间人管理办法》的相关规定。

其中，《居间人管理办法》第四条规定："期货公司承担居间人管理主体责任，应当加强居间人职业道德教育，建立健全居间人管理制度，及时准确登记居间人信息。"第十条规定："期货公司应当加强合规管理和风险控制，建立健全能够覆盖居间人管理的利益冲突防范机制，及时、有效地识别、评估、管理和披露期货公司及其工作人员、居间人及其工作人员、投资者等主体之间的利益冲突，切实保护投资者合法权益……"可见，期货公司应当承担期货居间人管理主体责任。对于具体管理方式，《居间人管理办法》第十九条规定："期货公司应当制定居间人管理制度，包括但不限于居间人管理部门及其职责、居间人行为准则、权利和义务、培训管理、解除合同条件和罚则等内容。"第二十条规定："期货公司应当履行信息明示义务：（一）在营业场所或者公司网站公示手续费收取最高标准、居间人信息，建立健全居间人信息查询制度，公示的居间人信息应当包括但不限于居间人名称、照片、居间合同有效期等；（二）期货公司应当在与投资者签订期货经纪合同时，向投资者揭示居间人的身份、权利义务、禁止行为，明示手续费收取标准，并要求投资者对《期货居间投资者风险告知书》（附件2）的内容进行填写确认。"第二十二条规定："期货公司应当指定人员以电话录音、视频录像等适当方式对居间人名下客户进行回访并完整记录，回访过程不得出现诱导性陈述。负责客户回访的人员不得为居间人……"第二十三条规定："期货公司承担对居间人的培训管理主体责任。除协会提供的网络统一培训课程外，期货公司应当通过各种培训渠道和方式，切实提高居间人执业素质和执业水平。"第二十四条规定："期货公司应当承担居间人名下客户投诉处理的首要责任，建立健全投诉处理机制，公开投诉处理流程，建立投诉记录台账，妥善处理客户投诉及与客户的纠纷。"第二十五条规定："期货公司在合作过程中发现居间人存在违反法律法规、部门规章、自律规则、公司内部管理制度等行为时，应当及时进行调查处理，按照有关规定和居间合同的约定采取相关措施并追究其责任，同时进行信息登记。涉嫌犯罪的，应当及时向有权机关举报。"第二十六条规定："期货公司应当建立健全居间人档案管理制度，实现居间人管理过程留痕。居间人档案应当记载居间人基本信息、合同文件、培训情况、开展居间活动情况、客户投诉及处理情况、违法违规记录及处理情况、考核情况等信息。居间人档案应当自首次签署居间合同之日起至少保存20年。”

本案中，虽然期货公司的履约行为对于张某某期货交易损失的发生不具有直接因果关系，但期货公司对期货居间人疏于管理，导致期货居间人陶某某未履行“投资者适当性义务”，陶某某任由他人利用其期货居间人的名义，向期货公司介绍投资者，有违期货居间人诚实守信、勤勉尽责义务等行为的发生。因此，期货公司具有一定过错，应承担相应的赔偿责任。

（三）陶某某及期货公司应如何承担赔偿责任

本案中，张某某主张的损失由两个部分构成，一部分为期货交易损失791740元，另一部分为在期货交易过程中支出的手续费共计1140052.78元。张某某作为一位有金融产品投资经验的投资者，可以承受较大的投资损失，其风险承受能力级别与其所交易的期货产品风险等级相适配。张某某亦对期货交易手续费标准进行了确认。张某某的损失发生直接源于期货交易市场的波动，并与张某某采取的操作方式相关。张某某对期货投资的高风险不作充分分析判断，对他人指定的期货居间人陶某某的身份未向期货公司进行核实，而是盲目跟随微信群中的“韩某”的指令进行交易，其自身对于期货交易损失的发生亦具有较大过错。故虽然陶某某及期货公司分别实施的侵权行为造成了对张某某期货交易结果的同一损害，但均不足以造成全部损害，且期货居间人应当独立承担基于居间经纪关系所产生的民事责任。因此，二审法院依据对张某某、陶某某及期货公司存在的过错、过错的性质及大小、过错和损失之间的因果关系的分析，酌定陶某某赔偿张某某损失1931792.78元的30%，期货公司赔偿张某某损失的10%。

北京市高级人民法院判决如下：

一、撤销北京市第二中级人民法院（2020）京02民初605号民事判决第一项；

二、维持北京市第二中级人民法院（2020）京02民初605号民事判决第二项；

三、陶某某于本判决生效之日起十日内向张某某赔偿损失579537.83元；

四、期货公司于本判决生效之日起十日内向张某某赔偿损失193179.28元。

【法官后语】

一、期货居间人存在的背景及意义

在我国期货市场的发展中，期货居间人正在发挥越来越大的作用，也开始受到越来越多的关注，已经成为期货交易中不可或缺的一个重要环节。根据我国期货市场的实际状况，公众对期货品种和交易制度的了解程度远不如股票、债券和基金，期货经营机构在网点数量和覆盖面上也远不及证券公司、银行等机构。囿于自身相对较弱的市场开发力量，很多期货公司力图寻找覆盖面广且成本低的业务拓展方式，期货居间人无疑是很好的选择。期货居间人在协助期货公司进行广告宣传和业务拓展方面起着一定的作用，缓解了期货市场上期货公司与投资者之间信息不对称的矛盾，缩短了投资者与期货公司选择的时间成本，提高了双方的缔约成功率。同时，期货居间人丰富了期货市场的投资者服务体系，可以更好地为客户提供贴身的个性化服务，同时可使期货公司集中人力、物力用于系统维护、研究发展、咨询服务、风险管理等工作，从而有利于期货市场的效率提高和结构优化。因此，期货居间人作为期货市场主体有其一定的必要性。

二、期货居间人的定义

《中华人民共和国合同法》（已失效）第四百二十四条规定："居间合同是居间人向委托人报告订立合同的机会或者提供订立合同的媒介服务，委托人支付报酬的合同。"基于通俗易懂的考虑，《中华人民共和国民法典》将"居间合同"改为"中介合同"，将"居间人"改为"中介人"。民法典第九百六十一条规定："中介合同是中介人向委托人报告订立合同的机会或者提供订立合同的媒介服务，委托人支付报酬的合同。"《最高人民法院关于审理期货纠纷案件若干问题的规定》（以下简称《审理期货纠纷规定》）第十条规定："公民、法人受期货公司或者客户的委托，作为居间人为其提供订约的机会或者订立期货经纪合同的中介服务的，期货公司或者客户应当按照约定向居间人支付报酬。

居间人应当独立承担基于居间经纪关系所产生的民事责任。”同时参照中国期货业协会《期货公司居间人管理办法（试行）》（以下简称《居间人管理办法》，2021年9月10日起施行）第二条：“本办法所称居间人，也称为中介人，是指受期货公司委托，为期货公司提供订立期货经纪合同的中介服务，独立承担基于中介服务所产生的民事责任，期货公司按照约定向其支付报酬的机构及自然人。”

依据上述规定可知，期货居间人是指受期货公司或者客户的委托，作为中介人为其提供订约的机会或者订立期货经纪合同的中介服务，并收取期货公司或者客户依约支付的报酬的机构或者自然人主体。其主要作用是在投资者与期货公司订立经纪合同时起媒介作用。

三、期货公司、居间人均应承担交易者适当性义务

委托期货公司从事期货交易，期货公司和经纪人在向交易者提供服务中，应当分别或者共同向交易者承担交易者适当性义务。期货居间人应当接受期货公司的管理，期货居间人对交易者承担适当性义务，并不免除期货公司对交易者承担的适当性义务，反之亦然。期货公司和期货居间人违反交易者适当性义务的行为往往相互交织，需要甄别交易者与期货居间人或者期货公司之间的法律关系，根据个案情况，交易者可以要求期货居间人承担责任，也可以要求期货公司承担责任，有时还可以要求经纪人和期货公司承担赔偿责任。

针对期货公司与期货居间人之间的权利义务和责任，我国相关法律法规及司法解释未作出明确规定，刚刚颁布实施的《中华人民共和国期货和衍生品法》也未作出规定，需要结合民事基本法、既往裁判和行业做法等作出妥当裁判。本案基于《中华人民共和国民法典》《最高人民法院关于审理期货纠纷案件若干问题的规定》《期货公司居间人管理办法（试行）》等相关规定，对期货居间人的含义作出界定，明确期货居间人对投资者及期货公司提供的是居间服务，应当独立承担基于居间关系所产生的民事责任。特别是，作为自然人的居间人，不隶属于任何机构，应以自己的名义开展居间业务，并独立承担基于居间等行为产生的法律后果。在划分交易者、期货居间人和期货公司的法律责任时，应当根据各方当事人是否存在过错、过错的性质及大小、过错和损失之

间的因果关系等进行确定。本案特别强调，期货公司与期货居间人之间相对独立，但并非“绝对隔离”，可以参照《期货公司居间人管理办法（试行）》等判断期货公司是否履行了对期货居间人的管理责任。期货公司具有一定过错的，亦应承担相应的赔偿责任。

本案在处理中，清晰界定了交易者与期货居间人和期货公司之间的不同法律关系，分别认定了期货居间人和期货公司对交易者承担的适当性义务，夯实了案件处理的法理基础。在期货居间人法律地位的认定、期货公司合规经营的准则、期货交易者合法权益保护等方面，提出了遵守法律、符合法理的重要解释，填补了期货居间服务规则不明的漏洞，具有重要的典型意义。同时，本案审理结果参考《期货公司居间人管理办法（试行）》等期货行业惯例，有助于督促期货公司更好地履行对期货经纪人的管理职责，提高期货居间服务的水平，对今后此类案件的审理具有重要的示范和引导作用。

编写人：北京市高级人民法院　夏林林　陈旭云

61

金融借款中对罚息收取复利是否应当支持

——某银行诉黄某某等船舶营运借款合同案

【案件基本信息】

1. 裁判书字号

广西壮族自治区北海海事法院（2022）桂72民初58号民事判决书

2. 案由：船舶营运借款合同纠纷

3. 当事人

原告：某银行

被告：黄某某、郑某、徐某某、吴某某

【基本案情】

2016年11月23日，某银行与黄某某签订《借款合同》，合同约定某银行向黄某某发放贷款140万元，借款用途为捕鱼资金周转，合同借款期限自2016年11月23日起至2021年11月22日止，实际放款日期、到期日期以借款借据为准；借款利率为固定利率，月利率为7.6‰，在借款期限内利率不变；按季付息，每季末月的20日为结息日，次日为付息日，逾期付息视为违约，本金至借款期限届满时一次性归还，利随本清；借款人未按期归还贷款本金，从逾期之日起按约定利率加收50%的罚息利率计收罚息；未按期偿付贷款利息，如采取到期全额还款方式，按合同利率计收复息。

同日，某银行与黄某某、郑某签订《抵押合同》，约定以该二人共有的“桂×××”号渔船为上述借款设定抵押担保，并办理了船舶抵押登记；某银行又与徐某某、吴某某签订《保证合同》，合同约定保证人徐某某、吴某某为上述借款提供连带责任保证。

合同签订后，某银行依约定向黄某某发放贷款140万元，借款借据载明借款日期为2016年11月30日，借款到期日为2021年11月29日。在贷款期内，黄某某均能按时支付贷款利息，但至贷款到期日，黄某某未能还清贷款本金并支付最后一期利息。截至2021年11月30日，黄某某仅偿还贷款本金5011.40元，尚欠本金1394988.60元，应付未付贷款期内利息24826.67元。

某银行于2022年2月24日向北海海事法院提起诉讼，要求黄某某偿还借款本金1394988.60元，支付利息51764.12元（利息计至2022年1月19日），并从2022年1月20日起按合同约定的月利率11.4‰计付利息、复利直至债务全部还清为止，并要求郑某、徐某某、吴某某承担相应的抵押担保和连带保证责任。

【案件焦点】

对罚息收取复利是否应当支持。

【法院裁判要旨】

广西壮族自治区北海海事法院经审理认为：本案系船舶营运借款合同纠纷。

各方当事人签订的《借款合同》《抵押合同》《保证合同》是各方当事人的真实意思表示，其内容没有违反法律、法规的禁止性规定，为合法有效的合同。某银行依约将 140 万元贷款发放给黄某某，已履行其发放贷款的合同义务；黄某某作为借款人未按期偿还贷款本金和利息，其行为已构成违约。黄某某应向某银行偿还借款本金、支付合同到期后的逾期利息，并支付合同期内欠付的正常利息及其复利。对于某银行请求对逾期利息计收复利的主张，因逾期利息本质上是一种违约责任的承担方式，已经体现了对借款人逾期还款行为的惩罚性，若银行再对逾期利息计收复利，有违公平与补偿原则，故复利的计算基数应仅为正常利息即合同期内的应付利息。郑某、徐某某、吴某某分别承担相应的抵押担保和连带保证责任。

广西壮族自治区北海海事法院判决如下：

一、黄某某向某银行偿还借款本金 1394988.60 元及逾期利息（逾期利息以 1394988.60 元为基数，按约定的罚息利率 11.4‰/月的标准，从 2021 年 11 月 30 日起计至实际清偿之日止），并支付合同期内利息 24826.67 元及复利（复利以 24826.67 元为基数，按约定的合同利率 7.6‰/月的标准，从 2021 年 11 月 30 日起计至实际清偿之日止）；

二、某银行对“桂×××”号渔船船舶折价或者拍卖、变卖所得价款在上述第一项债权范围内享有优先受偿权；郑某承担担保责任后，有权在承担担保责任的范围内向黄某某追偿；

三、徐某某、吴某某就黄某某上述第一项债务向某银行承担连带清偿责任；徐某某、吴某某承担保证责任后，有权在承担保证责任的范围内向黄某某追偿；

四、驳回某银行的其他诉讼请求。

判决后，双方当事人均未上诉，本判决现已生效。

【法官后语】

在金融借款合同纠纷案件中，银行往往会在借款合同文本中同时约定利息、罚息和复利。在该类案件的诉讼中，银行等金融机构往往以其系统打印的还款凭证所记载的金额主张利息、罚息、复利等债权。其中，复利的计算基数构成及具体计算方式是借款人提出异议较为集中的问题，也是法院在审理案件过程中需要格外注意的。

一、罚息与复利

罚息是人民银行及各商业银行对借款人逾期还款或未按合同约定用途使用贷款应承担违约责任的表述。逾期还款下的罚息，《中华人民共和国民法典》第六百七十六条规定了逾期利息："借款人未按照约定的期限返还借款的，应当按照约定或者国家有关规定支付逾期利息。"大多数商业银行在金融借款合同格式条款中约定借款人未按期支付本息的为逾期，应按罚息利率计收利息。实践中罚息的约定一般比较明确，虽然人民银行对罚息规定为正常利息上浮30%~50%①，但是大多数商业银行常见的约定是"加收50%的罚息"，即罚息利率为合同约定贷款利率的150%。

复利是指一笔借款除本金产生利息外，在下一个计息周期内，以前各计息周期内产生的利息为基数再次计算利息的计息方法。金融借款合同中特指贷款人针对借款人欠交的利息而计收的利息，复利计算基数不包含本金部分。

二、对罚息收取复利是否应当支持

罚息（逾期利息）本质上是一种违约责任的承担方式，已经体现了对借款人逾期还款行为的惩罚性，若银行再对逾期利息计收复利，有违公平与补偿原则，故复利的计算基数应仅为正常利息即合同期内的应付利息。

由于金融借款合同中一般约定未按期支付本金即逾期，次日起按罚息利率计收利息，且系统显示为罚息。依据罚息利率的计算方法，假设约定加收50%的罚息，则罚息利率为正常利率的150%，即正常利率100%+加收利率50%。因借款合同期内的罚息包含合同约定的利息和违约利息，故对借款合同期限内的罚息应分两部分区别对待。罚息利率中对应的100%部分为违约后原合同正

① 《中国人民银行关于人民币贷款利率有关问题的通知》（银发〔2003〕251号）第三条第一款规定：关于罚息利率问题。逾期贷款（借款人未按合同约定日期还款的借款）罚息利率由现行按日万分之二点一计收利息，改为在借款合同载明的贷款利率水平上加收30%-50%；借款人未按合同约定用途使用借款的罚息利率，由现行按日万分之五计收利息，改为在借款合同载明的贷款利率水平上加收50%-100%。

常利息，不属于违约责任；加收的50%为惩罚性利息，属于违约责任。借款合同期内的罚息中正常利息部分，虽然被计入“罚息”名目，但实际上为原合同期内约定的正常利息部分，对该部分应支持复利。故复利的计算基数即所谓正常利息，既包括合同期内借款人应按期支付的正常利息部分，也包括合同期内借款人逾期后应付罚息中的正常利息部分。

而借款合同到期后计收的罚息，因不存在结息日问题，故不存在对罚息计收复利的问题。换言之，在借款合同到期日或合同解除日以后，不会再增加新的复利计算基数。

此外，需要注意的是，根据《最高人民法院关于进一步加强金融审判工作的若干意见》中“金融借款合同的借款人以贷款人同时主张的利息、复利、罚息、违约金和其他费用过高，显著背离实际损失为由，请求对总计超过年利率24%的部分予以调减的，应予支持，以有效降低实体经济的融资成本”的规定，在金融借贷利率上限方面形成新的统一标准前，仍应继续以年利率24%为上限对金融借款的总计利率进行限制。今后若司法政策有所调整，则利率保护上限应予相应变化。

编写人：广西壮族自治区北海海事法院　孙淑锋

62

私募基金托管人的法律地位和责任边界

——蒋某某诉某证券公司财产损害赔偿案

【案件基本信息】

1. 裁判书字号

上海市黄浦区人民法院（2021）沪0101民初16785号民事判决书

2. 案由：财产损害赔偿纠纷

3. 当事人

原告：蒋某某

被告：某证券公司

第三人：某资产管理公司

【基本案情】

蒋某某与管理人某资产管理公司、托管人某证券公司签订《××1号私募证券投资基金私募基金合同》（以下简称“××1号”），购买“××1号”基金，并于2018年3月22日转账支付投资款100万元，后于2019年6月14日申请提前赎回。第三人某资产管理公司函复原告，称因该产品目前底层资产为A私募基金、B私募投资基金（管理人均为某资产管理公司），由于市场行情不佳致产品缺少流动性，故涉案基金难以直接赎回。经查，某证券公司为B私募投资基金的托管人。

蒋某某为此诉至法院，要求被告某证券公司赔偿本金损失100万元及利息损失，以及因此支付的差旅费和律师费。其主张理由为：1.“××1号”基金成立后，以基金财产认购了同为某资产管理公司管理的A私募基金、B私募投资基金，并通过上述两只基金购买了新三板公司“Y科技”的股票导致无法赎回。某证券公司作为基金托管人，明知原告认购的“××1号”以及自身托管的A私募基金、B私募投资基金作为私募证券投资基金，均不得投资新三板公司股票，对某资产管理公司将基金财产用于购买新三板公司股票的交易指令并未进行拒绝，违反了基金托管人的基本注意义务和监管义务，也违反了相关法律法规、部委规章和规范性文件。2. 某资产管理公司将B私募投资基金投向某资产管理公司的关联方“Y科技”，属于关联交易，且关联交易价格不合理，属于利用关联交易进行利益输送，作为托管人的某证券公司亦未进行识别并有效制止。基于以上两点，某证券公司应对原告的损失承担赔偿责任。

【案件焦点】

1. 某证券公司作为私募基金托管人对于基金的投资方向是否有审慎监管义

务；2. 托管人某证券公司监管义务范围是与基金管理人承担连带责任，抑或仅限于基金合同约定之范围。

【法院裁判要旨】

上海市黄浦区人民法院经审理认为：原告系“××1 号”基金的投资者，主张根据涉案基金合同中对于私募证券投资基金的定义为主要投资于公开交易的股份有限公司股票、债券、期货、期权、基金份额以及中国证监会规定的其他证券及其衍生品种，新三板不属于该范围。被告作为管理人接受第三人发出的错误指令，未履行托管人监督义务，导致资金流向新三板。法院认为，法律法规并没有禁止私募证券投资基金投向新三板，且《B 私募投资基金合同》约定的投资范围明确包含全国中小企业股份转让系统挂牌的品种（包括股票、可转换公司债券及其他证券品种），故对原告该项主张不予支持。

原告另主张，B 私募投资基金的管理人某资产管理公司将该基金投向某资产管理公司的关联方“Y 科技”，且关联交易价格不合理，属于利用关联交易进行利益输送，被告某证券公司作为托管人亦负有监管义务。经查明，原告所称的关联关系指：（1）某资产管理公司的执行董事兼法定代表人童某持有 J 投资管理有限公司（以下简称 J 投资公司）90%股权，J 投资公司曾投资 F 资产管理有限公司（以下简称 F 资产管理公司），F 资产管理公司系湖北“Y 科技”股份有限公司 100%控股子公司。（2）M 医疗科技有限公司（以下简称 M 医疗公司）持有“Y 科技”41%股份，该公司执行董事姜昊某同时担任 G 企业信息服务有限公司（以下简称 G 公司）执行董事。G 公司系 X 科技有限公司（以下简称 X 公司）100%控股子公司，童某曾持有 X 公司 50%股权。经查，J 投资公司、某资产管理公司于 2016 年 12 月 21 日将其在 F 资产管理公司转让予 O 科技股份有限公司（“Y 科技”曾用名）。童某于 2018 年 1 月将其在 X 公司的股权转让，而被告作为托管人的《B 私募投资基金基金合同》的签订日期为 2018 年 8 月 9 日，原告购买“××1 号”的时间为 2018 年 3 月，即原告购买基金、被告签订托管合同时，已不存在原告所称的“Y 科技”的关联关系，故对原告的该主张亦不予支持。

据此，法院判决如下：对原告蒋某某的全部诉讼请求不予支持。

判决后，双方当事人均未上诉，本判决现已生效。

【法官后语】

我国契约型基金通过借鉴海外经验并结合国内实践，创造出具有中国特色的“一元信托”法律结构，将基金当事人限于投资者、管理人和托管人三方并统一于一个信托契约中：由管理人发售基金份额，募集证券投资基金，投资者作为委托人和受益人持有基金份额，之后由管理人管理、托管人托管为基金份额持有人的利益，以资产组合方式进行证券投资活动；管理人、托管人和基金份额持有人的权利、义务，依照基金法在基金合同中约定；管理人、托管人依照基金法和基金合同的约定，履行受托职责。托管人在私募基金的结构中，承担保障受托资金安全、制衡管理人滥权、保护投资者合法权益的重要作用。在“一元信托”模式下，基金管理人、基金托管人依法或依约分别履行不同职责，与投资者之间不构成共同受托人关系，也即托管人与管理人不当然成立连带责任。在基金逾期不能兑付致投资者遭受损失时，托管人责任应当在具体监管法规之下，仅围绕合同具体约定进行认定，而非苛以管理人地位、职责和义务。尤其是担任托管人地位的为银行和证券公司等在金融体系中担当“压舱石”功能的机构，让其承担大规模实质性刚性兑付责任也有危害金融系统稳定性的隐忧。

基于上述理论，针对原告所提出的，托管人应对涉案基金的投资方向负有审慎监管的义务，以及对于关联交易应具有识别的义务，应遵循的审判原则是，基于合同约定进行判断，而非按照对管理人之监管义务进行判断。首先，关于投资方向的选择，对基金管理人而言是体现其专业性的重要方面，因投资方向的选择直接关乎基金净值的浮动，是关乎投资人资金安全、资产保值增值的最重要内容。投资方向的重要依据是基金合同之约定，经法院查明，涉案基金合同中对于私募证券投资基金的定义为主要投资于公开交易的股份有限公司股票、债券、期货、期权、基金份额以及中国证监会规定的其他证券及其衍生品品种。在法律法规并没有私募证券投资基金投向新三板的禁止性规定的前提下，涉案基金的投资方向并未违反合同规定。作为托管人，其合同义务为根据基金管理人的投资指令划付资金，在基金管理人做决定的投资方向不违反合同约定的前提下，托管人某证券公司依照合同约定履行划付资金义务，是其遵守合同、履行其作为托管人合同义务的应有之义。其次，关于关联交易识别的问题，诚然，如有损害投资者利益的关联交易行为，于基金管理人而言，或有失专业水准，或违反诚信原则，应对投资者承担相应的责任。但对于托管人某证券公司而言，其是否有识别关联交易之义务，仍应以合同约定为准。纵观涉案合同关于托管人义务之约定，并没有此类要求，且从约定义务之内容看，托管人对于交易对象仅仅是依据管理人要求进行资金划付，并无对交易的实质进行审查的权利和义务。在此前提下，加之法院又查明原告购买基金、被告签订托管合同时，已不存在原告所称的“Y 科技”的关联关系，故原告该项主张亦不能成立。

编写人：上海市黄浦区人民法院　谢琴铮　程潇淑

63

私募基金投资人在基金管理人已向融资人主张权利情形下不得再单独向其主张权利

——葛某某诉甲公司、卓某某合同案

【案件基本信息】

1. 裁判书字号

浙江省宁波市中级人民法院（2022）浙 02 民终 4267 号民事判决书

2. 案由：合同纠纷

3. 当事人

原告（上诉人）：葛某某

被告（被上诉人）：甲公司、卓某某

【基本案情】

2017年11月6日，乙公司与丙公司签订《应收账款收益权转让合同》，约定：丙公司同意将其对丁公司的1亿元应收账款的收益权于2017年11月4日转让给乙公司，乙公司接受案涉私募基金全体委托人的委托，通过私募基金以1亿元购买丙公司转让的上述应收账款收益权，并委托丙公司代其收取丁公司支付的款项。乙公司与甲公司签署保证合同，约定甲公司担保的债权为乙公司对转让合同债务人享有的全部债权，保证方式为连带责任保证。2017年11月20日，葛某某与乙公司签订合同，并缴纳出资400万元认购乙公司发行的案涉私募基金，投资丙公司项下优质保理资产的应收债权或收益权。该合同规定：乙公司负有“以基金管理人的名义，代表基金份额持有人利益行使诉讼权利或者实施其他法律行为”之义务。2017年12月1日至2018年3月14日，乙公司分5次向丙公司共计转款99507143.92元，丙公司于2018年11月16日向约定账户支付3259890.41元。

2019年3月21日，丙公司、甲公司、卓某某共同向案涉私募基金的全体投资人出具了《投资人还款公告函》，载明：因丁公司无法及时偿还到期本息，案涉私募基金无法按期兑付，为确保投资者利益不受损失，本公司提出了解决方案，作为本基金的担保方甲公司的实际负责人卓某某不回避问题，积极筹集资金兑付，多次协调债务方等相关主体，卓某某对此债务也愿意担保，并对方案负责。2019年6月2日，包括葛某某在内的佳某公司及乙公司投资人代表共7人作为甲方与乙方甲公司、卓某某共同签订《还款承诺协议书》，载明：若乙方未依约还款，投资人可以个人直接向乙方主张或由投资人代表代表全体投资人就全部未偿还款项抱团向乙方主张。2019年9月11日，甲公司、卓某某向佳某公司及乙公司全体投资人偿还了5170720.41元。该款项按“517万元÷11620万元×投资金额”的计算方式，直接将款项汇入各投资人账户，葛某某收到177969元。

2022年1月24日，乙公司向丙公司、甲公司主张权利，就总投资款中的2500万元向广东省深圳前海合作区人民法院起诉，该院于2022年6月22日作出（2022）粤0391民初1011号民事判决书，判令丙公司向乙公司支付回购本金2500万元及利息等，甲公司对此债务承担连带责任。

【案件焦点】

私募基金投资人能否在基金管理人已向融资人主张权利的情形下再单独向其主张权利。

【法院裁判要旨】

浙江省宁波市海曙区人民法院经审理认为：本案系因葛某某向案涉私募基金进行投资，案涉私募基金并未依约如期兑付引起，双方本不具有合同关系，葛某某要求甲公司、卓某某承担责任所依据的是《还款承诺协议书》，此系双方在基金合同、保证合同之外设立了新的合同关系。从该协议书的内容看，甲公司、卓某某是向以7名投资人作为代表的全体投资人进行承诺，自愿对返还投资款承担责任。可见，甲公司、卓某某的还款承诺是向全体投资人出具，并非单独向葛某某出具。另甲公司、卓某某于2019年3月21日向全体投资人出具了《投资人还款公告函》，该函件中，甲公司、卓某某并未否认承担返还投资款的责任，但《还款承诺协议书》的多处细化的内容包括但不限于投资者有权以个人身份主张权利。葛某某并未提交其能代表全体投资人的授权证明，现有证据不能证明该《还款承诺协议书》内容得到全体投资人的认可或者追认，也不能证明全体投资人对该《还款承诺协议书》的内容明确知晓，尤其“以投资者个人直接向乙方主张权利”的条款突破原来的基金合同，存在其他投资人并不知晓而葛某某据此起诉以实现单独清偿的可能，显然会损害其他投资人利益。

从案涉私募基金运作的过程看，基金投资人将其自有资金通过基金形式进行整合，再以管理人名义向实际用资人进行投资，基金投资人持有每份投资份额，享有获得平等投资兑付、投资分配的权利，如甲公司、卓某某直接以自有资产向具体投资人如葛某某兑付本金或者支付收益，则将违反案涉基金各份额平等获得兑付、收益的权益，有损其他投资人的合法基金份额利益。葛某某作为案涉私募基金投资人，依据基金合同约定进行投资，其投资款400万元已经转化为基金财产，而基金财产具有相对独立性，其投资收益的产生，应以整合、运用全体投资人基金份额为基础，投资人的本金兑付及收益获取，应依约从基金财产中与其他投资人进行分配，共享收益、共担风险。在基金依约成立并运行后，投资人如未依照约定退出程序而获得单独兑付，会损害其他份额持有人合法权益。同时，案涉《还款承诺协议书》中载明的案涉私募基金的投资本金与实际乙公司投资本金并不一致，被告还款5170720.41元时，双方以“517万元÷11620万×投资金额”的计算方式，均与实际还款金额和投资本金不一致，该还款显然并未遵循基金合同约定的基金财产清算规则，葛某某取得的款项并不必然符合其投资份额应得的权益，不符合各份额平等收益的基金运行原则，存在损害其他投资人利益的可能。

从案涉私募基金投资权利所涉诉讼来看，乙公司作为案涉基金管理人，已通过诉讼方式向包括被告在内的相关主体，代表案涉私募基金的全体投资人主张权利。葛某某在本案中所主张的权利，已经包含在（2022）粤0391民初1011号民事判决所处分的财产中，葛某某再单独提起本案诉讼，属于向被告重复主张权利。在相关主体向乙公司清偿债务、案涉私募基金完成清算并向投资人完成实际分配前，如被告单独向葛某某进行兑付，既与乙公司代表案涉私募基金主张的投资权益发生冲突，亦有造成被告重复履行债务的可能。

综上，葛某某据以起诉的《还款承诺协议书》并未证明取得全体投资人认可，甲公司、卓某某也不能在有违案涉私募基金约定的平等兑付、分配方式、有损其他投资人权益的情况下，向个别投资人单独清偿。葛某某所持有的基金份额的相关权益，应通过案涉私募基金约定的方式予以主张。如在案涉私募基金完成清算、分配后，葛某某仍有相关权益未获实现，可向相关主体另行主张。对葛某某的诉请，法院难以支持。依照《中华人民共和国民事诉讼法》第六十七条第一款之规定，判决如下：

驳回葛某某的诉讼请求。

葛某某不服一审判决，提出上诉。浙江省宁波市中级人民法院经审理判决：

驳回上诉，维持原判。

【法官后语】

随着我国经济的稳步发展，居民财富的不断增加，个体投资人投资理财需求越发多元。目前除受存款保险保护的50万元的银行存款属于无风险外，从中低风险的银行理财到高风险的私募基金，高收益伴随着高风险。私募基金单笔投资数额大，投资人一旦投资失败，将遭受损失且难以挽回。司法实践中，在审理投资人与融资人纠纷时，需厘清投资人、管理人、融资人三者之间的法律关系，以确定融资人的合同义务边界。本案诉争源于私募基金未依约如期兑付时，投资人能否在基金管理人已向融资人主张权利的情形下再单独向其主张权利。葛某某要求甲公司、卓某某承担责任所依据的是《还款承诺协议书》，双方本不具有合同关系，此系双方在基金合同、保证合同之外设立了新的合同关系。判断葛某某作为个体投资人能否向融资人主张权利，不能仅凭该协议书进行确定，需要结合私募基金的运作流程、基金合同、保证合同、投资人还款公告函、还款承诺协议书、已偿还款项的客观事实所形成的投资链条的全过程进行考量，也应考量管理人向融资人主张权利的关联诉讼的裁判尺度统一。将还款协议书纳入整体合同体系及整体诉讼中进行考量，整合与案件有关联的客观事实，有助于最大限度维护全体投资人的利益，避免裁判冲突，维护司法公信力。对此，可以从以下三个角度分析。

首先，从私募基金运作流程分析。私募基金的全周期可以分为募集阶段、管理阶段、退出阶段。基金投资人以自有资金认购基金，委托管理人向实际用资人进行投资，基金投资人按份持有投资份额，享有获得平等投资兑付、投资分配的权利。从司法实践看，基金投资损失的认定一般情形下应以清算前置为前提，若案涉基金已经终止但未完成清算工作，则不宜认定投资人损失确定，不能支持其赔偿请求，投资人应在损失确定后另行起诉。本案纠纷发生于私募基金退出阶段，案涉基金因到期后未依约如期兑付引发，诉讼发生时基金未完成清算，且管理人乙公司仅就部分款项代表全体投资人向丙公司、甲公司主张权利，无法认定葛某某的损失，故对其向融资人主张权利的请求不予支持。

其次，从融资人合同义务边界分析。一般而言，融资人并不属于私募基金合同的相对方，况且要求融资人直接对个人投资人兑付是对其他投资人的不公平，因此要求融资人向个体投资人直接偿付的诉讼请求也难以被支持。融资人向投资人另行作出了案涉基金兑付的承诺，可认定该承诺具有债务加入的意思表示，此种情形下，需经全体投资人决议选出投资人代表，代表基金而非个人可向融资人主张权利。本案中，还款协议是对基础的基金合同的突破，该协议未经全体投资人的授权，或者经全体投资人的确认，仅为融资人向个体投资人的单方承诺，会对本案中其他投资人的利益造成损害，从实体与程序上会导致不公正的产生。从投资人权利实现路径来看，案涉还款协议书出具后，甲公司、卓某某向佳某公司及乙公司全体投资人偿还了部分款项，该款项是按照投资金额的比例逐一发放至全体投资人的个人账户的，并非仅单独发放至葛某某的个人账户。案涉的还款协议书中向个体投资人的单方承诺，与投资人还款公告函中向全体投资人偿付的本意不符，也与前期的融资人向全体投资人偿付部分款项的客观事实相冲突，实际上会造成全体投资人损失计算方式的冲突，不利于全体投资人实际损失认定及公平弥补。

最后，从关联诉讼裁判尺度统一分析。葛某某与乙公司签订的基金合同中明确约定：乙公司负有“以基金管理人的名义，代表基金份额持有人利益行使诉讼权利或者实施其他法律行为”之义务。该约定赋予了基金管理人乙公司代表投资人行使诉讼的权利。实际上，基金管理人乙公司已在（2022）粤 0391 民初 1011 号案件中代表全体投资人就向丙公司、甲公司主张权利，并获得前海法院的支持。本案中葛某某主张的权利，已经包含在前海法院的生效判决之中了，其作为个体行使诉权，已造成主张权益与在先的已生效判决中确定的全体投资人的权益重复。从公正与效率层面看，法院驳回个体投资人葛某某的诉讼请求，最大限度地平衡保护了全体投资人的利益，也体现了法院在裁判过程中，注重维护关联案件的裁判尺度统一，也对其他个体投资人在行使诉权中提高注意义务具有示范作用，引导个体投资人注重遵循私募基金运作流程，待投资损失确定后主张权利，最大限度地节约司法资源，提高效率维护自身的合法权益。

编写人：浙江省宁波市海曙区人民法院　叶丹　刘勇

ISBN 978-7-5216-4359-6

图书在版编目（CIP）数据

中国法院2024年度案例．金融纠纷／国家法官学院，最高人民法院司法案例研究院编．—北京：中国法制出版社，2024．5

ISBN 978-7-5216-4359-6

Ⅰ．①中… Ⅱ．①国…②最… Ⅲ．①金融-经济纠纷-案例-汇编-中国 Ⅳ．①D920．5

中国国家版本馆CIP数据核字（2024）第054100号

策划编辑：李小草　韩璐玮（hanluwei666@163.com）
责任编辑：韩璐玮　　封面设计：李宁

中国法院2024年度案例．金融纠纷

ZHONGGUO FAYUAN 2024 NIANDU ANLI. JINRONG JIUFEN

编者/国家法官学院，最高人民法院司法案例研究院
经销/新华书店
印刷/三河市紫恒印装有限公司
开本/730毫米×1030毫米　16开　　印张/20.75　字数/253千
版次/2024年5月第1版　　2024年5月第1次印刷

中国法制出版社出版
书号 ISBN 978-7-5216-4359-6　　定价：79.00元

北京市西城区西便门西里甲16号西便门办公区
邮政编码 100053　　传真：010-63141600
网址：http：//www.zgfzs.com　　**编辑部电话：010-63141833**
市场营销部电话：010-63141612　　**印务部电话：010-63141606**

（如有印装质量问题，请与本社印务部联系。）